权威·前沿·原创

皮书系列为
"十二五""十三五""十四五"国家重点图书出版规划项目

BLUE BOOK

智库成果出版与传播平台

哈萨克斯坦蓝皮书
BLUE BOOK OF KAZAKHSTAN

哈萨克斯坦发展报告（2021）
ANNUAL DEVELOPMENT REPORT OF KAZAKHSTAN(2021)

主　编 / 卢山冰　王　静
副主编 / 蔡艳彬　李　刚

社会科学文献出版社
SOCIAL SCIENCES ACADEMIC PRESS (CHINA)

图书在版编目(CIP)数据

哈萨克斯坦发展报告.2021/卢山冰,王静主编
.--北京：社会科学文献出版社,2022.3
（哈萨克斯坦蓝皮书）
ISBN 978-7-5201-9700-7

Ⅰ.①哈… Ⅱ.①卢…②王… Ⅲ.①哈萨克-研究报告-2021 Ⅳ.①D736.1

中国版本图书馆CIP数据核字（2022）第019093号

哈萨克斯坦蓝皮书
哈萨克斯坦发展报告（2021）

主　　编／卢山冰　王　静
副 主 编／蔡艳彬　李　刚

出 版 人／王利民
责任编辑／李明伟　叶　娟
责任印制／王京美

出　　版／社会科学文献出版社·国别区域分社（010）59367078
　　　　　地址：北京市北三环中路甲29号院华龙大厦　邮编：100029
　　　　　网址：www.ssap.com.cn
发　　行／社会科学文献出版社（010）59367028
印　　装／天津千鹤文化传播有限公司

规　　格／开　本：787mm×1092mm　1/16
　　　　　印　张：18　字　数：268千字
版　　次／2022年3月第1版　2022年3月第1次印刷
书　　号／ISBN 978-7-5201-9700-7
定　　价／139.00元

读者服务电话：4008918866

▲ 版权所有 翻印必究

《哈萨克斯坦发展报告（2021）》
编 委 会

学术顾问　张　宁

主　　编　卢山冰　王　静

副 主 编　蔡艳彬　李　刚

编委会成员　〔哈〕阿纳尔·拉希姆扎诺娃　蔡艳彬　陈　珊
　　　　　　〔俄〕T. B. 科列斯尼科娃　卢山冰　李　刚
　　　　　　李睿思　林铃梅　刘贝贝　〔哈〕拉菲克·塔伊洛夫
　　　　　　王　静　王蒙蒙　张　宁　张婉婷　赵　静

俄文翻译　陈　珊　赵　静　费卓颖　苏渊博　陈祖兰

英文翻译　付子阳

主要编撰者简介

卢山冰 经济学博士,西北大学丝绸之路研究院院长、现代学院院长,经济学教授,历史学、经济学博士生导师,中共党员。中宣部文化名家暨"四个一批"人才、陕西省宣传思想文化系统"六个一批"人才,陕西省级教学名师,陕西省高校教学指导委员会委员,西安市人民政府参事。先后主持科研课题80余项,在权威期刊、核心期刊发表论文100余篇,出版教材和著作20部,获得国家、省、市、厅等各类荣誉和奖励36项。主要从事产业经济学、"一带一路"建设相关领域研究工作。

王 静 民族学博士,教育部(备案)国别和区域研究中心西北大学哈萨克斯坦研究中心副主任,副教授,硕士生导师。已出版《中国古代中央客馆制度研究》等学术专著3部,在权威期刊、核心期刊发表学术论文20余篇,多篇文章被人大报刊复印资料全文转载。先后主持国家社科基金、国家人事部博士后科学基金、陕西省社科联、陕西省教育厅和陕西省委统战部研究课题多项。主要从事西北边疆民族史、中亚历史文化和中亚民族与宗教等领域的学术研究工作。

蔡艳彬 西北大学丝绸之路研究院副院长、研究员,代表性著作《哈萨克斯坦简史》《光辉岁月——第三视角看哈萨克斯坦首任总统纳扎尔巴耶夫》。主要从事中亚历史、中亚民族与宗教、"一带一路"建设和中亚五国国情方面的学术研究和智库建设工作,已撰写数十篇内部报告,报送有关部委，并被采纳。工作期间，积极推动中国与哈萨克斯坦、乌兹别克斯坦等中亚五国之间的学术交流与人员互访，与中亚五国学术机构和智库机构展开广泛的学术合作。

李　刚　历史学博士，西北大学丝绸之路研究院讲师。主持完成国家社科基金、教育部等多项科研课题，已出版学术著作《丝绸之路与中西文化交流》一部，发表学术论文多篇。主要从事中亚历史与现状、中国边疆民族等领域的学术研究工作。

摘　要

《哈萨克斯坦发展报告（2021）》由西北大学中亚研究院、西北大学丝绸之路研究院和西北大学哈萨克斯坦研究中心组织专家学者撰写。本报告由总报告、分报告、专题篇、中哈关系篇和附录构成，系统梳理了2020年哈萨克斯坦的政治、经济、社会和外交状况，并汇总了2020年哈萨克斯坦的要闻。

社会层面，受新冠肺炎疫情影响，2020年是哈萨克斯坦非常困难的一年，原定的很多工作被迫停止，国家发展进程受阻。为抗击疫情，哈国采取较严格的封闭管理措施，这些措施在控制疫情的同时，对经济和社会发展也带来负面影响。哈国意识到仅靠本国力量难以抵抗疫情，在注意与周边国家协调的同时，尤其重视与俄、中、美等医疗卫生大国合作，积极争取大国的援助和支持。

政治层面，2020年，在领导抗击疫情的同时，托卡耶夫总统致力于建设"倾听型国家"，提高国民素质，实施渐进性政治改革，建立新型国家管理（治理）体系，落实行政改革。其中影响较大的政策如下：修改《政党法》；调整行政机构设置，设立总统直属的战略规划和改革署、竞争保护和发展署和最高改革委员会；实施《2020~2025年语言政策》，强化哈萨克语的国语地位；发展电子政务，设立"政府为商业服务"统一窗口；裁撤冗员，计划将国家公务员数量减少25%，节约财政资金，同时增加青年人和女性比重。

经济方面，2020年，受新冠肺炎疫情、外部需求大减和国际原油价格

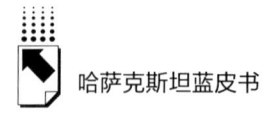

大跌诸多因素的影响，哈国经济陷入窘境。为稳定经济，哈国发布系统的"反危机计划"，共筹措资金 4.4 万亿坚戈（约合 100 亿美元），用于刺激企业发展和维护物价稳定。主要措施如下：保民生；努力救助企业；控制货币兑换，尽可能稳定汇率；力保油气开采量，防止量价齐跌；关注债市，防止企业资金链断裂，引发银行危机；实施工业和基础设施建设项目，刺激生产，增加就业。

外交方面，根据国内外形势变化，哈萨克斯坦 2020 年 3 月发布了指导未来十年外交工作的基本政策文件《哈萨克斯坦对外政策构想（2020~2030）》。2020 年，哈俄关系继续走深走实；中哈关系继续巩固发展；哈与欧盟关系发展较顺利。2020 年 2 月初，美国国务卿蓬佩奥访问中亚期间，发布美国新版"中亚战略"，美国选择在哈国宣布中亚新战略，足见对哈萨克斯坦的重视。不过，哈美在合作的同时，美国希望哈萨克斯坦充当"反华"前沿，使哈萨克斯坦陷入两难选择。

国家安全方面，2020 年疫情期间，哈萨克斯坦国内安全形势十分严峻，恐怖主义和极端主义威胁不降反升，网络空间安全问题频发，跨国集团犯罪出现新变化，生物安全威胁上升。哈国政府针对比较突出的安全问题，采取了一系列应对措施，确保国家安全。

关键词： 哈萨克斯坦　新冠肺炎疫情　政治改革　反危机计划　对外政策构想

目 录

Ⅰ 总报告

B.1 2020年哈萨克斯坦形势回顾 …………………………… 张　宁 / 001

Ⅱ 分报告

B.2 2020年哈萨克斯坦经济形势
　　　　……………… 王添瑞　〔哈〕阿纳尔·拉希姆扎诺娃 / 019
B.3 2020年哈萨克斯坦教育事业发展的基本情况 ………… 林铃梅 / 032
B.4 2019~2020年哈萨克斯坦的外交形势 ………………… 赵　静 / 052
B.5 疫情对哈萨克斯坦的主要影响及其应对措施 ………… 李睿思 / 083

Ⅲ 专题篇

B.6 美国中亚新战略——地缘政治对抗的策略
　　　　……………………… 蔡艳彬　〔哈〕拉菲克·塔伊洛夫 / 094
B.7 地缘政治条件变化下的哈萨克斯坦：预测和结论
　　　　……………………… 付子阳　〔哈〕拉菲克·塔伊洛夫 / 102

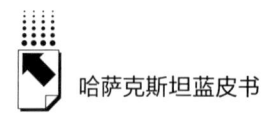

B.8 2020年中亚经济形势及对哈萨克斯坦的影响
.... 王 静 〔哈〕阿纳尔·拉希姆扎诺娃 / 118
B.9 哈萨克斯坦参与欧亚经济联盟一体化经贸投资合作分析
.... 张婉婷 〔俄〕T.B.科列斯尼科娃 / 130
B.10 哈萨克斯坦交通业、物流业的发展与中欧班列运营状况
.... 刘贝贝 苏琳琪 / 145

Ⅳ 中哈关系篇

B.11 2020年中国与哈萨克斯坦关系述评 .... 陈 珊 / 159
B.12 中国企业在哈萨克斯坦发展状况 .... 朱玉婷 张凯悦 / 175
B.13 中哈经贸发展的现状、合作模式与发展前景分析 ...... 李 刚 / 189

Ⅴ 附录

B.14 哈萨克斯坦2020年人口数据统计 .... 王蒙蒙 / 210
B.15 2020年哈萨克斯坦共和国社会经济发展情况及中央
  预算的执行情况 .... 王蒙蒙 / 214
B.16 哈萨克斯坦2020年对外贸易主要指标 .... 赵 静 / 219
B.17 《哈萨克斯坦对外政策构想（2020~2030）》纲要
.... 赵 静 李奕璠 / 225
B.18 2020年哈萨克斯坦大事记 .... 崔美杰 王 静 / 236

Abstract .... / 258
Contents .... / 261

总报告

General Report

B.1 2020年哈萨克斯坦形势回顾

张 宁[*]

摘 要： 2020年是哈萨克斯坦非常困难的一年。受新冠肺炎疫情影响，原定的很多工作都被迫停止，国家发展进程受阻，加上外部需求大减和国际原油价格大跌，哈经济陷入窘境，内部政治斗争暗流涌动。托卡耶夫总统在2020年9月1日发表任内第二份国情咨文《新现实条件下的哈萨克斯坦：现在就行动起来》，强调要分析新冠肺炎疫情和国内外形势变化带来的新发展环境，总结疫情期间暴露出来的问题，继续完善国家治理，不断深化经济社会各领域改革，提升国民素质。

关键词： 哈萨克斯坦 欧亚形势 新冠肺炎疫情 中哈关系 "双头"政治

---

[*] 张宁，西北大学丝绸之路研究院特聘教授。

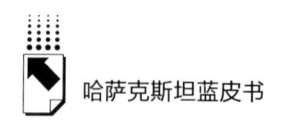

一 疫情形势严峻

从发展形势看,哈萨克斯坦新冠肺炎疫情在2020年总体上分为五个阶段。

第一阶段是1~2月,主要是防范境外疫情传入。随着境外疫情愈加严重,哈萨克斯坦从2月20日零时起对入境人群实施三类防控措施:一是针对所有来自中国的人,必须接受为期14天的强制隔离,之后由当地医护人员进行远程观察10天;二是针对来自有10例以上新冠肺炎病例国家的人,需要接受为期14天的居家隔离,以及医护人员远程观察10天;三是针对来自新冠肺炎病例少于10例国家的人,由当地医生进行为期24天的远程观察。

第二阶段是3~5月。3月13日出现首例确诊新冠肺炎病例后,哈政府于3月15日宣布全国进入紧急状态,实施封闭管理措施,疫情得到较好控制后,于5月11日解除紧急状态。截至5月底,哈境内感染新冠病毒的人数共有1.03万人。

第三阶段是6~8月,感染人数突然跃升。哈萨克斯坦解除国家紧急状态后防控措施未能有效跟进,导致疫情迅速反弹,6月愈加严峻,包括首任总统、下院议长、多名部长和州长在内的政府高官确诊感染新冠病毒,媒体认为是第二波疫情来袭。托卡耶夫总统于6月25日更换卫生部部长。感染人数从6月1日的1.13万人发展到7月1日的2.23万人,然后激增到8月30日的10.56万人。哈被迫于7月5日起实施新一轮隔离措施,成为全球首个因新冠肺炎疫情二度采取隔离措施的国家。8月15日起各地逐渐放宽隔离措施。

第四阶段是9~10月的平缓期。感染患病人数从9月1日的10.58万人增至10月31日的11.19万人,两个月内新增不足万人,说明哈第二波疫情基本得到控制。

第五阶段是11~12月。受病毒在冬季寒冷条件下重新活跃和管制措施放开后人员交往增多影响,感染人数再次大幅增加。虽然增速未像7月那样剧烈,但说是第三波疫情来袭也不为过。截至2020年12月31日,哈共有确诊感染者153925人,其中死亡2262人,治愈141731人,重症9932人(含危重症221人),死亡率为1.47%。

在新冠肺炎疫情流行的同时,哈卫生部发布的数据显示,截至2020年8月1日,哈境内各类肺炎(包括常规的病毒性和细菌性肺炎、新冠肺炎以及不属于前两类的"不明肺炎")总计23.41万例,是去年同期的3.3倍。从6月开始,不明肺炎的传播速度更快,平均每天有600余位肺炎患者,致死率也高于新冠肺炎,而且部分患者的致病原因不明,以致难以确定治疗方案。仅6月就登记各类肺炎3.27万例,是去年同期(0.8万例)的4.1倍,死亡628人,占上半年肺炎总死亡人数的35%,是去年同期(274人)的2.29倍。其中官方统计的新冠肺炎患者有1.1万人(死亡147人),其他主要是未确诊为新冠肺炎的"不明肺炎"患者,这也是民间"不明肺炎"的致病率和致死率极高的原因所在。7月1~8日仅几天时间,哈官方登记的非新冠肺炎患者56809例,其中病毒性和细菌性的常规肺炎患者17107人,其余39702人属于"不明肺炎"。鉴于"不明肺炎"的症状和流行趋势与新冠肺炎极其相似(肺部影像相同,但核酸检测不出来),哈官方和世界卫生组织专家基本认为仍属新冠病毒感染,不承认存在"与新冠病毒"并存的"不明病毒"导致的"不明肺炎"。哈官方和世界卫生组织官员认为造成这一情况的主要原因是公民重视程度不够、放松警惕、未严格遵守防疫安全要求,个别政府部门落实措施不到位以及检测能力不足等。

在疫情面前,哈国内医疗资源已接近极限,除重症患者外,大部分患者都居家隔离治疗。全国有4.6万名医务工作者(其中9000名医生)直接或间接参与抗疫,其中5000名医生和2.3万名护理人员直接从事传染病防治。在疫情最严重的7月,每日约缺医生1400名和护士1700名。全国病床总计9.63万张,其中传染病床不足2万张。

为抗击疫情,哈萨克斯坦采取较严格的封闭管理措施,包括关闭口岸、禁止聚众和集会活动、服务场所限流、保持安全交往距离、居家办公、停业停课以及加强检测等。这些措施在控制疫情的同时,对经济和社会发展带来

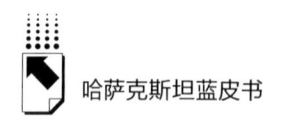

较大的负面影响。哈意识到仅靠本国力量难以抵抗疫情，在注意与周边国家协调的同时，尤其重视与俄、中、美等医疗卫生大国合作，争取大国的援助和支持。

二 政治形势

2019年3月，哈萨克斯坦首任总统纳扎尔巴耶夫宣布辞职，托卡耶夫接任，哈国内外一致认为开启了"双头"政治体制，即领导国家的实际权力由首任总统纳扎尔巴耶夫和现任总统托卡耶夫两人分享，纳扎尔巴耶夫在背后，托卡耶夫在前台。此说法被两人否认。纳扎尔巴耶夫表示哈国宪法规定总统是国家最高领导人，他本人仅负责自己职务范围内的事情，其他事项则是依据自己的经验给总统提供咨询建议。托卡耶夫也多次发布总统指示，显示大权在握的形象。哈总统办公厅人士表示，二人实际上关系良好，纳扎尔巴耶夫对托卡耶夫信任有加，二人之间不像外界想象的那样存在矛盾纠纷。

也有分析人士认为哈不存在"双头"政治体制。各种迹象表明，当前纳扎尔巴耶夫牢牢掌控哈实际领导权，拥有哈对内对外重大政策、人事任命和调动经济资源的最后决定权。现任总统托卡耶夫则缺乏强力部门资源、组织资源（主要干部的人事任免）、经济资源（身后没有财团支持）和国际资源（未获得大国力挺），无实力与纳扎尔巴耶夫抗衡。

第一，担任重要公职（属在职，不是退休）。在国内，纳扎尔巴耶夫是安全委员会主席、执政的"祖国之光"党的党主席和哈萨克斯坦人民大会主席。纳扎尔巴耶夫在哈国政治生活中具有很大的权力，可以调动和左右哈强力部门、行政、立法和社会资源。其中安全委员会主席负责决定国家安全事务、协调强力部门、推荐和审查干部人选、审查国家重大事项的制定及其落实执行情况；"祖国之光"党是执政党，在议会上下两院各占超过4/5席位的绝对多数，有能力决定议会权限内所有的事项，包括罢免总统；哈萨克斯坦人民大会主要职能是联系和凝聚社会力量，具有发动民众和社会组织的功能。在国际上，纳扎尔巴耶夫担任欧亚经济委员会名誉主席、突厥语国家合作委员会终身名誉主席，他在与哈活动频繁和关系密切的国际组织中代表哈活跃在国际舞台，相当于继续保留国际资源以及与重要伙伴国联系沟通的渠道。

第二，纳扎尔巴耶夫的亲信占据中央和地方的重要职位，控制国家行政、立法和经济最核心资源，直接听命于纳扎尔巴耶夫。比如纳扎尔巴耶夫的侄子叶西莫夫是"萨姆鲁克-卡泽纳"国家基金总裁，铁杆老部下尼格马图林是议会下院议长、阿什姆巴耶夫是参议长、马西莫夫是国家安全委员会（克格勃）主席、叶尔梅克巴耶夫是国防部部长，政府总理马明则是纳扎尔巴耶夫大力提携的中年新锐。

第三，控制国家经济资源。除家族成员掌握大量资源和资金外（比如控制国内石油开采和贸易，二女婿掌控的人民银行资产占哈所有商业银行总资产的一半以上），"萨姆鲁克-卡泽纳"国家基金、阿斯塔纳金融集团和农业集团等由纳扎尔巴耶夫的亲信掌管，其他掌握哈金融和实业的寡头欧亚自然资源集团公司（ENRC）、哈萨克矿业（KAZ Minerals）等均与纳扎尔巴耶夫家族关系密切。托卡耶夫背后没有自己的经济资源，使得他无法获得足够的活动资金。目前公开资料显示，托卡耶夫的儿子帖木儿拥有阿比石油公司，妹夫伊兹巴斯汀则掌握哈萨克农业金融股份公司。

第四，直接或间接向民众讲话，听取部门汇报。纳扎尔巴耶夫有权依照《哈萨克斯坦共和国首任总统法》和《安全委员会法》的规定权限，通过电视讲话、答记者问和发布工作指示等方式，就国家重大事项发表看法，指导国家工作。比如就新冠肺炎疫情、油价下跌和南部东干村骚乱等问题，行政体系需遵照其指示去执行。

尽管托卡耶夫表面上多次阐述自己执政理念和政策的优先方向，尽力突出自己的独立性，比如修改《政党法》（降低组建新政党的门槛）和《集会法》（简化审批流程）、建立社会信任委员会（汇聚社会精英）和发布国情咨文，提出在继承前任总统时期的国家战略和政策基础上推动全面政治改革思想，但托卡耶夫并未谋求建立自己的势力范围。

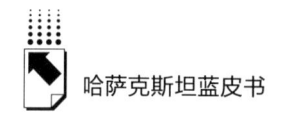

尽管哈萨克斯坦政局总体稳定，但在国内外多种因素的作用下矛盾越积越多。尽管首任总统纳扎尔巴耶夫努力支持托卡耶夫执政，但大部分哈萨克斯坦人认为纳扎尔巴耶夫仍然掌握最高权力，托卡耶夫并不是纳扎尔巴耶夫中意的真正接班人，"双头"政治体制具有临时性和过渡性，不利于国家发展。哈政局未来前景依然不明，国内外各种不利因素在累积叠加，各种不满力量在聚集，虽然哈政局表面平稳，但实际上却暗流涌动。鉴于纳扎尔巴耶夫在不远的将来退出政坛是大概率事件，但托卡耶夫是否是接班人仍存在诸多变数，各派势力均在暗中寻找下家或发展自身，干部选边站队无所适从。

2020年5月2日，哈总统托卡耶夫决定终止首任总统纳扎尔巴耶夫长女达丽加的参议长职权。4日，时任总统办公厅副主任阿什姆巴耶夫当选新参议长。根据法律和惯例，撤换参议长的通常程序是总统或其代表在参议院会议上宣布现任参议长另有任用，然后提名新人并经投票通过方可。此次则是未经过任何参议院会议，选在非工作日，仅由总统发布一个消息进行撤换。哈各界认为，作为国家二号人物的参议长在节日期间事先毫无征兆的情况下突然变动，说明首任总统纳扎尔巴耶夫可能对当前政局和政权接班机制有新的考虑。舆论认为，达丽加在疫情期间的行为饱受争议，比如要求军队在解除宵禁之后继续留在城市维护秩序、向宪法委员会咨询参议院职权（通过充分行使参议院权力而扩大对国家权力的监控）以及批评"萨姆鲁克－卡泽纳"国家基金效率低下和总裁叶西莫夫工作不力等，这引起社会各界的不满，让纳扎尔巴耶夫颇为失望。离职后的达丽加担任首任总统基金会主席，年底又决定参选2021年1月10日的议会下院选举，重返政治舞台。

2020年，在领导抗击疫情的同时，托卡耶夫总统还致力于建设"倾听型国家"，提高国民素质，实施渐进性政治改革，建立新型国家管理（治理）体系，落实行政改革，其中影响较大的政策如下。第一，修改《政党法》，将成立政党的人数要求由4万人减少至2万人，通过降低组建政党的门槛和简化审批程序，促进多党制发展，满足社会多元化的需求，使各利益阶层和团体都有自己的代表并积极参政议政。第二，调整行政机构设置，设立总统直属的战略规划和改革署、竞争保护和发展署、最高改革委员会。战略规划和改革署负责研究制定国家发展战略规划。最高改革委员会负责总体设计各领域改革方案，委员会成员包括总统、委员会副主席（由总统顾问担任）、总理、总统办公厅主任和副主任、总统助理兼安全会议秘书、央行行长、战略规划和改革署署长、金融市场调节和发展署署长以及阿塔梅肯企业家协会主席。第三，实施《2020~2025年语言政策》，强化哈萨克语的国语地位，推动和谐的语言政策，巩固哈萨克的历史文化。计划到2025年，讲哈萨克语的人口占总人口的比例达到95%，哈萨克语的书写文字使用拉丁字母的比例达到50%。第四，发展电子政务。设立"政府为商业服务"统一窗口，将310个国家机构网站整合到同一平台，公民可以通过电子政务门户网站上找到所有文件。第五，裁撤冗员，计划将国家公务员减少25%（2020年减少10%，2021年减少15%），节约财政资金，同时增加国家公务员中青年人和女性的比重。

三　经济形势

从国家总体经济发展形势看，独立后，哈萨克斯坦共经历5次较大危机。第一次是独立后初期的1991~1995年，受苏联解体影响，经济社会矛盾频发，GDP规模大约下降60%，哈通过宪法改革和出台反危机措施，使国家逐步稳定，把工作重心转移到经济恢复和发展的轨道；第二次是1997~1998年亚洲金融危机，哈通过制定和实施"2030年战略"、开展新首都阿斯塔纳（今努尔苏丹）的建设，加之国际油价高涨，不但很快摆脱危机，还实现国家快速发展；第三次是2008~2009年国际金融危机，哈用工业创新发展来应对挑战，不仅提前实现了"2030年战略"规划目标，还出台了"2050年战略"；第四次是2014~2017年全球经济衰退，哈借助"光明大道"基础设施发展计划、"五项改革"和"第三次现代化"来应对挑战。第五次是2020年新冠肺炎疫情冲击。在前四次危机时期，哈主要通过刺激性经济手段来克服危机，面对2020年的新冠肺炎疫情，哈无法继续通过扩张财政政策克服危机，因为生产停滞、国际往来受限，财政收入锐减，需要哈大力调整经济结构。

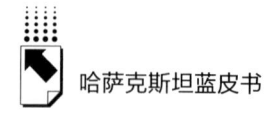

早在2019年11月发布的《2020~2021年预算案》，确定了2020年和2021年这两年的GDP增长率不低于4.5%、财政赤字占GDP的比重不大于3%以及年度通胀率不超过4%~6%三大目标，同时将国家发展思路由经济优先改为民生第一，改变过去通过大力投入刺激经济发展的做法，计划加大对民生工程（卫生、教育、农村、工资）的投入，缩减国防开支和对非油气领域的投资，同时减少国家基金对财政的转移支付，确保该基金资产占GDP的比例不低于30%。

2020年1月，哈政府和央行曾给自己确定的年度任务目标是"提供有效的服务"，具体指标包括：①确保GDP增速达到4.7%~5%；②新增43万个就业岗位，新增岗位主要来自旅游业、商业、建筑业、加工业和农业；③固定资产投资总额占GDP的20%；④非资源领域出口收入实现186亿美元；⑤人均收入实际增长6%；⑥中小企业的经济规模在经济总量中的占比增加到30%；⑦新建居民住宅1500万平方米；⑧加强信贷监管，提高银行自有资本充足率的要求，扩大对居民贷款的监管，禁止向收入低于最低生活保障标准的居民发放贷款。[①] 此时，哈政府预估2020年GDP增速为3.8%，世界银行发布的《全球经济展望》则预测哈经济增速2020年为3.7%，2021年为3.9%，2022年为3.7%。

不过，新冠肺炎疫情很快打乱了哈萨克斯坦的发展计划，国际油价大跌也让其经济雪上加霜。哈萨克斯坦民众普遍认为这是自哈独立以来最严重的经济危机，其规模和影响难以完全评估，负面影响会在2021年表现得更明显。尽管少部分行业和企业因市场变化而获得新活力（比如电商、医药等），但大部分企业和金融机构遭遇困难，其中中小企业、零售、航空、油气、采掘、运输、电力和服务业受损最大。民众实际收入下降，对生活前景悲观，不满情绪积聚。为此，政府不断实施优惠帮扶等反危机措施。企业采取优化经营，努力抵御需求萎缩、生产和资金链断裂、投资下降、经营成本

[①] 《政府总理阐述2020年哈萨克斯坦政府需要完成的主要任务目标》，哈通社，2020年1月24日，https：//www.inform.kz/cn/2020_a3607064。

高企和社保压力大（不许裁员并维持工资水平）等风险的冲击。

在疫情冲击的同时，国际市场的原油价格大跌。原油是哈出口创汇和财政收入的主要来源，油价下降让哈经济雪上加霜。哈能源部部长诺加耶夫表示，受借贷成本和开发程度影响，哈各地油田开采成本为20～65美元/桶，其中大型油田开采成本不超过10美元/桶，老旧油田一般为30～35美元/桶，平均运费为25美元/桶。油价如果长期低迷，哈油气企业可能出现倒闭潮和裁员潮。① 哈《2020～2021年预算案》规定预算收支基于年均油价55美元/桶和坚戈兑美元年均汇率370∶1的参数制定的。2019年，布伦特石油均价64.12美元/桶，哈出口石油约7000万吨，收入336亿美元，均价68美元/桶。另外，随着国际油价跳水和美元升值，哈本币坚戈兑美元汇率从2020年1月1日的382.5∶1变为3月22日的444.8∶1，造成拥有大量本币资产的银行资本充足率下降，出现流动性短缺和经济更加"美元化"等严重问题。哈央行根据贝叶斯向量自回归模型测算后认为，由于哈居民消费中65%的非食品类商品和25%的食品依赖进口，美元兑坚戈汇率每升高1%，通胀率就会增长0.13%。美元兑坚戈汇率上升15%将导致所有消费品价格上涨。

为稳定经济，哈决定实施反危机计划，同时继续落实既定的国家发展战略。托卡耶夫于2020年3月16日发表全国电视讲话时，认为当前形势"已对全球经济造成的极端负面影响，实质是世界经济体系的重塑过程"。当天，托卡耶夫签署总统令《关于进一步稳定经济的措施》，政府于次日出台实施细则，一周后又发布系统的"反危机计划"，共筹措资金4.4万亿坚戈，用于刺激企业发展和维护物价稳定。总体上，哈希望通过财政和金融手段保民生、稳生产，具体反危机措施主要如下。

第一，保民生。①要求企业不裁员不减薪；②控制通胀，对部分地区的米面粮油等基本食品实行限购，对进口重要民生食品开通海关"绿色通

---

① 《哈能源部长谈本国石油开采成本》，2020年3月29日，http://kz.mofcom.gov.cn/article/jmxw/202003/20200302944408.shtml。

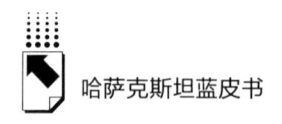

道",保证国内市场供应;③实施新的基础设施项目,创造12万个就业岗位,解决路桥、住宅和公用设施等居民关切的问题。

第二,努力救助企业。①减少对企业的检查频次,保证生产经营稳定;②为中小企业提供6000亿坚戈1年期的优惠贷款,利率为8%;③为企业提供90天的还贷宽限期;④出台税务减免或缓征等优惠措施;⑤为《商业路线图-2025》规划下的中型企业和小微企业借贷提供政府担保;⑥政府优先采购本国企业的产品。

第三,控制货币兑换,尽可能稳定汇率。①调节外汇交易差价,要求银行和非银行兑换点美元买卖价差不得超过6坚戈和欧元买卖价差不得超过7坚戈。也有专家建议对货币兑换开征兑换税(即美元换坚戈不征税,但坚戈换美元时征税),减少美元流出。②实行熔断机制,当坚戈对美元成交价与前一交易日外汇牌价偏离幅度超过1.5%时,外汇交易所将暂停交易。鉴于2015年保汇率失败的教训,哈央行表示将会视形势发展而在十分必要时动用外汇储备保汇率,但目前尚未考虑。

第四,力保油气开采量,防止开采量减少和价格下跌。将原油开采税、出口关税与油价挂钩。油价60美元/桶时,原油开采税税率为11%,出口关税为60美元/吨;油价低于40美元/桶时,原油开采税税率为0,出口关税为40美元/吨;油价为35美元/桶时,出口关税为35美元/吨。

第五,关注债市,防止企业资金链断裂,引发银行危机。2008年和2014年两次国际油价大跌均造成企业偿债困难,银行坏账量剧增,迫使国家注资拯救。鉴于主要是关联企业间的非政府担保债务,需要严控海外母公司抽调资金,限制资本外流。

第六,实施工业和基础设施建设项目,刺激生产,增加就业。2020年4月,哈政府决定启动"光明之路"2020~2025年国家规划,计划6年内总投资5.5万亿坚戈,实施112个基础设施项目,创造55万个长期及临时性工作岗位,提高过境运输潜力。

哈政府的应对措施总体上比较及时,但受疫情反复影响,效果低于预期。据哈国家经济部统计委员会发布的数据,2020年上半年,哈GDP增幅只有2.3%，低于去年同期的4.1%。据国际货币基金组织测算，受新冠肺炎疫情、国际油价下跌和本币贬值等因素影响，哈2020年GDP增速为-2.5%，远低于2019年的4.5%。哈财政部预计2021年GDP负增长是大概率事件，国家预算（中央和地方）赤字将达2.4万亿坚戈（约60亿美元），需从国家基金转移至财政的救市资金为4.77万亿坚戈。

2020年9月，托卡耶夫发表国情咨文，就国内经济发展提出新思路。指出在新形势下的经济发展需要遵循7项基本原则，即公平分配利益和责任；发挥私营企业的领导作用；加强公平竞争，为新一代企业家打开市场；提高生产率，提高经济的复杂性和技术效率；开发人力资本，投资新型教育；发展生态经济和环境保护；国家主导规划并对社会承担责任。在此基础上，哈需要充分利用欧亚经济联盟和共建"一带一路"的潜力，重点关注加工业、农业、交通、中小企业、金融、反垄断和预算7个部分，同时注意各地区均衡发展。①加工业方面要增加政府采购，减少进口依赖。②农业领域重点发展7个大型生态系统，用于肉类、水果、蔬菜、糖、谷物、油料种子和乳制品的生产和加工，涉及修改《土地法》、培养农业科技和技术人员以及改善灌溉体系等。③交通方面以提速为核心，提升过境运输潜力，改善总长2.4万千米道路的条件。④中小企业方面要通过减税、贷款支持和改善营商环境（减少检查）等方法，争取中小企业产值占GDP的比重至2025年增加到35%，并将雇员人数增加到400万人。⑤金融方面要减少坏账，改善融资条件，发展阿斯塔纳国际金融中心。⑥反垄断方面要鼓励竞争。⑦预算方面要加强预算外资金管理和国有企业改革，推进私有化，将哈萨克农业集团和巴伊杰列克国家控股公司合并（在一定程度上相当于第二个"萨姆鲁克-卡泽纳"国家基金）。⑧地方发展要注意符合各地实际。南部和东南部地区以轻工业为主，发展农业、农产品加工、食品、纺织和建材等；东部和中部重点是冶金、高科技和技术密集型产业；西部重点是石化产业。重视增加单一型城市的增长潜力。

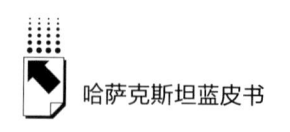

四　安全形势

哈国家安全委员会主席马西莫夫指出，2020年，哈国内安全形势十分严峻，恐怖主义和极端主义威胁不降反升，网络空间安全问题频发，跨国集团犯罪出现新变化，生物安全威胁上升。[①]

第一，恐怖主义和极端主义威胁加剧。极端势力通过散布激进或极端的宗教观点，传播虚假信息，造成民众世界观和价值观的混乱，并进一步演变成政治集团争斗或者民事冲突，导致大量人员死伤。外部的国际恐怖组织或极端组织通过网络招募、组织和指挥国内极端分子，并利用非法移民身份进入哈萨克斯坦实施犯罪的现象增多。另外，犯罪群体呈现年轻化。年轻人作为社会的活跃群体，极易被极端宗教意识形态蛊惑从事极端主义行为。

第二，网络安全问题突出。危害国家政治、经济和安全的网络信息泛滥，互联网和数字领域犯罪频发。针对政府执政能力、社会经济发展以及种族和宗教方面的负面舆论常常被敌对势力利用，危害国内政治稳定。非法收集用户个人数据、黑客组织和网络欺诈以及通过伪造个人数据盗取信息并获利等网络和数字领域犯罪严重危害公共和个人财产安全。

第三，国家经济安全受到威胁。在逆全球化趋势抬头、大国贸易摩擦愈演愈烈、民族主义盛行和第四次工业革命的背景下，哈国经济安全遭遇多重威胁，主要表现为跨国走私案件给国家财产造成巨大损失、洗钱和非法转移资本扰乱正常的金融市场秩序以及偷税漏税和腐败问题损害公民利益和国家机关形象。

第四，跨国集团犯罪出现新变化。主要表现为杀伤性武器贩卖猖獗、跨国贩毒和制毒活动、边境偷猎活动活跃以及医疗设备和物资走私。疫情期间，医疗设备和物资走私犯罪数量明显上升。

[①] К. Масимов, «На защите национальных интересов», 14 Июля 2020, https://www.kazpravda.kz/articles/view/na-zashchite-natsionalnih-interesov1.

第五，生物安全威胁上升和新冠肺炎疫情蔓延。新冠肺炎、鼠疫等传染性疾病的迅速传播给公民生命财产安全带来威胁，实行隔离措施导致石油价格下跌、中小企业经营状况惨淡、边境口岸关闭和市场活动停止。

针对比较突出的安全问题，哈政府的主要应对措施如下。

第一，利用互联网和高新技术，创建"哈萨克斯坦网络盾"，维护数字空间安全，确保国内信息资源安全和数字空间的独立性，开展打击犯罪的专项行动。①对互联网中极端主义和恐怖主义信息进行收集、汇总和分析。当传播的信息危害国家安全，立刻采取网络封锁措施阻断传播。②利用大数据技术，掌握接收恐怖主义信息的潜在人群情况，防止其受极端宗教思想蛊惑。③用高新技术武装特种部队，提升其打击能力。利用现代化战斗机器人、侦察技术设备和自动化控制系统武装特种部队，开展专项行动对恐怖主义和极端主义犯罪活动进行有效打击。④加强针对非法移民的情报工作，通过采取集中专项行动，彻底阻断恐怖分子入哈渠道。⑤结合网络销售记录和情报线索，打击线下毒品生产基地和销售渠道。⑥打击通过网络非法收集个人信息并从中获利的网络犯罪活动，打击通过伪造人脸和声音识别信息，窃取公民隐私和私人财产以及进行网络欺诈等犯罪活动。

第二，打击经济犯罪，维护国家经济安全。①利用人工智能等数字技术引进新型业务模式，对经济领域重点行业进行工业化改造。②打击走私以及利用立法和监督体系漏洞从事非法经营的活动。③打击金融犯罪尤其是洗钱、偷税漏税和非法转移资产等商业犯罪行为，维护市场经济正常秩序。

第三，打击跨国集团犯罪。①切断国际武器走私活动的贩运渠道，抓捕主要头目。2020年，哈成功抓捕35名从事跨国武器贩运的犯罪团伙成员，并没收大量的武器和弹药。②清除跨国贩毒渠道和毒品合成窝点。通过跟踪邮政和物流记录，掌握毒品贩卖链条信息，清理贩毒渠道和秘密毒品合成实验室。③打击边境偷猎和非法野生动物交易。

第四，广泛开展国际合作。加强双边和多边的协调合作，如与独联体国

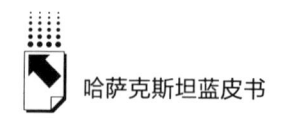

家禁毒执法机构、集体安全条约组织和上海合作组织等发展合作关系，目的是培养国际化人才，及时交换信息和交流经验，落实合作计划等。

2020年2月7日晚，哈南部的江布尔州马萨奇村发生哈萨克族与东干族冲突骚乱事件，几百名村民卷入大规模斗殴事件，造成至少10人死亡，178人受伤，40余栋建筑和23辆汽车遭到破坏。事件起因是警察检查车辆驾驶证，但东干族驾驶员认为遭到哈萨克族警察的刁难，遂冲击警所，哈萨克族人闻讯后便进入东干族聚居的村落，进而爆发族际冲突。哈强力部门迅速控制住局势，避免了事态进一步扩大。次日，政府组建以副总理为首的事件调查小组。检察机关认为此次骚乱属于由生活琐事引发的个别事件，背后没有极端势力，不属于民族矛盾冲突。

总体上，2020年威胁哈安全的最大因素是极端势力。封闭措施限制了交通和聚会，互联网和手机成为疫情期间暴恐和极端分子最常用的活动工具。极端势力主要通过在社交网站注册账户和下载手机软件，最常用的是Telegram、YouTube、Twitter、Facebook、ВКонтакте（vk.com）、Одноклассники（ok.ru）、Google+和Instagram。因此，网站平台的管理及其技术升级，对于切断极端势力的联络渠道至关重要。

恐怖和极端分子使用网络和移动平台的目的主要如下。①在线宣传（包括招募和煽动恐怖主义）。除继续使用光盘和书籍外，越来越多的材料被上传到互联网上，主要有虚假信息、演示文稿、杂志、电子书籍、音频和视频文件以及电子游戏（由恐怖组织或其支持者开发），有时也利用传统新闻媒体发布信息，引导受众关注社会问题，挑起反政府情绪。宣传材料也使用大数据技术和算法，实现精准投送。②在线融资。恐怖分子使用互联网动员和筹集资金的方法可分为直接捐款请求、电子商务、在线支付工具和慈善机构四大类。最常用的方式是使用网站、聊天组、群发邮件和有针对性的消息，向支持者发送捐款请求。有时直接向亲属和朋友提出汇款要求。③在线学习培训。通过在线传媒提供交互式教程、音频和视频剪辑、使用指南以及消息和建议等学习材料。通常采用易于访问的多媒体格式和多种语言，教授方法、技术和操作知识，比如如何加入恐怖组织，如何制造爆炸性弹药、枪械和其他武器或危险材料，如何规划和实施恐怖主义行动等。④在线策划和执行（包括使用秘密通信和公开信息来源）。通过远程信息交换，发布机密信息。⑤网络攻击（计算机攻击）。

极端分子在中亚各国的互联网和手机上发布的视频、图片和文章等材料主要使用俄语、乌兹别克语、阿拉伯语，其他语言也有，但数量相对较少，这与极端分子主要来自乌兹别克族有关。材料内容通常涉及伊斯兰教基本问题、讲述穆斯林的苦难生活、叙利亚阿萨德等世俗政权的暴行、美俄等外国侵略者的恶行及其遭受打击的后果、哈里发国家的蓝图（打击腐败、社区建设等）、人文关怀、军事胜利和军营日常生活等。极端势力通常会通过关注网友回帖评论来发现未来的招募对象。发展成员依然从现实问题（腐败、失业和物价等）入手，激发发展对象的不满以及承诺实现其愿望，重点是灌输极端宗教思想和恐怖活动的方法。

五　外交形势

哈萨克斯坦政府认为，现代国际关系体系正在经历复杂的变革，有必要建立一个更加稳定的国际关系体系。一方面，国家和地区之间的相互依存关系依旧存在并日益加深。国家间的矛盾冲突不再是意识形态的斗争，市场经济管理和运行机制仍是主流的。另一方面，不确定性和不稳定性增加，信任危机和冲突增加，多边安全和对话机制的作用降低，预防性外交和冲突解决机制的效率低下，国际法基本原则遭到侵蚀，全球主义和民族主义的对立冲突给中小国家带来极大的风险，传统的挑战和安全威胁加剧。另外，信息通信等新技术发展推动形成地缘政治和地缘经济新格局，比如混合战争、网络安全和数字经济等，导致现有的全球化和国际贸易体系模式受到侵蚀、国家和地区间的经济和技术发展差距拉大、全球金融体系愈加脆弱以及贸易和货币的制裁加剧战争风险。

根据变化了的内外部形势，哈萨克斯坦2020年3月发布指导未来十年外交工作的基本政策文件《哈萨克斯坦对外政策构想（2020～2030）》，取代 2014 年 1 月发布的《哈萨克斯坦对外政策构想（2014～2020）》。①《哈萨克斯坦对外政策构想（2020～2030）》规定哈未来对外政策的基本目标：①延续纳扎尔耶夫时期的对外政策基本原则和目标方向，努力完成"2050 年战略"任务，捍卫国家的独立、主权和领土完整，为国家发展创造良好的外部环境。②协助建立稳定、公正和民主的世界秩序，平等融入世界，塑造"积极和负责任的国际社会参与者"的形象。③保护居住在国外的哈萨克斯坦人和同胞的权利、自由与合法利益。④加强哈萨克斯坦在中亚地区的领导地位并促进哈萨克斯坦的长期利益。《哈萨克斯坦对外政策构想（2020～2030）》规定哈对外政策的基本原则依然是"多元与务实"，同所有国家和国际组织发展平等与友好的合作关系，和平解决争端。在开展区域和多边合作时，哈萨克斯坦优先发展同俄罗斯、中国、美国和中亚周边国家，以及欧亚经济联盟、集体安全条约组织、独联体、欧安组织、欧洲理事会、北约、经合组织、国际货币基金组织、世界银行、亚投行、欧洲复兴开发银行、亚洲开发银行、欧亚开发银行、欧洲投资银行和伊斯兰开发银行等国际组织和国际金融机构的友好伙伴关系。

2020 年哈俄关系继续走深走实。在疫情的艰难时刻，哈俄两国密切合作，俄向哈提供医药、医护人员和疫苗等医疗援助。尽管疫情严重，但哈总统托卡耶夫依然赴莫斯科参加二战胜利 75 周年纪念活动。两国在欧亚经济联盟框架内继续深化合作，推进欧亚经济联盟一体化进程。7 月，哈俄签署两国新版《军事合作协议》，取代 1994 年版的旧协议，约定在维护安全、人员培训、信息交流、联合军演和与国际组织合作等领域加强合作，体现出两国较高的互信水平。同时，两国之间也存在一些不和谐的声音。12 月 10 日，俄罗斯国家杜马教育与科学委员会主席维亚切斯拉夫·尼科诺夫在第一频道的"大博弈"节目中表示："哈萨克斯坦根本就不存在。北哈萨克斯坦过去根本没有人居住。哈萨克斯坦领土是俄罗斯和苏联

---

① Указ Президента Республики Казахстан от 6 марта 2020 года № 280 «Концепция внешней политики Республики Казахстан на 2020 – 2030 годы».

给予的伟大礼物。"①此言一出，立刻引发哈萨克斯坦的强烈反应。

2020年中哈关系继续巩固发展。在中国出现疫情后，哈向武汉提供了防疫物资，还协助安排在哈中国公民回国事宜。当哈境内出现疫情后，中方同样为哈方抗疫提供了大力支持，向哈派遣医疗组，并给予大量援助。正如哈总统托卡耶夫所言："团结互助、携手抗击疫情书写了哈中友好合作关系新篇章。"②在习近平主席与中亚国家领导人通话时，中亚国家领导人高度认同习主席的"只有构建人类命运共同体才是人间正道"的观点。哈总统托卡耶夫表示："哈方致力于深化哈中永久全面战略伙伴关系，推进共建'一带一路'，这完全符合两国人民共同利益。"③尽管受疫情影响，双方各领域合作的线下交流基本中断，但线上交流始终活跃。中哈领导人在双边和多边场合往来频繁，各部门联系依旧密切。中哈合作委员会和分委会举行例行会议，商讨两国合作事宜。企业间的贸易投资规模不降反增。据中国商务部统计，2020年1～6月，中方对哈全行业直接投资2.6亿美元，同比增长136.4%，中国自哈进口52.8亿美元，同比增长18.5%，中欧班列2020年累计开行1.24万列（其中过境哈萨克斯坦9679列），共运送113.5万标箱（同比增长56%），综合重箱率达98.4%。在新通关系统的支持下，从新疆出境的整列班列放行时间由过去的10多个小时压缩至1小时以内。

2020年哈美关系比较复杂。2月初美国国务卿蓬佩奥访问中亚之际，发布美国新版"中亚战略"，着眼于"促进中亚地区的独立与繁荣，同时平衡地区邻国对中亚各国的影响"④，具体体现为六大任务目标：巩固中亚国家的主权和独立；减少暴恐和极端势力威胁；支持阿富汗稳定；加强中亚与阿富汗之间的联系；促进中亚国家的法治改革和尊重人权；加大美国对中亚国

---

① Вскрылась болевая точка в отношениях Казахстана с Россией, 16 декабря 2020, https://yandex.com/turbo/vz.ru/s/world/2020/12/16/1076071.html.
② 《携手合作书写友好新篇章》，人民网，2020年6月4日，http://world.people.com.cn/n1/2020/0604/c1002-31734513.html.
③ 《习近平同哈萨克斯坦总统托卡耶夫通电话》，《光明日报》2020年3月25日，第1版。
④ 《蓬佩奥访哈介绍美国中亚地区新战略》，新华网，2020年2月3日，http://www.xinhuanet.com/world/2020-02/03/c_1125523832.htm.

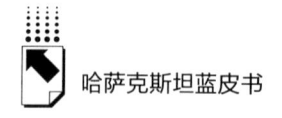

家的投资。与之前美国的中亚战略相比，新版战略继续体现了美国在中亚地区的民主、政治、经济和安全等需求，但更加具体和直白，除帮助中亚国家自身发展外，还要加强中亚国家与南亚和高加索的联系，打通南亚经阿富汗和中亚通往高加索的通道，进而降低对中俄的依赖。美选择在哈宣布中亚新战略，足见对哈萨克斯坦的重视。不过，哈美在合作的同时，美国希望哈萨克斯坦充当反华前沿，让哈萨克斯坦陷入两难选择。

2020年哈与欧盟关系发展较顺利。双方于2015年12月在阿斯塔纳签署的《加强伙伴关系与合作协定》于2020年3月1日正式生效。该协定涵盖29个合作领域，涉及安全、执法、裁军、能源、贸易、投资、基础设施、交通、创新、教育、文化、体育、旅游、环境和人力资源等内容。

分 报 告
Topical Reports

B.2
2020年哈萨克斯坦经济形势

王添瑞 〔哈〕阿纳尔·拉希姆扎诺娃*

摘　要： 根据专家的评估以及社会经济发展的主要指标，2020年是哈萨克斯坦近20年来经济最困难的一年。疫情对经济的影响超过2008年和2015年的金融危机。总体而言，疫情影响、全球经济衰退和原料市场的波动令人震惊并削弱了哈国内经济活跃度，这也表明有必要进一步改善政府管理体制和结构，规划和实施政府计划以及履行政府机构的重要职能。尽管疫情危机和全球经济整体停滞带来了巨大的负面影响，但从中期来看，哈萨克斯坦国家政策的战略目标仍然是在根据个人劳动成果提高每个人福祉的基础上发展安康社会，促使国家稳定发展，形成竞争性经济。

---

* 王添瑞，陕西师范大学中国西部边疆研究院硕士研究生；〔哈〕阿纳尔·拉希姆扎诺娃，哈萨克斯坦阿里-法拉比国立大学经济学副博士。

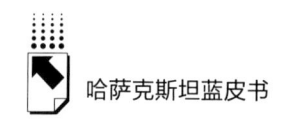

关键词： 哈萨克斯坦　经济政策　竞争性经济

世界银行和亚洲开发银行的国际专家预测以及哈萨克斯坦国民经济部在2019年底制定的《哈萨克斯坦共和国2020~2024年社会经济发展预期》指标显示，过去三年哈萨克斯坦经济逐渐呈增长趋势，预计在2020年经济和社会发展将取得正增长。应当指出的是，哈萨克斯坦在经历了2008年和2015年金融危机之后，经济发展受到全球经济放缓的深刻影响。世界经济增速放缓对维持哈国内生产总值的增速具有重大影响，它可能导致出口量降低，投资量缩减。重要的合作伙伴的状况对哈萨克斯坦经济的发展也很重要，如欧洲、中国和俄罗斯。对世界经济的依赖深刻影响到哈萨克斯坦和整个中亚地区社会经济发展的方向和进度。

一　2016~2019年哈萨克斯坦经济发展回顾

2016年，世界经济增速很慢，其特征是需求和投资支出疲软，低通货膨胀和失业率增加，对世界大多数经济体产生了负面影响。同样，对于哈萨克斯坦的经济发展而言，2016年成为具有严峻挑战的一年。一方面是外部因素的影响：世界原油价格的极不稳定性，曾经在2016年1月达到破纪录的低价——每桶27.7美元；金属的世界价格下跌以及出口产品的需求下降（主要是俄罗斯和中国方面）。2016年，布伦特原油的世界平均价格为每桶44.1美元。另一方面是存在内部挑战：工业生产总量下降、2015年8月哈货币汇率调整导致国内价格水平上涨和2016年的经济增长不稳定。在2016年前5个月经济增速下降之后，自6月以来经济稍微露出正增长势态。截至2016年底，国内生产总值增长1.1%，表明经济发展在一定程度上适应了新的宏观经济条件。只有建筑业（7.4%）、农业（5.4%）和运输业（3.5%）表现喜人，采掘业仅增长2.2%，制造业增长1.8%。到年底，通货膨胀率为8.5%，比2015年降低了5.1个百分点。通货膨胀主要表现为食品价格上涨9.7%，非食品产品的价格上涨了9.5%，有偿服务的价格上涨了6.1%。①

经济增长的关键因素之一是投资活跃度的提高。固定资产投资额增长了5.1%，达到7.7万亿坚戈。同时，农业的投资增长最为明显，增长了46.7%，采矿业增长了14.8%。② 2016年，在《2015~2019年"光明之路"国家基础设施发展规划纲要》、《哈萨克斯坦政府反危机行动计划》和《哈萨克斯坦国家银行保障2016~2018年经济和社会稳定》的框架下采取的支持措施对国家经济发展产生了积极的影响。到2016年底，外贸形势有所改善。2016年外贸额达621亿美元，外贸顺差达114亿美元。③

在2017年，这一积极趋势仍在继续。由于外部条件的改善，经济活跃度和实体经济指标均得到提高。2017年GDP增长4.1%，工业增长了7.3%，运输和仓储增长了4.8%，贸易增长了2.7%。自2017年初以来，工业生产呈现积极的势态，这归因于采矿业和制造业的高增长率，分别为9.3%和5.6%。固定资产投资持续稳定增长，增长率达5.8%，这要归功于基础设施项目的实施以及建筑工程的高需求。外部需求的回升以及坚戈对主要货币的汇率稳定使外贸条件改善。因此，2017年，哈萨克斯坦的外贸额增长了25.8%，达到781亿美元，其中出口增长了32.0%（达到485亿美元），进口增长了16.6%（达到296亿美元）④。

2018年，保持了2017年的经济发展势头，GDP增长4.1%。几乎所有经济领域都呈现增长趋势。经济增长的主要因素是高投资和高消费，以及基础经济领域的生产力增长。同时，实体经济领域采矿业和制造业也在

---

① 《哈萨克斯坦共和国2016年社会经济发展主要指标的统计数据》，哈萨克斯坦国家统计局，https：//stat.gov.kz/official/industry/11/statistic/6。
② 《关于哈萨克斯坦共和国的投资活动》，哈萨克斯坦共和国国民经济部统计委员会公告，2019。
③ 《哈萨克斯坦共和国2016年外贸额数据》，哈萨克斯坦国家统计局，https：//stat.gov.kz/official/industry/11/statistic/6。
④ 《哈萨克斯坦共和国2017年社会经济发展主要指标的统计数据》，哈萨克斯坦国家统计局，https：//stat.gov.kz/official/industry/11/statistic/6。

不断增长。总体而言，工业生产增长了4.4%。铁矿石、天然气和石油开采量的增加，机械制造生产力的提高，石油产品和化学工业产品的产量增加促进了工业增长。采矿业和矿产加工业产量提高了4.6%，制造业增长了4.5%。尽管开采业快速增长，但GDP增长的主要来源仍集中在经济的非原料部分。固定资产投资的增加对哈经济活动的增长产生了积极影响。投资交易总量增长了17.5%，达到11.2万亿坚戈。得益于哈地区工业创新和基础设施项目的落实，包括使用预算资金及发展学院的资金，投资急剧增长，工业投资增长了27.1%，建筑领域投资增长了20.6%，农业投资增长了14.2%。[①]

尽管商品市场波动加剧，但哈萨克斯坦的出口仍保持稳定的增长趋势。哈萨克斯坦2018年外贸额达到947亿美元，比2017年增长了21.3%，其中出口额为611亿美元，增长26.0%，进口额为336亿美元，增长13.5%。工业项目的实施和基础设施建设的扩大，其中追求的目标是扩大出口范围，进一步发展区域之间的工业合作关系，形成持续更强的生产销售链，并利用现有资源来长期提高民众福祉。

由于采矿业的加速发展和资本投资的增长，哈萨克斯坦2017~2018年的国内生产总值增长率均为4.1%。自2016年以来，固定资产投资总额近40万亿坚戈，年均增长率超过8%。此外，工业产值年均增长率开始恢复至3.6%。积极的发展趋势使人们对经济未来的发展做出更为乐观的预测。

2019年上半年，经济活跃度在过去两年的水平上保持了上升的趋势，达到4%。与2018年一样，经济增长的主要因素是消费市场的稳定、内需扩大和投资增长。此外，经济复苏得益于服务业（同比增长4.2%）、农业（同比增长3.8%）和建筑业（同比增长11.1%）[②]的稳定增长。

---

① 《哈萨克斯坦共和国2018年社会经济发展主要指标的统计数据》，哈萨克斯坦国家统计局，https://stat.gov.kz/official/industry/11/statistic/6。
② 《国内生产总值和工业生产动态的统计数据》，哈萨克斯坦国家统计局，https://stat.gov.kz/official/industry/11/statistic/6。

同时，在美国与中国关系日益紧张的背景下，2019年全球经济放缓、国际贸易投资萎缩开始影响哈萨克斯坦的经济复苏。根据国际货币基金组织于2019年7月发布的预测，在金融市场恶化、全球贸易领域国家政策相对不确定的背景下，再加上通货膨胀率低，伴随着通货膨胀预期风险的增加，全球经济2019年的增速将放缓至3.2%，在2020年会增至3.5%。

2019年，哈萨克斯坦的GDP增长率为4.5%。建筑业增长率为12.9%，进出口贸易增长率为7.6%，网络通信增长率为5.2%，运输业和物流业增长率为5.1%，制造业增长率放缓至4.4%，采矿业增长率放缓至3.7%。同时，人民的实际收入增长了5.5%，而通货膨胀率为5.4%。固定资产投资额增速放缓，总量增长8.5%。对外贸易总额约为980亿美元，其中出口额同比下降5%，达580亿美元，而进口额则增长19%，达400亿美元。因此，由于主要指标好于预期，哈萨克斯坦政府预计到2020年，增长速度将保持稳定。哈萨克斯坦政府采取增加社会支出、减轻低收入家庭债务负担的措施是加快经济增长的动力。

2019年9月，哈萨克斯坦总统托卡耶夫发表哈萨克斯坦年度国情咨文，提出中长期任务，为进一步实施首任总统纳扎尔巴耶夫制定的《国家计划》和《五项体制改革》，以确保人口的稳定增长和社会和谐发展。转型的基本原则是国家社会政治生活的现代化，以实现经济改革的进一步成功。在总统的领导下，成立了国家社会信任委员会，吸引许多独立专家和有影响力的社会活动家参与其中。"倾听型国家"的理念成为与公众沟通工作的主要原则，因为所有任务的完成都需要公众的支持，并且必须增强公众对政府机构的信任。政府主要任务分为：在《2015~2019年"光明之路"国家基础设施发展规划纲要》的框架下进行司法和执法系统以及国家管理体系的改革，市场机构和机制的发展，减少中小企业的税收和行政负担，用国家基金划拨出的额外资金支持企业活动，改善教育质量和医疗卫生系统以及促进地区发展。

根据既定任务和哈萨克斯坦政府制定的2020年社会经济发展预测报告，

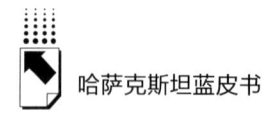

确定以下符合基本发展预测的参数。预计2020年实际GDP增长率为4.1%（2020年哈萨克斯坦GDP增长率实际为-2.6%），五年（到2024年）的GDP年均增长率应为4.4%。分类而言的话，主要增长将来自非资源部门，也就是制造业、服务业和建筑业，这些行业的平均增长率预计为4.7%。它们对GDP增长的贡献率将达到3.5个百分点。石油产量预计将从2020年的9000万吨增加到2024年的1亿吨。产量的增加将归功于田吉兹、卡拉恰甘纳克和卡沙干油田规模的扩大以及里海所属区域油田的投产。按计划，到2020年，GDP将达到75万亿坚戈，到2024年将达到106万亿坚戈。2020年人均GDP将达到1.05万美元，到2024年将增至1.43万美元。出口额年均增长率将达到2.9%，到2024年将达到630亿美元。进口额的年均增长率将达到2.5%，到2024年将达到370亿美元。①

世界银行预计2020年全球经济增长将略有增强，但这取决于欧盟、中国和俄罗斯的经济增长，其经济发展会影响哈萨克斯坦相关出口商品的需求和价格。世界银行的预测（2019年12月）表明，由于供应量大、全球需求疲软，世界原料产品的价格一定会下降。鉴于哈萨克斯坦银行业的弱势地位以及中期增长幅度不大的前景，零售贷款的进一步增加会加大经济衰退的风险。

2019年12月，哈萨克斯坦政府公布年度总结：GDP同比增长4.5%。超过85%的增长来自非资源行业，主要推动力是建筑业（增长了12.9%）、进出口贸易（增长了7.6%）、运输业（增长了5.1%）和工业（增长了3.8%）。加工业增长了4.4%，采矿业增长了3.7%，固定资产投资增长了8.5%，其中包括私人投资增长了9.5%。②

---

① 《哈萨克斯坦共和国2020~2024年社会经济发展预期》，在哈萨克斯坦共和国政府会议（2019年8月27日第31分钟）上进行了批准，并于2020年4月2日（第9分钟）进行了修订，哈萨克斯坦共和国国民经济部，努尔苏丹，2019。
② 哈萨克斯坦共和国政府会议材料，2019年12月13日，https：//primeminister.kz/ru/sessions/zasedanie-pravitelstva-rk-13-12-2019。

二　2020年哈萨克斯坦经济形势

截至2020年1月底，哈萨克斯坦政府计划经济增长率为4.7%~5.0%，国民经济部确定实际GDP增长率为4.1%。[①] 但是，在2020年4月初，由于新冠肺炎疫情，国民经济部更新了计划。据估计，哈萨克斯坦经济在过去22年中首次出现负增长，为-0.9%。首先，根据国际货币基金组织《世界经济展望》2020年4月的报告，哈萨克斯坦的经济将面临更深远的衰退，甚至比国民经济部预期的更为严重：哈实际GDP增长率将下降2.5%。与此同时，根据国际评级机构（标准普尔、穆迪）预测，哈萨克斯坦的经济在2020年可以保持2.9%~3.0%的正增长，但是根据国际金融组织（亚洲开发银行、世界银行）预测，该指标是1%~1.8%。

2020年第一季度的数据显示，针对新冠肺炎疫情隔离措施所造成的首批后果出现之前，很明显，以前制定的指标已经考虑到外部和内部状况的变化，但其结果在经济和社会生活上还是超出哈萨克斯坦经济前景最乐观的假设。国民经济部部长表示，2020年1月至3月，哈萨克斯坦的实际GDP增长率为2.7%，这是哈自2016年以来经济增长的最大降幅。同时，2020年季度GDP出现这种发展趋势的原因是实际运输总量下降1.3%，批发和零售贸易增长显著放缓至1.0%（2019年增长7.6%），以及个别服务行业遭受重创，如住宿和餐饮。在第一季度末，哈萨克斯坦经济的增长率仍受到农业（同比增长2.5%）、建筑业（同比增长11.7%）、网络通信（同比增长10.5%）和工业（同比增长5.8%）的推动。但是，主要依靠外部需求的重要行业，如黑色冶金工业，3月底已经出现了大幅下降的趋势。在2019年3月，该行业的实际规模指数下降了13%。[②]

[①] 哈萨克斯坦共和国政府会议的材料，2020年1月24日，https://primeminister.kz/ru/sessions/zasedanie-pravitelstva-rk-24-01-2020。

[②] 《2020年1月至3月的国内生产总值》，哈萨克斯坦国家统计局，https://stat.gov.kz/news/ESTAT358035。

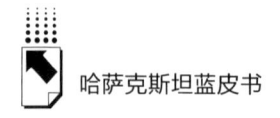

根据2020年第一季度的社会经济发展数据，国民经济部考虑到新冠肺炎疫情提出调整后的预期。根据政府的新预期，2020年哈萨克斯坦经济在过去22年中首次出现负增长，为-0.9%。国民经济部认为，这将使国内石油产量从2019年的9060万吨减少到2020年的8600万吨，以及布伦特原油的年均价格从每桶64美元下降到28美元。同时，该预期认为，假设年度消费通货膨胀率提高到9%~11%，坚戈兑美元的平均汇率约为440∶1，以及名义GDP规模为69.7万亿坚戈。

随着新冠肺炎疫情在邻国和整个世界范围内的快速传播，哈萨克斯坦国家领导人已采取预防措施。2020年1月至2月，哈萨克斯坦成立了一个跨部门委员会，以防止新冠肺炎疫情在境内的出现和传播。3月13日，哈萨克斯坦出现首个确诊的新冠感染病例。3月15日，总统签署了《哈萨克斯坦共和国总统法令》，规定全国进入紧急状态，为期1个月，直到4月15日，随后又延长至5月11日。3月16日，哈宣布开始采取隔离措施，旨在限制大多数行业的实际经济活动。

限制人口密集的大型场所的人流量，包括贸易场所、购物娱乐中心、电影院、剧院和展览馆等，禁止娱乐、体育和家庭活动，限制任何交通工具出入境。在许多城市的外围都设置了检查站，居民点之间的流动也受到限制。建议所有企业和机构转为远程工作模式，从学龄前到高等教育的各级教育机构也都转为远程工作模式。对食品贸易点和食品市场实行了营业时间的限制，服务业和餐饮业也已尽可能地切换为外卖模式。

随着限制措施的加强，经济开始出现严重问题，因为这种带有组织性和行政性的限制措施是哈萨克斯坦历史上首次实行的，在这种情况下，国家缺乏必要的工作经验。政府迅速采取措施，减轻了中小企业的税收和信贷负担，为失业的公民提供社会保险基金和在国家就业计划下获得工作的机会，人们可延期支付银行贷款，还通过慈善基金和志愿者服务为最脆弱人群提供额外针对性的援助。所有援助总额来源于哈萨克斯坦预算和国家基金，占2020年GDP的9%。在这种情况下，国家基金提供了大量的资金支持，并证实了20年前设立专门基金这一决策的正确性，该基金是以燃料和能源出口为收入来源。2020年5月开始逐步解除隔离，若个别地区出现新的疫情，有保留地再次实行隔离。1月至5月阶段，其中3~5月为紧急状态，GDP下降了1.7%，服务业下降了6.2%，货物生产增长了4.8%，运输业产值下降了14.1%，进出口贸易下降了12.3%，房地产下降了4.8%。[①] 为了刺激经济复苏，政府采取额外措施来支持企业，特别是制造业领域，这些领域能够创造就业机会并生产急需的产品。尽管在5月积极复苏服务和贸易业，但在人口最稠密的地区新冠感染率急剧上升，6月又重新实行了限制措施之后，上半年的国内生产总值继续下降1.8%。主要增长来自建筑业（同比增长11.2%）和制造业（同比增长4.8%），而指数降幅最大的是服务业，这是由于限制措施主要针对服务行业。固定资产投资量在第二季度开始下降（同比下降2.9%），而采矿业逐渐复苏，因为在解除隔离限制和供应链逐步恢复之后，主要合作伙伴的经济得以恢复。

总体来说，根据2020年前三个季度数据得出的结论，中小型企业已经相对适应了防疫限制条件，积极开展商业活动的企业数量增加证明了这一点，而大型矿业企业在维持对工业产品的需求方面发挥着关键作用。这些企业长期以来参与国际市场上的激烈竞争并采用新的工作方法，包括生产管理过程的数字化，以及不同部门之间、供应商和消费者之间的互相协作。哈萨克斯坦的中小企业并未积极参与国际贸易活动中，因此，年初限制措施的实施对它们而言是一个沉重的打击。在这种情况下，哈萨克斯坦采取了税收优惠和减免政策，与银行合作以减少信贷负担，并与业主合作以减少租金。一些最具竞争力的公司进行积极决策，管理层重建商业模型，寻找新的分销渠道，还有一些公司甚至正在加速其运营的数字化转型。最终，小型企业的固定资产投资呈增长态势，2020年前10个月的数据显示，增长率达到19.7%。

许多专家的评估以及社会经济发展的主要指标显示，2020年已成为哈

---

① 哈萨克斯坦国家统计局的统计数据：1~3月国内生产总值；1~5月的短期经济指标；1~6月的国内生产总值，https://stat.gov.kz/news。

萨克斯坦经济20年来最困难的一年。疫情对经济的影响超过2008年和2015年的金融危机。根据专家估计，哈萨克斯坦的经济可能在2020年底收缩3%~4%，这将是1996年以来的最低值。总体而言，疫情影响、全球经济衰退和原料市场波动并削弱了哈国内经济活跃度，这也表明有必要进一步改善政府管理体制和结构、规划和实施政府计划以及履行政府机构的重要职能。

此外，很多国家为防止新冠肺炎疫情传播几乎在所有公共领域采取了限制措施，其水平和规模因国家而异。在此条件下，世界和区域经济运作的现实要求重新思考进一步组织社会政治和经济进程的任务。专家们普遍认为，新冠肺炎疫情的最终结束时间无法确定。一些国家，例如新西兰、澳大利亚，已将限制入境延期到2021年底。这种情况对经贸关系的发展，特别是对像哈萨克斯坦这样依赖出口的经济体有额外风险。因此，需要采取预防新冠肺炎疫情传播或感染者数量急剧增加的重要措施，预测各国的战略，尤其是哈经贸伙伴国的战略，这对哈有计划地在中短期内取得更稳定的发展具有重大意义。

哈萨克斯坦国民经济稳定的主要因素是实体经济的增长，包括制造业、建筑业和农业。总体而言，2020年前9个月的数据显示，GDP下降了2.8%。根据初步数据，1~12月制造业增长了3.9%，其中冶金业增长了2.6%，食品产业增长了4%，制药业增长了47%，机械制造业增长了16.3%，轻工业增长了15%；建筑数量增加了11.2%，住房供应量增加了16.8%，农业增长了5.6%。随着出口量的缩减，这限制了采矿业的发展，也对减少石油开采量的欧佩克+协议产生了影响。12个月的矿石开采和加工业的实际总量指标为3.7%。同时，服务业同比下降了6.1%，其中酒店和餐饮业同比下降了11.3%，运输业和物流业同比下降了17.2%。[1]

2020年1月至11月，哈萨克斯坦的外贸总额为777亿美元，与2019年

---

[1]《2020年1月至12月的短期经济指标》，哈萨克斯坦国家统计局，https://stat.gov.kz/news/ESTAT400616。

同期相比下降了12.9%，其中出口额为433亿美元（同比减少18.2%），进口额为344亿美元（同比减少5%）。①

经济限制首先反映在商品和服务的价格上。消费通货膨胀年率上升了7.5%，食品价格上涨了11.3%，非食品价格上涨了5.5%，公众有偿服务价格上涨了4.2%。② 同时，人们的实际收入下降了4.8%。很多人在贸易和服务业工作，而该行业通过裁员或缩短工作时间以实现降薪。物价稳定问题特别是主要商品和服务的价格，受到政府和地方当局的密切关注，政府正在采取措施确保市场供应，同时调整食品的价格，以防止特别是弱势群体消费水平的下降。

三 应对措施及建议

总体而言，在全球和区域经济与地缘政治局势不断发生深刻变化的背景下，哈萨克斯坦需要既定的战略方针，就是在符合生态要求和可持续发展目标的前提下，坚持发展经济合作与协作，发展新工业，深化原料再加工，特别是粮食生产。需要积极推进实施《2020~2025年"光明之路"国家基础设施发展规划纲要》，因为在实施交通、住宅和社会基础设施建设项目时，可以充分利用现有的生产和人力资源潜力，并确保长期提高人民的生活水平。

哈萨克斯坦的经济已经历了快速增长的阶段并开始向中速增长阶段过渡，必须把重点放在经济的高质量发展上，合理减少对外贸的依赖，优化出口结构——货物量的增加和出口方向的增加，更积极地落实市场间过境分布点的协作。此外，应该考虑到新的全球挑战已经出现，例如，

---

① 《与欧亚经济联盟国家的相互贸易》，哈萨克斯坦国家统计局，https：//stat.gov.kz/news/ESTAT401051；《关于欧亚经济联盟成员国对外贸易和相互贸易总结》，2020年11月，http：//www.eurasiancommission.org/ru/act/integr_i_makroec/dep_stat/union_stat/Pages/default.aspx。

② 《2020年哈萨克斯坦共和国的通货膨胀》，哈萨克斯坦国家统计局，https：//stat.gov.kz/news/ESTAT398602。

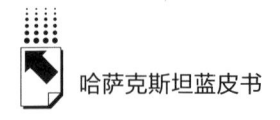

全球对化石燃料的需求减少、区域投资竞争加剧、金融行业不稳定的风险增加等。

未来几年，哈萨克斯坦必须加速经济体制改革，以提高生产力和支持经济复苏。2020年9月1日，托卡耶夫总统发表对哈萨克斯坦人民的年度国情咨文中，指出了许多问题，并提出了解决方案。托卡耶夫总统概述了在目前新的世界市场形势下，哈萨克斯坦新经济方针的主要发展方向和任务。他还强调认真推动《国家计划》和《五项制度改革》。整个经济政策的主要目标应该是改善民生，确保每个公民公平发展，国家保护公民利益，保护和改善居住环境，确保政府和管理的各个机构代表全体人民的利益。为实现既定任务，建议扩大社会公共机构的权力和能力，推进政治现代化进程，形成民主的决策机构并履行其职责。因此，国家就其本身而言，认识到重大漏洞，力求提高政府管理机构的工作效率，使公众提出自己的要求，将其传达给相关机构，并与政府机构、其他公共机构、政党、协会和民间团体进一步实现共同的战略重点和目标。

当前的危机证实需要遵循长期的战略方针，对经济部门的发展计划进行必要调整，与合作伙伴形成互利关系，并与主要区域经济联盟合作，以保持竞争力。在某些社会经济发展指标严重下降的情况下，落实国家工业发展规划，有效调整地区经济和社会基础设施、教育和卫生系统的发展规划。此外，2021年政府将与工商界和有关社会机构一道提出新的农工综合体发展方案、税法、货币政策纲领以及2025年中期发展计划。所有改变的主要焦点集中在降低各领域的壁垒，对各部门和企业、群体提供更有针对性的支持，使国家行政体系发生质的改变以及提高国家机构、企业、有国家参与的组织和机构的运作效率，在平等发展的情况下优先发展经济部门，减少政府直接参与经济，形成国家机构与人民、企业之间新的关系，增强各级政府的责任，特别是行政机关在决策和执行方面的责任。

除了提升对政府机构以及国家政策制定与实施质量的要求外，哈领导人还一贯高度重视全体公民积极参与探讨国家发展及其自身发展的问题，以及在行为和生活方式上树立新的价值观问题。也就是说，鼓励公民公平参与发展和构建社会福利与繁荣。发达社会和竞争性经济是整个社会在各个领域共同努力的结果：公民之间、公民与企业之间、公民与国家之间以及企业与国家之间。在总统的国情咨文中，明确强调了"负责任的国家——负责任的社会——负责任的人"的原则。诸多拟议的解决方案在哈国议会选举前的预选议程中均有体现，议会选举于2021年1月进行。

尽管疫情危机和全球经济整体停滞带来了巨大的负面影响，但从中期来看，哈萨克斯坦的发展目标仍然是在根据个人劳动成果提高每个人福祉的基础上发展安康社会，促使国家的稳定发展，形成竞争性经济。哈萨克斯坦至2050年的发展战略以及至2025年的紧急计划考虑到了现今世界的主要趋势，这种趋势对哈而言伴随着机遇和风险。基于这种发展，能保证公民高质量的生活和最大程度提升人力资本水平。

B.3
2020年哈萨克斯坦教育事业发展的基本情况

林铃梅*

摘　要： 2020年，为了适应国家社会经济发展及加大教育和科技对国家发展的推力，哈萨克斯坦在教育体制方面继续进行改革，基础教育方面将培养具有批判性、创新思维的人才作为教育的重点。在评价体系方面趋于标准化、信息化，如电子日志的使用。高等教育方面着力扩大招生规模，提升助学金标准。完善教学方式的改革，取消函授形式，增加远程学习份额，使教学向更有效的方式转变。在教育教学发展趋势上，积极推进博洛尼亚进程，向欧洲的教育体制看齐，但也存在形式化、指标化等问题。疫情防控常态化也为2020年哈萨克斯坦教育带来了新趋势，即远程线上教育的普及。推广文字改革和增强大学的国际影响力也是教育事业的发展趋势。科研发展趋势包括政府加大对科研的支持力度和推进科研成果的国际化。

关键词： 哈萨克斯坦　基础教育　高等教育　博洛尼亚进程　远程教育

---

* 林铃梅，历史学博士，西北大学丝绸之路研究院讲师。

2020年，为了适应国家经济社会的发展及加大教育和科技对国家发展的推力，哈萨克斯坦在教育体制方面进行了深刻的变革，其中积极推动博洛尼亚进程而做出的改革对哈萨克斯坦的教育事业影响显著。同时，席卷全球的新冠肺炎疫情，使国内外的教育面临很大的变数及挑战。在疫情期间，学校的正常教学秩序被打乱，线上课程成为普遍使用的一种方式。部分哈萨克斯坦公民在国外接受教育，受疫情影响无法正常学习，政府也采取灵活的措施保障他们受教育的权利。

本报告分为2020年哈萨克斯坦的教育体制改革、教育发展趋势、科研发展趋势、教育发展规划及教育体制存在的问题四部分来讨论2020年哈萨克斯坦教育事业发展的基本情况。

一 2020年哈萨克斯坦的教育体制改革

教育体制改革包括对基础教育和高等教育两部分进行改革。基础教育包括低年级、中年级和高年级。高等教育包括全日制和非全日制的教育形式，分为学士、硕士和博士三个阶段。

（一）基础教育改革

主要包括六项措施。[①]

1. 对所有年级的教育内容进行改革

一年级和二年级的教学目标是让父母知道什么是教学和评估学生的新方法。这些变化也影响了五年级和七年级的学生，这一年，他们同三年级、六年级和八年级合并。新课程正在四年级和高中阶段进行测试。根据新的要求，学生获取知识的方法已经发生了巨大变化：重要的不是学生掌握信息的数量，而是批判性思维的发展、比较和分析事务的能力。

---

① Новая система образования в Казахстане 2019 – 2020，https：//www.nur.kz/family/children/1773601 – novaa – sistema – obrazovania – v – kazahstane – 2018 – 2019/.

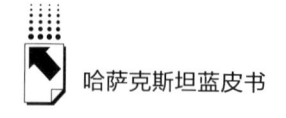

2. 评估标准、部分总成绩和电子日志

标准化评估是一种衡量学生成绩的方法。这项技术可以评估学生的个人成绩，确定学生的长处并指出应该努力的方面。这项标准可以帮助学生发展自己的技能，充分考虑个人的优势和弱势。这种评估既可以针对学生执行的特定类型的任务，也可以针对课程中学习的主题进行。在这种情况下，评估的形式表达可能会有所不同：笑脸、贴纸和老师的评语等。然而，在这种情况下，父母很难知道孩子的优势是什么，因为没有进行评估。家长可以对照测试的指标来了解孩子对教材掌握的程度。该结果即本部分的总成绩采用百分比来表示，它显示了学生完成任务的进度。教师会将所有数据记录在学生的电子日记中，家长可以在线查看这些日记。

3. 减轻家庭作业和五天工作日的学习负担

哈萨克斯坦教育和科学部建议学校减少总教学时长，减轻教学负担。现在，一年级至四年级，学生的学习时间将减少2~3小时，从五年级到七年级，学生的学习时间将减少3小时，从八年级开始，学生的学习时间将减少4个小时。这种学习时长的缩减主要通过课程计划的完善及缩减哈萨克语和英语、国家历史、文学和计算机科学的教学时间来实现的。体育课的活动形式将进行调整：孩子们可能有1小时来练习舞蹈和玩体育游戏。

为了减轻孩子的负担，让他们有充足的休息时间，哈萨克斯坦教育和科学部建议限制家庭作业的数量：一年级的学生只需20分钟的时间准备阅读，并且仅从下半年开始；二年级的学生需50分钟完成家庭作业；三、四年级学生需70分钟；中年级（五、六年级）学生需90分钟；七年级至九年级学生不超过2小时；高年级学生需2小时至2小时10分钟。

这种工作方式将减轻孩子的心理压力，并增加对学习材料的记忆和吸收程度。教育和科学部还建议学校每星期工作5天，这将使教师和学生充分放松。此外，在假期期间，禁止向学生布置作业。如果学生在专科学校学习，他们可以利用这段时间阅读文学作品和准备项目。

4. 在高年级加大英语的学习比重

教育和科学部正在逐步用英语介绍数学程序和自然科学（化学、物理学和生物学）学科的研究，但这项改革仅适用于高中生，并且仅由督学委员会决定。

5. 过渡到哈萨克语教学和拉丁字母适用

民族人文战略也正在影响着学校的教学。逐渐地，在使用俄语进行培训的教学机构中，用哈萨克语阅读的科目比例将增加。在高中，所有科目的学习应仅以本国语言为主。此外，学校将从西里尔字母系统地过渡到拉丁字母教学。

6. 新的科目和电子教科书

学校的课程将增加一门新课程——"生活基础"。在文学和历史的框架内，五年级至七年级的学生将学习当地历史。在一些教育机构的支持下，正在引进机器人技术课程。

哈萨克斯坦已经开发了可以在任何小工具上使用的电子教材。这将减轻学生书包的重量，并优化学生的学习空间。这项改革也将影响到教师，他们将根据执行的工作类型来获得报酬。

（二）高等教育改革

哈萨克斯坦自独立以来，已经建立了基于国家特点和国际标准的高等教育体系。办学形式包括州立和私立教育机构两种。学生接受两个阶段的高等教育：学士学位和硕士学位。学生可以通过入学统一考试并获得助学金进入大学。高等教育的改革措施如下。[1]

1. 高等学校自主决定学费，扩大招生规模

哈萨克斯坦的高等教育包括收费和免费两种，国家进行统一考试后，只有1/3的高中生可以获得免费高等教育的资格。以前高等学校的收费价格是

---

[1] Новая система образования в Казахстане 2019－2020，https：//www.nur.kz/family/children/1773601－novaa－sistema－obrazovania－v－kazahstane－2018－2019/.

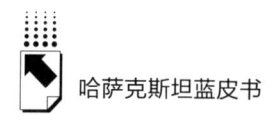

由国家来规定的。但自 2020 年起，为了扩大高等学校招收学生的数量，提高全民的文化教育程度，这种形式发生变化。这意味着，学费标准将由各高等学校自己决定。

2. 提高助学金

很多高中生会对 2019 年州政府将助学金增加 2 万坚戈的消息感到振奋，这为许多学校的高中生打开了接受高等教育的大门。每年高等学校的奖学金额度为：孤儿、没有父母照顾的学生、贫困家庭或多子女家庭的学生以及残疾学生是 7%；其他学生是 5%。

3. 高校专门化

哈萨克斯坦的高等教育机构中有一些专业，对年轻人的吸引力不大。每年招生名额都有空缺。有关部门已决定从大学中撤销这类专业。因此，高等教育机构的现代化程度将提高，并形成竞争格局，这将促进教学质量的提升。

4. 反对论文抄袭

近几十年来，学生完成毕业项目、课程作业和硕士研究的独立性急剧下降。除了极少数例子外，学生们不会进行独立的研究，而只是重写他人的作品。大量文献公布在网络上，学生往往未经适当修改就拿来使用，从而导致抄袭。

互联网上的信息量巨大，而且并非总能够识别其他人作品的"痕迹"。因此，哈萨克斯坦教育和科学部开发了一个系统，通过该系统可以检测学生的所有科研成果。学术论文体现了学生的专业知识水平，因此这些论文必须经过格外仔细的审查。

5. 针对函授生的改革

正规学校教育和函授部门的培训系统是截然不同的，这种区别不仅体现在教育形式上，还体现在学生吸收的知识量方面。为提高教学质量，2019 年函授教育形式被正式取消。所有的改革（项目、报告形式等）将只影响近年进入函授部门的学生，那些在 2019 年之前注册的学生将沿用旧标准完成课程。

伴随这些变化而来的是远程学习的份额将增加，对函授学生的学习管理形式将得到完善。

6. 从中等专科学校升入高等学校

2019年，哈萨克斯坦启动了一个试点项目，根据该项目，一些中等专科学校（46所）的毕业生将能够在新条件下继续在高等教育机构学习，他们将根据评估结果进行转学。统一的学分模块化培训系统将有助于实现这一目标。

7. 为有特殊教育需求的儿童颁发证书

早前，一些有智力障碍的孩子只能得到毕业证明，但现在，他们可以得到与中学毕业生证书不同的证书。特殊的孩子将有机会上大学，完成学业后他们可以找到工作。

8. "巴拉沙克"奖学金的授予条件发生了变化

该奖学金由哈萨克斯坦总统设立，为大学生在世界知名公司实习提供了机会。奖学金的获得条件包括在大学成绩中有较高的平均分数，以及具有较高的外语和国语水平。

2019年，对韩语、日语、德语和法语的要求有所降低，但对英语的要求有所提高。

哈萨克斯坦教育体系中发生的变革是由科学、经济和技术发展进程引起的。新形势对个人也提出了新的要求，学生不仅需要智力，还应具备创造力、非标准思维、灵活性和活力，可以快速掌握新事物。人力资源是国民经济发展的关键，因此，怎样培养人是哈萨克斯坦教育系统改革的重要任务。

哈萨克斯坦2020年各阶段的教育培养方式和内容都出现了新的变化。基础教育阶段将培养具有批判性、创新思维的人才作为教育的重点，在注重哈萨克语教学的同时，注重英语学习，努力与国际接轨。在评价体系方面趋于标准化、信息化，如电子日志的使用。在高等教育方面，着力扩大招生规模，提高助学金标准，设立"巴拉沙克"奖学金等举措，都旨在增加国民接受高等教育、提高技术技能的机会，为社会培养高素质人才。完善教学方

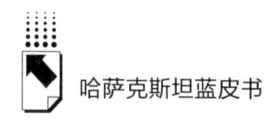

式的改革，取消函授形式，增加远程学习份额，使教学向更有效的方式转变。这些改革都将使哈萨克斯坦的教育体制日趋完善，向国际现代化教育体系靠近。

二 教育发展趋势

（一）博洛尼亚进程的推进

博洛尼亚进程（Bologna Process）是29个欧洲国家于1999年在意大利博洛尼亚提出的欧洲高等教育改革计划，该计划的目标是整合欧盟的高等教育资源，打通教育体制限制。哈萨克斯坦于2010年3月正式加入该进程，成为欧洲高等教育区域的第47位成员，也是中亚第一个加入的国家。自从加入了该进程，哈萨克斯坦的高等教育体系发生了剧烈的变化。[1]

（1）哈萨克斯坦的高校加入"大学大章程"，这一章程是近年由世界上超过650所高校签订的，以使本地教育更接近欧洲标准。超过60所哈萨克斯坦高校已经签订了这一章程。

（2）基于博洛尼亚进程，高校教育采取三阶体系：学士—硕士—博士。基于2014年的数据所做的关于哈萨克斯坦教育体系发展的国家报告，有118所大学开展硕士和学士的培养，共有32527名学生，其中有16220名学生依照国家标准学习。硕士答辩的通过率为92%。16所哈萨克斯坦高校与国外高校联合培养博士。2014年的博士生数量为2063人。

（3）高校在教育教学过程中引进先进的教学技术和培训系统：所有的高校引进教育信用体系，38所高校提供双学位教育，42所高校提供远程教育。高校同时执行模块化教育项目和教学大纲。另外，国家资质框架也会被引进。

---

[1] "Bologna Process in Kazakhstan," https://iqaa.kz/en/bologna-process/bologna-process-in-kazakhstan.

（4）欧洲信用转移系统（ECTS）将被引入，作为在学生学术流动中转化信用的基础。

（5）哈萨克斯坦教育和科学部分配资金以资助学院和支持学生的学术流动性，高校自身也需寻找学术流动性的资源。

根据博洛尼亚进程和学术流动性中心的官方数据，2014年，哈萨克斯坦有52所高校邀请了1726位国外研究者访问（2013年为1533位，2012年为1349位，2011年为1717位，2010年为418位，2000年为389位）。目前，785位研究者来自欧洲国家，85位来自东亚，32位来自东南亚，140位来自美国，498位来自俄罗斯，28位来自白俄罗斯，158位来自其他国家。邀请国外教授和专家是在国家标准的框架内、利用高校预算以外的资源实现的。

为了提高高校学术流动性，自2014年相当数量的学生被送往国外进行至少为期一学期的学习：学生总数为805人，其中740人在欧洲学习，52人在美国学习，12人在东亚学习，1人在俄罗斯学习。2014年，616名本科生和189名硕士研究生通过国家预算的方式赴境外学习。

（6）为了提高与欧洲合作的质量，在欧洲高等教育区建立了质量保证代理处，它和教育独立质量保证代理处（IQAA）一共包括1处国内和8处国外的代理处。2009～2015年，IQAA主持了50所大学的机构认证及超过1100个项目。IQAA吸收了来自25个国家的153名专家、近1000名国内专家、190名学生和超过200名职员。

根据哈萨克斯坦的国家报告，115所高校中有66所高校执行国家机构标准。目前有22所哈萨克斯坦高校在139个专业中执行国家机构标准。

近年，哈萨克斯坦正积极在本国的教育体制中落实博洛尼亚进程的各项要求。2020年10月20日，举行了线上论坛"区域中的全球：博洛尼亚进程和欧盟项目中的哈萨克斯坦"。在论坛上，哈萨克斯坦教育和科学部部长阿斯哈特·阿伊马汗别托夫表示，博洛尼亚进程论坛将帮助整合中亚的教育系统。

2021年起，哈萨克斯坦将颁发符合欧洲高等教育标准的毕业证书。具体来说，博洛尼亚进程秘书处通过了哈萨克斯坦的学历认证报告，哈萨克斯坦的高等教育机构将为高等学校毕业生颁发文凭补充材料。这可以有助于哈萨克斯坦大学生的毕业证书和成绩获得其他签约国家的承认，使得大学毕业生在其他欧洲国家申请硕士阶段课程或就业更加便利。

博洛尼亚进程是哈萨克斯坦向欧洲教育体制靠拢，积极参与国际全球化的重要举措。但是目前来看，哈萨克斯坦的教育体制还遗留着苏联时期的框架，存在很多弊端，博洛尼亚进程的执行效率不高，社会其他层面存在的问题也限制着这一进程的发展。近年来哈萨克斯坦的高校积极向博洛尼亚进程的各项指标看齐，也面临重大的挑战，高等教育机构很多时候并没有深度理解博洛尼亚进程的规定和原则，而是一味得迎合国际认证的权威机构，出现形式化、指标化的倾向。①

（二）疫情防控常态化时期的新举措

1. 普及远程线上教育

在疫情常态化下，远程线上教育成为一种趋势，教育界也正在探讨、寻求一种防疫常态化下的教学秩序。同时，哈萨克斯坦政府积极保障学生的权益，为困难学生提供帮助，创造接受远程线上教育的环境。

2020年8月，新学期师范类、IT、公共管理和人文类专业都将继续采用线上模式授课，而农业、医学和艺术类专业将采用线上线下"混合学习"方法授课。位于偏远地区和小城市的102所专科学校将设立"轮值班级"，轮值班级每班在不得超过15人的基础上按照传统教学模式开展教学活动。硕士研究生和博士研究生的部分课程也将通过远程线上模式，实习活动会继续按照传统模式开展。

政府关注为特殊学生创造良好的远程学习条件。2020年8月5日，哈萨克斯坦总统托卡耶夫接见教育和科学部部长阿斯哈特·阿伊马汗别

---

① Moldiyar Yergebekov, Zhanar Temirbekova, "The Bologna Process and Problems in Higher Education System of Kazakhstan," *Procedia-Social and Behavioral Sciences*, Vol. 47 (2012), pp. 1473–1478.

托夫时强调要为多子女家庭和社会弱势群体家庭学生创造良好的远程学习环境。

2. 教育和科学部帮助哈萨克斯坦留学生转校至国内

2020年8月初，教育和科学部着手为因不可控原因而无法出国继续学习的留学生提供援助。2000多名在国外学习的哈萨克斯坦学生表示希望转学至国内大学。为了支持这类学生，教育和科学部开通了专门的热线电话，并简化了转学程序。

（三）推进文字改革与推广哈萨克语

哈萨克斯坦在教育教学改革中注重外语的教育，同时积极推进哈萨克语向拉丁字母转换，且积极推广哈萨克语，包括教材和文学图书的翻译出版等，使得哈萨克语在国内教学中处于主导地位，在国际上积极提高哈萨克语的影响力。

2020年11月9日，托卡耶夫总统指出："哈萨克语与拉丁字母转换是重大问题，要分阶段落实。急促或将对我们的文化和历史造成负面影响。问题不是由西里尔文转换至拉丁文，而这可以说是哈萨克语的重大改革。我们的后代要从新字母中受益，因此要根据详细的计划分阶段落实该进程。"

将世界各类人文社科著作翻译成哈萨克语出版是一项重要的工程。自2017年以来，在"100本哈萨克语新教材"项目的框架内，已翻译了77本教科书，并已在哈萨克斯坦教育机构中开始使用，其余23本书的翻译计划于2020年底前完成。

（四）扩大哈萨克斯坦大学的国际影响力

哈萨克斯坦极力推动以阿里-法拉比国立大学为首的一批大学成为国际知名大学，扩大该国大学的国际影响力。12月，哈萨克斯坦阿里-法拉比国立大学至2025年战略发展规划获得批准。新的战略发展规划通过整合科学、教育和创新，实施一系列具有国家和国际性地位的科研项目，全面提升

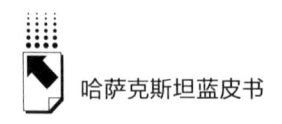

阿里-法拉比国立大学在全球范围内的竞争力。同时，在全球各大知名大学增设更多的法拉比中心，广泛建立海外分支机构，全面融入全球科学和教育领域，提升哈萨克斯坦高等学校的国际声誉。

三 科研发展形势

（一）政府对科研发展的支持力度加大

2020年5月27日，总统托卡耶夫出席国家社会信托理事会第三次会议时表示，2025年前应持续增加对科研领域的资金投入，使其达到GDP的1%。重点资助领域为生物医学、农业产业科技、绿色科技、人工智能和节能技术等领域。[1]

2020年，哈萨克斯坦首次从国家预算中拨款18亿坚戈，用于教育和科学部科学委员会下属科研机构的材料和技术现代化改造，且计划在2021~2022年预算范围内继续提供资金。

（二）推进科研成果的国际化

哈萨克斯坦科学家在国际科学类期刊上的文章数量有所增加，科研成果的国际影响力增强。

据哈萨克斯坦教育和科学部科学委员会消息："从2011年至2019年，根据在数据库的论文和评论文章数量而言，哈萨克斯坦已从全球第122位上升到第87位。"得益于哈萨克斯坦教育和科学部科学委员会与国际数据库的合作，12种哈萨克斯坦科学期刊被列入Web of Science数据库，5种期刊被列入Scopus数据库。

---

[1] 《哈萨克斯坦2025年前将持续增加科研经费投入》，中华人民共和国驻哈萨克斯坦共和国大使馆经济商务处，http://kz.mofcom.gov.cn/article/jmxw/202005/20200502967881.shtml。

四 教育发展规划及教育体制存在的问题

(一)《2020~2050年哈萨克斯坦共和国教育和科学发展的国家规划》

2019年12月27日颁布了《2020~2050年哈萨克斯坦共和国教育和科学发展的国家规划》。①

该规划的目标包括提升哈萨克斯坦教育和科学的全球竞争力,加强个人基于全人类价值基础上的培养和教育;加大科研对国家社会-经济发展的贡献力度。

该规划的任务包括保障教师职业的高地位、推动教师培养的现代化;缩小城乡间、区域间、正规教育学校间和学生间的教育质量差距;保障教学环境的安全和舒适;推行新的针对学生、教师和教学机构的质量评估体系,评估体系基于更好的实践性;保障教学的继承性和连续性,以及适应经济需求和区域特征的专业化培养;保障学生的智力、心理-道德和身体的发展;给教育机构装备数字化和现代化技术设备;推行垂直的教育管理和财政体系;加强开发科研的智力潜能;推动科研设施的现代化和数字化;提高科研的成效性,确保融入全球科研体系中。

任务指标包括学校培养和教育全面覆盖,1~6岁儿童入学率达85.3%,3~6岁儿童入学率达100%;在经济合作与发展组织国际学生评估项目(PISA)的调查中,15岁的哈萨克斯坦学生数学达到480分,阅读450分,科学与自然490分;哈萨克斯坦儿童幸福指数达0.73;根据国家教育和科学部的规划,从技术和专业教育院校毕业的学生第一年就业率达到75%;科研的投入占国内生产总值的1%;根据Web of

---

① Об утверждении Государственной программы развития образования и науки Республики Казахстан на 2020-2025 годы, Постановление Правительства Республики Казахстан от 27 декабря 2019 года № 988.

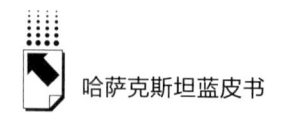

Science 和 Scopus 的数据，2018 年哈萨克斯坦出版物（4874 种）的点击率提高至 88%；科学研究组织的质量（全球经济论坛的国际竞争力指数）达到第 63 位。

（二）教育体制亟待解决的问题

规划中提出的任务就是哈萨克斯坦目前教育体制亟待解决的问题，指明了哈萨克斯坦教育事业的发展方向。①

1. 提高教师职业地位和教师培养的现代化

在 2016 年至 2019 年国家教育与科学计划实施期间，哈萨克斯坦教师人数超过了 50 万人。尽管每年都有大量教育专业的学生毕业，但仍不能满足教师岗位的需求。另外，缺乏有效的机制来吸引和留住教师，特别是在农村学校的合格教师，包括交通和住房补贴等。目前主要是统一国家考试（简称 UNT）分数较低的申请人进入师范类专业。当前的教育制度不利于留住人才，高达 35% 的教师前往其他地区，政府缺乏有效机制来激励优秀的申请者选择师范类专业。

由于引入了新的教师职业发展体系，教师工资已从官方工资的 30% 增至 50%。此外，以英语授课的教师要加收官方基本工资的 200%。但是，教师仍然是收入最低的一类职业（102875 坚戈，全国月平均工资为 16.3 万坚戈）。根据 OECD TALIS – 2018 研究的结果，哈萨克斯坦 96% 的教师认为增加教育预算时应优先考虑增加薪资。

另外，需要采取措施减轻教师的额外工作。哈萨克斯坦的教师工作量超负荷，缺乏明确的工作时间，成为限制教师发展的重要因素。根据 OECD TALIS – 2018 研究的结果，在 48 个参与国中，哈萨克斯坦的教师是非常繁忙的（第二名）。

在学前教育中，有 41.8% 的教师没有接受"学前教育和培训"的专业

---

① Об утверждении Государственной программы развития образования и науки Республики Казахстан на 2020 – 2025 годы, Постановление Правительства Республики Казахстан от 27 декабря 2019 года № 988.

学习，有54%的教师不具备资格类别。目前，哈萨克斯坦没有针对高等教育教师的高级培训系统。

尽管近年教师队伍的培训和发展系统发生了积极变化，但仍然存在许多问题，这些问题对发展合格的教师队伍产生了负面影响。2020～2025年规划中针对这一问题采取了具体的措施。

2. 缩小城乡间、区域间、正规教育学校间和学生间的教育质量的差距

哈萨克斯坦存在学前教育师资力量不足的问题，这一问题引起了很多家长的重视。根据经合组织专家的建议，哈萨克斯坦需要特别注意幼儿，并积极促进3岁以下儿童的学前教育。因此，需要确保各州对1岁至入读1年级的儿童进行学前教育。

接受课外和非正规教育的机会不平等加剧了教育的不平等，在现代社会中，这种作用正在日益加剧。目前，年轻人约有70%的学习是在非正规教育的背景下进行的：在家庭、一群同龄人、青年组织和圈子中。在经合组织其中22个成员国中，参加课外科学活动较多的学生，其科学素养要比参加此类活动较少的学生更好。在经合组织国家中，平均而言，有56%的学生参加科学竞赛，有48%的学生参加课外科学项目。

在哈萨克斯坦，2018年有993779名儿童（2016年有651409人，2017年有947327名）参与到校外组织的课外教育中；2018年共有1645295名儿童（2016年有977125名，2017年有1417639名）参加了学校教育。同时，农村地区儿童、低收入家庭儿童以及有特殊教育需求的儿童的课外教育覆盖率仍然很低。需要费用及服务的普及性低限制了更多的学生接受课外教育，校外组织中只有22.5%的儿童免费接受额外的教育。针对这种情况，有必要在课外的教育中引入私人资本。

近年来，获得高等教育的机会大大增加。国家教育补助金的数量正在增加。但是，国家教育补助金的分配没有考虑学生的家庭和社会经济地位，而是把学生的学业表现作为唯一的衡量标准，这就加剧了来自不同社会群体的学生获得高等教育机会的不平等性，因此，需要采取综合措施缩小各级各类教育质量和获得教育资源方面的差距。

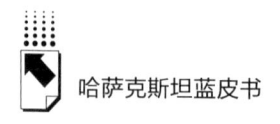

3. 保障教学环境的安全和舒适

应对侵犯儿童权益行为的及时反应机制不足,其中包括贫困儿童的权益、包容性教育条件以及大部分教育组织的缺乏,这对儿童安全舒适的校园生活构成了威胁。

根据联合国儿童基金会2017年的一项研究,哈萨克斯坦2/3的儿童经历或目睹了来自学生或教师的暴力行为。每年大约有7000名未成年人处于危险之中,以及1万个处境不利的家庭在内部事务机构登记,超过3000名未成年人犯有刑事案件。2018年,有2125起针对儿童的犯罪,有2277名儿童受害(比2017年增加5.5%)。儿童自杀人数继续增加(2018年,儿童自杀人数为178人,比2017年增加6.6%)。

只有20%的幼儿园、60%的中小学校和30%的大学创造了包容性教育的条件。高质量的包容性教育仅覆盖28.2%的学龄前儿童和46.5%的有特殊教育需求的学童。根据2018年的数据,只有2535所学校有室外厕所,1629所学校有自来水,1093所学校没有热水,1800所学校没有配备摄像头。

为了系统监测儿童的安全、舒适和幸福情况,参考国际标准,2018年哈萨克斯坦制定了指标体系和儿童幸福指数,指数涵盖物质幸福、健康、教育、安全和风险以及社会化等领域。从"0"到"1"的标度,其中"1"是最高幸福感。根据2018年试点项目的结果,哈萨克斯坦的儿童幸福指数为0.68。

同时,在2019年的前10个月中,与国家采取的措施有关,许多地区的儿童生活质量得到了改善。该指数的引入有助于检测和改善哈萨克斯坦儿童的幸福指数。

4. 完善针对学员、教师和教学机构的质量评估体系

引入评估学生的教育成就的标准系统是哈萨克斯坦教育体制将进行的一项重要改革,旨在确保客观、平等地评估学生的教育成就,而不论学校的位置和教学语言如何。

为了提高评估中学教育质量的效率,ENT分为两个阶段:在学校进行最终证明和入学考试。自2019年以来,ENT每年举办4次,以付费的方式

进入大学。根据主要考试或重复考试的结果，针对未通过门槛水平的申请人，引入了大学的"有条件录取"制度，作为确保获得高等教育的另一种机制。

同时，对学生评估系统进行改革。特别是，有必要调整 ENT 的内容，及学生成就的外部评估，参考国际上可供比较的工具，如 PIRLS、PISA、ICILS 以及 SAT 等。

自 2018 年 5 月起，哈萨克斯坦教师已改用新的认证系统。42.5% 的教师通过了新的认证体系（教师研究者和教师的类别占 14.1%，教师专家的类别占 15.6%，教师组织者的类别占 12.8%）。考虑到积累的经验和国际惯例，需要进一步改进教学人员的证明制度。

为了促进私立学前教育组织网络的发展，自 2011 年起取消了对学前教育组织的许可制度。在此期间，学前组织的规模增长了 1.5 倍，而私立学校的规模增长了 7 倍（2011 年为 449 所，2018 年为 3749 所）。然而，就幼儿园的物质条件和技术设备及教育质量而言，公众批评变得越来越频繁。目前，哈萨克斯坦缺乏评估课外教育及其对学生成绩影响的系统。

5. 保障教学的继承性和连续性以及适应经济需求和区域特征的专业化培养

目前，哈萨克斯坦的教学事业中，每个教育级别的学习内容都是基于不同的目标和预期结果，而不是由一个通用的方法框架统一起来的，缺乏终身教育的统筹考虑。因此，在不同教育水平上获得的关键技能和能力之间存在的差异和矛盾为打造终身学习系统造成了阻力，有必要研究确保从学前教育到研究生教育的连续性。

缺乏统一的学生职业指导方法加剧了继续教育的问题。目前，小学生的职业指导工作主要是通过报告形式进行的，这是在高校组织访问学校时，告知他们所培训的专业。这些活动的主要目的是吸引学员。根据 2016 年社会学调查"未来是我的选择"的结果，只有不超过 15% 的高中学生能够决定他们未来的职业选择。KASIPTEST 专业判断表明，75% 的 11 年级学生选择了错误的学习方向。

职业指导薄弱以及蓝领职业的声望低是造成技术和专业教育系统覆盖年

轻人率低的原因，这反过来又对人员培训的质量产生负面影响。根据2018年全球经济论坛发布的全球竞争力指数 ГИК ВЭФ－2018，雇主将技术和专业教育系统的质量评为3.7分（低于平均水平）。在2018年，以用人单位出资进行学习的学生仅占学生总数的0.2%。受过双专业教育的大学生的覆盖率仍然很低，仅为8%。为了解决这些问题，有必要制定共同的职业指导活动方法，使雇主积极参与到职员专业培训和教育的活动中。

6. 保障学员的智力、心理－道德和身体的发展

形成具有完备人格和竞争力的专家的基础是家庭、社会和教育系统中所蕴含的价值观。哈萨克斯坦在教育教学活动中将加强人文主义和道德培养。同时，"祖国之光"党公共政策研究所的一项研究表明，爱国主义在哈萨克斯坦公民中普遍没有受到重视。

根据美国国家教育学院的一项社会学研究，62%的父母没有足够的时间陪伴孩子，43%的家长对自己的问题没有注意，50%的家长在防止破坏性的宗教运动进入学校的问题上需要教师和心理医生的建议，高达70%的家长需要额外的帮助以确保儿童的信息安全。

在这方面，从根本上要求在教育和学生的休闲活动过程中规划和实施教育工作的新方法，制定行为标准以及明确的应用和遵守机制。

7. 给教育机构装备数字化和现代化技术设备

教育系统基础设施的发展旨在减少应急的三班制教育组织的数量，解决小型学校的问题，为学生提供宿舍以及数字设备。地方行政机构要监测教育组织的技术状况和采取必要的预防工作，以防止发生事故。

完善的数字基础设施是现代教育系统不可或缺的一部分。如今，许多哈萨克斯坦教育组织由于互联网速度低、数字基础设施不足而遇到困难。60%的学前组织、10%的中小学校和18%的大学互联网的网速仍低于4 Mbps。2018年，学校教学过程中使用了30.5万台计算机，其中30.3%有待更换。因此，有必要在教育组织和数字教育资源方面，大规模开发在线课程的网络平台以及在公共服务的自动化中开发IT基础架构。

8. 增加教育管理和财务系统的透明度和效率

2016~2019年，为了提高教育组织活动的效率和透明度，成立了集体管理机构：州立大学的监督委员会、学前组织和学校的董事会。

在高等教育中，已经根据选举原则引入了新的规则来任命校长。大学在学术、管理和人事方面已经转为独立运营。

融资体系出现了许多积极变化，在学前教育和培训中引入私人筹资机制，以及取消许可，使私营企业能够大量参与学前教育。如今，学前组织中超过1/3是私有的。

人均标准已进行改变。特别是，已经确定了针对普通教育班中有特殊教育需求的儿童的人均标准的单独规模；已为学生过度拥挤的学校引入了校正（减少）系数。确定了新开设的私立学校人均标准的规模。该标准包括鼓励私人投资者引入新的学生名额的激励措施。哈萨克斯坦的大学也正在转向私人资助，大学获得了财务方面的独立性。在补充教育中采用私人筹资将扩大接受课外教育和抚养儿童的覆盖面。

但是，教育支出占哈萨克斯坦国内生产总值的比重仍然很低，仅为3.3%。自2012年以来，该指标的动态保持在同一水平，不超过3.5%。这低于经合组织的平均值（5%），低于联合国教科文组织建议的4%~6%。所以，有效地规划和实施教育与科学领域的国家政策以及科学、技术和创新发展，需要将资金增加到GDP总额的5%，并在教育和科学部、州和地方各级执行机构之间建立关系。

9. 发展科学的智力潜能

2018年，有384个组织从事研发工作（2016年为383个，2017年为386个）。其中，经济商业部门占39%，公共部门的占27%，公共机构占25%，非营利性科学部门占9%。

在2018年受雇于科学领域的员工中，年轻的科学家约占在职科学家总数的35%。2019年，年龄在35~54岁的科学家占总数的40%。

同时，吸引和留住有才能的青年和高素质科学专家的问题仍然存在。现有的科研人员缺乏足够的研究技能，英语水平较低，技术开发和创新能力也

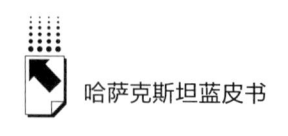

很弱。

哈萨克斯坦每100万人口中有662位科学家，俄罗斯（2852）是其4.3倍，白俄罗斯（1805）是其2.7倍，美国（4256）是其6.4倍。

另外，目前在科学领域中存在诸如科学工作者的报酬低和缺乏刺激研究活动的机制等问题。研发项目的效率低下，并且工商业对科学成果缺乏需求；创新业务活动份额低；科学领域的投资吸引力薄弱，科学研究的资金短缺。

研发支出仍然相对较少。哈萨克斯坦的研发支出已从2015年占GDP的0.17%下降至2018年的0.12%。用于研发的内部支出中，最大的一部分来自国家预算的资金，占51.3%，企业自有资金占40.9%，其他来源占7.8%。

10. 科学基础设施的现代化和科学数字化

进行研究和开发的国立大学、研究机构的科学设备正在逐步更新。在高等教育组织和研究机构中已经建立了商业化办公室、技术园区、企业孵化器和研发部门。但是，科学基础设施仍然不能满足现代科学研究的要求。

目前，哈萨克斯坦还没有组织统一的科学数据库。优先发展领域、科学指导和科学流派的集中度不足，科研水平与国家的战略目标之间也存在差距。

11. 提高对科学发展的需求和融入全球科学领域

哈萨克斯坦政府下属的高级科学和技术委员会确定了科学发展的七项优先重点，以开展科学研究。

目前，在2018~2020年的补充资助下，正在实施1076个研究项目。2019年的补充资助金额为95亿坚戈。

全国范围，在2018~2020年计划-目标拨款的框架内，正在实施144个科学和技术计划。2019年的资金总额为230亿坚戈。

2018~2020年，由8个部委的101个组织资助。2019年，基础拨款总额为46亿坚戈。

目前，根据科学技术活动成果商业化的拨款竞争结果，正在实施153个项目，总额为380亿坚戈，共同出资超过50亿坚戈，占14.5%（2017年为

21亿坚戈，2018年为23亿坚戈，2019年为25亿坚戈）。截至2018年底，完成25个项目。根据科学基金会的数据，36个项目的生产已启动，2019年第一季度的收入约为10亿坚戈。

在哈萨克斯坦，对国家预算资助的研究项目和计划的有效性进行年度评估。具有较高和中等水平的科学实践成果性的研究项目和计划的数量占比从2016年的64.9%增加到2018年的72.4%。商业化项目占应用研究项目总数的比例由2016年的6.8%增加到2018年的23.5%。但同时，科学研究还没有充分关注经济和社会的紧迫需求，这使得社会成员对科学的态度产生了负面看法，降低了科学成果商业化的潜力。

11所大学从创新和科学活动中获得的收入份额从9%增加到12.4%。但是大学、研究机构、商界、国家和其他利益相关者（中介组织、公民社会等）之间的合作薄弱。

如前所述，用于教育和科学的资金数额与国家发展高级技术、提升科学潜能的竞争力及符合经合组织国家的原则和标准的战略目标不符。在这方面，哈萨克斯坦总统托卡耶夫在2020~2025年教育事业规划中增加了教育和科学方面的总支出，使其达到国内生产总值的5%。

哈萨克斯坦和其他中亚国家长期以来存在的问题，就是教师包括科研人员地位和待遇普遍较低，近年来随着国家经济发展和国家对教育事业的重视，政策上不断提高教师和科研人员的待遇及加强对教师的培训。要提高教育质量，优化教育方式和格局，缩小城乡间、区域间教育质量的差距，也是哈萨克斯坦目前及将来较长一段时间面临的重要问题。为了适应经济的发展，国家教育结构正在积极转变，突出专业化培养的重要性。系列改革举措在未来的一段时期内，都将在教育的各个层面发生深刻的变化，向现代化、国际化的教育体制迈进，必将为哈萨克斯坦的经济、社会发展提供新的智力支持。

B.4 2019~2020年哈萨克斯坦的外交形势

赵 静*

摘　要： 独立以来，哈萨克斯坦确立了自主平衡的外交政策，将发展对中国、俄罗斯、美国和中亚邻国关系作为外交优先方向。托卡耶夫总统上台之后，延续了纳扎尔巴耶夫的外交理念，同中国、俄罗斯、美国、中亚邻国保持了密切的外交往来，不断促进双边、多边关系的深化和拓展。哈中关系已提升至永久全面战略伙伴关系的高度。俄罗斯是哈萨克斯坦重要的战略伙伴。哈美扩大战略伙伴关系的意愿强烈。中亚邻国一贯处于哈外交优先顺序的前列。哈还在各类地区和国际组织的框架内与各方保持高质量的建设性对话与互动。哈萨克斯坦与中国、俄罗斯、美国、中亚邻国外交关系总体向好，未来哈国与各方的双边、多边关系将更加紧密，区域内交流与合作将更趋繁荣。

关键词： 哈萨克斯坦　中国　俄罗斯　美国　外交理念

　　独立之初，哈萨克斯坦就确立了多边、务实和积极的外交政策，为全球和地区安全、稳定和发展作出了重大贡献，成为全球和区域事务中的可靠伙伴。哈萨克斯坦首任总统、民族领袖纳扎尔巴耶夫执政期间，哈制定了独特而务实的外交模式，其核心是奉行多元平衡的外交政策。独立以来，哈多元

---

* 赵静，历史学博士，西北大学丝绸之路研究院讲师。

化的外交政策及优先发展方向基本未发生太大变化，中国、俄罗斯、美国和中亚邻国始终处于哈外交的优先方向。哈政府延续多元平衡的外交政策，与各方都保持良好的关系，促进了地区的和平与发展，增强了哈在国际社会中的声望。

一 延续多元平衡外交政策，与各方外交往来密切

2019年6月，托卡耶夫就任哈萨克斯坦总统。他在就职演说中表示，"……将延续建设性、和谐的、多边的外交政策"①。为了实现哈萨克斯坦外交政策的优先方向，哈外交部组建了对外政策研究所，以期对全球政治经济和国际安全的主要趋势进行研究，为哈对外政策提供实用建议。2019年11月，在努尔苏丹②举行的"阿斯塔纳俱乐部"第五届会议上，哈首任总统纳扎尔巴耶夫表示，"哈萨克斯坦与所有邻国均保持了友好的关系，哈周边不存在敌人。哈萨克斯坦的多元化外交政策旨在不加入任何集团，并致力于同各国建立平等关系"③。2020年3月，托卡耶夫总统签署总统令，批准了《哈萨克斯坦对外政策构想（2020~2030）》。文件强调指出了"首任总统、民族领袖纳扎尔巴耶夫的外交政策方针在国家新发展阶段的延续性"④。

---

① Выступление Касым-Жомарта Токаева на официальной церемонии вступления в должность избранного Президента Республики Казахстана, https://www.akorda.kz/ru/speeches/internal_political_affairs/in_speeches_and_addresses/vystuplenie-kasym-zhomarta-tokaeva-na-oficialnoi-ceremonii-vstupleniya-v-dolzhnost-izbrannogo-prezidenta-respubliki-kazahstana.

② 努尔苏丹，哈萨克斯坦首都，原名阿斯塔纳。2019年3月19日，哈萨克斯坦首任总统、民族领袖纳扎尔巴耶夫大宣布自3月20日起辞去总统职务。次日（3月20日），为了纪念纳扎尔巴耶夫，哈萨克斯坦议会正式将首都更名为努尔苏丹。

③ Акбота Кузебай, Сегодня у Казахстана нет врагов вокруг границ-Нурсултан Назарбаев, https://www.inform.kz/ru/segodnya-u-kazahstana-net-vragov-vokrug-granic-nursultan-nazarbaev_a3584415.

④ О Концепции внешней политики Республики Казахстан на 2020-2030 годы, https://www.akorda.kz/ru/legal_acts/decrees/o-koncepcii-vneshnei-politiki-respubliki-kazahstan-na-2020-2030-gody.

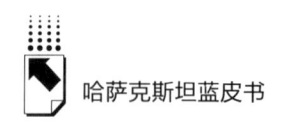

（一）与中国发展永久全面战略伙伴关系

独立以来，哈国不断调整对外政策，哈中关系得到持续深化。自1992年1月3日哈中正式建交以来，双边关系由战略伙伴关系提升至2011年的全面战略伙伴关系。哈首任总统纳扎尔巴耶夫执政时期便颇为重视同中国的关系。他曾指出，同中国建立正常的友好关系，对哈萨克斯坦来说，是通向世界的一条道路。① 在《哈萨克斯坦对外政策构想（2014～2020）》中，中国排在哈外交优先顺序的第二位："哈萨克斯坦将在高级别和最高级别的政治对话框架内深化同中华人民共和国的全面战略合作，发展能源、投资、技术、经贸、文化和人文合作，促进过境运输、农业、界河水资源共享以及生态领域的协作。"②

2019年6月，托卡耶夫总统就职后，哈中关系发展顺利。2019年8月，托卡耶夫总统会见中国驻哈大使张霄时指出，"自哈萨克斯坦独立以来，哈中两国无论是在两国之间，还是在国际热点问题上都保持着开放和具有建设性的对话，这一传统应该持续下去。哈萨克斯坦愿意同中国加强在高新技术、农业以及人文领域的合作"③。在《哈萨克斯坦对外政策构想（2020～2030）》中，中国在哈区域和多边外交的优先方向中位居俄罗斯之后，排在第二位。文件指出："进一步发展同中国的永久全面战略伙伴关系。"④

2019～2020年，哈中关系继续保持高位运行。2019年9月，托卡耶夫总统对中国进行国事访问。会谈期间，两国领导人一致决定将双边关系提升至永久全面战略伙伴关系的高度，还共同见证了两国间包括联合声明在内的

---

① 〔哈〕纳扎尔巴耶夫：《站在21世纪的门槛上：总统手记》，陆兵、王嘉琳译，时事出版社，1997，第156页。
② Концепция внешней политики на 2014－2020，http：//kzkazan.ru/ru/vneshnjaja－politika/kontseptsiya－vneshnej－politiki－na－2014－2020/.
③ Глава государства принял Посла КНР Чжан Сяо，https：//www.akorda.kz/ru/events/akorda_news/meetings_and_receptions/glava-gosudarstva-prinyal-posla-knr-chzhan-syao.
④ О Концепции внешней политики Республики Казахстан на 2020－2030 годы，https：//www.akorda.kz/ru/legal_acts/decrees/o-koncepcii-vneshnei-politiki-respubliki-kazahstan-na-2020-2030-gody.

十项协议和文件的签署。① 在会见中国企业界代表时，托卡耶夫总统特别提到了哈首任总统纳扎尔巴耶夫同中国国家主席习近平之间的友好关系，以及他们为巩固哈中双边关系作出的巨大贡献。② 随后，在杭州访问期间，托卡耶夫总统表示，"我们将延续由我国首任总统纳扎尔巴耶夫与中国历届领导人共同奠定的合作关系"③。新冠肺炎疫情期间，两国相互支援，共同抗击疫情。

哈中两国高层对话频繁，哈参与"一带一路"建设的积极性较高。2019年12月，哈中两国外长在"亚洲－欧洲"论坛框架下举行双边会晤。哈中外长就通过高级别互动加强双边合作关系，以及在联合国、亚信会议、上合组织和集安组织等多边国际组织框架下进行相互支持的问题上达成了共识。④ 2020年3月，哈外长特列乌别尔季会见到访的中共中央政治局委员、中央外事工作委员会办公室主任杨洁篪，双方就哈中两国合作中的热点问题，特别是进一步促进政治、经贸、投资和人文领域合作问题深入交换了意见。⑤ 2020年6月，哈外长特列乌别尔季出席了"一带一路"国际合作高级别视频会议并发表讲话。他指出，"面对新冠肺炎疫情，各国应加强医疗合作，同时应加快促进'一带一路'沿线国家经济的数字化进程"⑥。

中哈合作委员会是两国政府间的重要合作机制，负责协调双方在各领域

---

① Президент Казахстана Касым-Жомарт Токаев провел переговоры с Председателем КНР Си Цзиньпином, https：//www. gov. kz/memleket/entities/mfa/press/news/details/31935？ lang = ru.
② Касым-Жомарт Токаев встретился с представителями деловых кругов КНР, https：//www. gov. kz/memleket/entities/mfa/press/news/details/32227？ lang = ru.
③ Глава государства провел встречу с Секретарем Комитета Коммунистической партии Китая провинции Чжэцзян Чэ Цзюнем, https：//www. akorda. kz/ru/events/international_community/foreign_visits/glava – gosudarstva – provel – vstrechu – s – sekretarem – komiteta – kommunisticheskoi – partii – kitaya – provincii – chzheczyan – che – czyunem.
④ 《特列乌别尔季会见中国外交部长王毅》，哈通社，2019年12月16日，https：//lenta. inform. kz/cn/article_ a3595252。
⑤ В МИД состоялась встреча с членом Политбюро ЦК Компартии Китая, https：//www. gov. kz/memleket/entities/mfa/press/news/details/46442？ lang = ru.
⑥ Глава МИД выступил на международной видеоконференции «Один пояс, один путь», https：//www. gov. kz/memleket/entities/mfa/press/news/details/73880？ lang = ru.

的合作，对于全面推进两国在各领域的合作具有重要意义。该委员会于2004年5月哈总统纳扎尔巴耶夫访华期间正式成立，委员会下设经贸、交通和科技等9个分委会。① 在中哈合作委员会的指导和协调下，两国在经贸、能源和文化等各领域的合作不断扩展。中哈合作委员会自成立以来已举行过多次会议②。2019年11月，中哈合作委员会第九次会议在北京举行。会上，双方就两国有关在经贸、能源、科学、技术、金融、运输、文化、生态、地质、海关以及安全领域的10个专门小组委员会以及2个联合委员会的工作成果等问题进行了讨论。③ 哈方表示，中哈合作委员会是两国间独一无二的合作平台，哈方愿发挥好委员会的作用，与中方共同挖掘潜力，优化合作机制，推进贸易、金融、能源、农业、人文、运输物流和基础设施等领域的务实合作，造福两国人民。④

托卡耶夫总统执政以来，中哈关系发展顺畅，两国高层对话频繁，两国在各领域的合作全面、有序展开。中哈关系不断推动着中哈两国之间经贸和投资的蓬勃发展。2020年中国已成为哈五大投资国之一，占哈外来总投资的4.7%；2005~2020年，中国总投资超过192亿美元；2020年，两国双边贸易额达154亿美元。⑤

（二）与俄罗斯保持同盟和战略伙伴关系

俄罗斯在哈外交中占据特殊地位。独立初期，哈俄两国政府相继签署多

---

① 《背景资料：中哈合作委员会》，新华网，2012年12月8日，http://www.xinhuanet.com/world/2012-12/08/c_113956971.htm。
② 中哈合作委员会前八次会议分别于2004年、2005年、2006年、2007年、2009年、2012年、2015年和2017年举行。
③ 《中哈合作委员会第九次会议在北京举行》，哈通社，2019年11月5日，https://lenta.inform.kz/cn/article_a3582175。
④ 《韩正会见哈萨克斯坦第一副总理斯迈洛夫并主持召开中哈合作委员会第九次会议》，中华人民共和国中央人民政府网，2019年11月4日，http://www.gov.cn/guowuyuan/2019-11/04/content_5448487.htm。
⑤ Казахстан и Китай обсудили дальнейшее развитие МЦПС «Хоргос», https://www.gov.kz/memleket/entities/mti/press/news/details/168050?lang=ru.

项友好协定，为两国关系的发展奠定了基础。哈方十分重视与俄罗斯的关系。早在1997年12月，哈首任总统纳扎尔巴耶夫在会见参加亚信会议的22国副部长时便强调指出，"不论作出什么样的预测，哈萨克斯坦长期的战略伙伴都是俄罗斯"①。独立以来，哈俄两国在各个领域内均保持了密切的接触与往来，已形成稳定的政治互信关系。在《哈萨克斯坦对外政策构想（2014～2020）》中，俄罗斯排在哈外交优先顺序的第一位："哈萨克斯坦将在《哈俄21世纪睦邻友好同盟条约》的基础上，继续巩固同俄罗斯联邦在政治、经贸和人文合作等领域的关系。"② 在《哈萨克斯坦对外政策构想（2020～2030）》中，俄罗斯在哈区域和多边外交的优先方向中排在中国、美国和中亚邻国之前，再次占据首位。该文件指出："进一步发展与俄罗斯的同盟关系。"③ 值得注意的是，在这份文件中对哈俄关系的描述出现了新变化，即称其为"同盟关系"。然而，在《哈萨克斯坦对外政策构想（2014～2020）》中并未提及同盟关系，同时这也与哈首任总统纳扎尔巴耶夫在公开场合对哈俄战略伙伴关系的表述有所不同。由此，哈政府强化与俄罗斯关系的趋势可见一斑。

哈领导人曾在多个场合谈及哈俄关系的优先性和重要性。2019年10月，托卡耶夫总统参加在索契举行的第十六届瓦尔代国际辩论俱乐部年会时，同俄罗斯总统普京举行会晤。托卡耶夫表示，"哈俄两国的合作关系将继续延续首任总统纳扎尔巴耶夫和普京总统奠定的发展道路"④。2019年11月，托卡耶夫总统在会见多国驻哈外交使节时指出，"与俄罗斯联邦的相互

---

① 孙壮志：《中亚五国对外关系》，当代世界出版社，1999，第59页。
② Концепция внешней политики на 2014 – 2020, http：//kzkazan. ru/ru/vneshnjaja – politika/kontseptsiya – vneshnej – politiki – na – 2014 – 2020/.
③ О Концепции внешней политики Республики Казахстан на 2020 – 2030 годы, https：//www. akorda. kz/ru/legal_ acts/decrees/o – koncepcii – vneshnei – politiki – respubliki – kazahstan – na – 2020 – 2030 – gody.
④ Президент Казахстана провел встречу с Владимиром Путиным, https：//www. akorda. kz/ru/events/international_ community/foreign_ visits/prezident – kazahstana – provel – vstrechu – s – vladimirom – putinym.

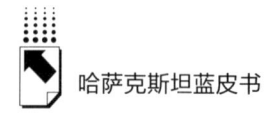

关系仍是当前哈萨克斯坦外交政策的优先方向"①。2020 年 2 月，托卡耶夫总统会见到访的俄政府总理米舒斯京，重申了不断强化哈俄双边战略和同盟关系的重要意义。2020 年 3 月，哈首任总统纳扎尔巴耶夫在莫斯科会见俄总统普京时再次强调指出，"俄罗斯是哈萨克斯坦全方位可信赖的伙伴"②。2020 年 11 月，哈俄两国总统通电话，重申了双方之间的战略伙伴关系。

2019～2020 年，哈俄两国高层和最高层互动不断，政治、经贸和军事等领域的往来密切，频繁的外交接触成为两国全面合作的重要推动力。譬如，在两国元首的支持与推动下，哈俄地区间合作发展顺利。哈总统托卡耶夫出席了在鄂木斯克举办的哈俄地区间合作论坛，并同俄罗斯总统普京举行会晤。托卡耶夫指出，在哈首任总统纳扎尔巴耶夫和普京总统的共同努力下，哈俄地区间合作论坛已发展成熟，成为两国地区间开展互动的有效机制。③ 现阶段，两国地区间的双边贸易和投资继续保持增长趋势。2003～2018 年，哈俄双边贸易额增长了 3.5 倍；2018 年，双边贸易额超过 6.5 万亿坚戈。④ 哈俄地区间合作论坛召开期间，哈俄两国签署了一系列双边合作文件和协议，其中包括哈俄边境地区合作计划构想，等等。⑤

---

① Касым-Жомарт Токаев провел встречу с главами иностранных дипломатических миссий, аккредитованных в Казахстане, https://www.akorda.kz/ru/events/akorda_news/meetings_and_receptions/kasym-zhomart-tokaev-provel-vstrechu-s-glavami-inostrannyh-diplomaticheskih-missii-akkreditovannyh-v-kazahstane.
② Нурсултан Назарбаев встретился с Президентом Российской Федерации Владимиром Путиным, https://primeminister.kz/ru/news/nursultan-nazarbaev-vstretilsya-s-prezidentom-rossiyskoy-federacii-vladimirom-putinym.
③ Касым-Жомарт Токаев провел встречу с Владимиром Путины, https://www.akorda.kz/ru/events/international_community/foreign_visits/kasym-zhomart-tokaev-provel-vstrechu-s-vladimirom-putinym.
④ Глава государства Касым-Жомарт Токаев принял участие в XVI Форуме межрегионального сотрудничества Казахстана и России, https://www.akorda.kz/ru/events/international_community/foreign_visits/glava-gosudarstva-kasym-zhomart-tokaev-prinyal-uchastie-v-xvi-forume-mezhregionalnogo-sotrudnichestva-kazahstana-i-rossii.
⑤ 《哈俄地区间合作论坛：两国签署一系列合作文件》，哈通社，2019 年 11 月 8 日，https://www.inform.kz/cn/article_a3583427。

哈俄政治互信度较高，外交政策保持高度一致，两国元首每年安排会晤，就国家间合作、一体化、地区安全和国际局势等重要问题交换意见并协调立场，这一惯例有效地保障了双边、多边机制的顺畅发展。2020年，哈总统托卡耶夫与俄总统普京多次通电话。双方在电话中就新冠肺炎疫情下两国各自面临的情况，以及采取的主要措施等方面交换了意见，并对哈俄双边合作的重点议题，以及在地区和国际组织框架下的相互协作问题进行了讨论。托卡耶夫总统还在社交媒体上发文，向俄罗斯政府对哈萨克斯坦提供的医疗物资和药品援助表示感谢。[1] 托卡耶夫总统在会见俄驻哈大使博罗达夫金时指出，"在新冠肺炎疫情全球肆虐的大背景下，哈俄两国通过国际组织在医学和医疗保健领域进一步加强合作具有重要意义"[2]。

在其他重要问题上，哈方也与俄方保持立场一致，如对待伟大卫国战争胜利的态度。2019年10月，托卡耶夫总统与俄总统普京会晤时表示，伟大的卫国战争胜利日是哈俄两国人民共同的节日，"我本人也是前线战士的后代……哈萨克斯坦人民缅怀为伟大胜利献出生命的士兵"[3]。2020年6月，在新冠肺炎疫情大流行的背景下，托卡耶夫总统仍亲赴俄罗斯首都莫斯科，出席为纪念卫国战争胜利75周年而举行的红场阅兵式，并向无名烈士纪念碑敬献花圈，彰显了哈俄两国之间牢不可破的盟友关系。又如在纳卡局势方面，哈方高度赞赏俄方的处理方式与结果。哈总统指出，"在俄罗斯的积极协助下，阿塞拜疆和亚美尼亚达成在纳卡冲突地区停止一切敌对行为和军事

---

[1] 《哈萨克斯坦总统向俄罗斯就及时提供的医疗援助表示了感谢》，哈通社，2020年7月1日，https://www.inform.kz/cn/article_a3667987。

[2] Президент Касым-Жомарт Токаев принял посла Российской Федерации в Казахстане Алексея Бородавкина, https://www.akorda.kz/ru/events/akorda_news/meetings_and_receptions/prezident-kasym-zhomart-tokaev-prinyal-posla-rossiiskoi-federacii-v-kazahstane-alekseya-borodavkina-1.

[3] Президент Казахстана провел встречу с Владимиром Путиным, https://www.akorda.kz/ru/events/international_community/foreign_visits/prezident-kazahstana-provel-vstrechu-s-vladimirom-putinym.

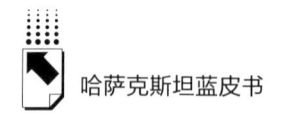

行动的协议……希望相关各方遵守联合声明的规定"①。

哈俄两国高层也保持了密切的接触,内容涉及经贸、能源等多个领域,有力地推动了双边在各领域达成的共识、合作计划及项目的落实与推进。哈政府总理马明与俄政府总理②梅德韦杰夫、米舒斯京举行了多次会谈。共同采取措施抗击新冠肺炎疫情,以及欧亚经济联盟框架下的产业协作问题始终是哈俄总理会谈时讨论的焦点问题。马明总理在会见俄政府总理梅德韦杰夫时,就托卡耶夫总统正式访问俄罗斯期间达成的双边协议的落实情况进行了重点讨论。马明总理还对莫斯科市进行了工作访问,并与米舒斯京总理举行会谈,就进一步加强经贸、金融、投资、能源以及工业领域的双边合作问题进行了讨论。③ 在电话会谈中,双方讨论了两国总统关于防止新冠肺炎疫情扩散的联合措施协议执行情况、贸易、经济和运输领域的双边合作。④ 需要指出的是,在两国领导人的推动下,哈俄在经济领域的合作日益紧密。2003~2018年,哈俄之间的贸易额增长了3.5倍。⑤

哈俄两国外长也进行了多次会晤,双方继续在多领域进行密切接触、政治对话和互动,加强了哈俄双边互信的程度。哈外长⑥阿塔姆库洛夫、特列

---

① Состоялся телефонный разговор Президента Казахстана Касым-Жомарта Токаева с Президентом России Владимиром Путиным, https：//www.akorda.kz/ru/events/international_community/phone_calls/sostoyalsya-telefonnyi-razgovor-prezidenta-kazahstana-kasym-zhomarta-tokaeva-s-prezidentom-rossii-vladimirom-putinym.

② 2018年3月,普京高票当选俄罗斯总统,这也是其第四次担任俄罗斯总统。5月8日,他任命梅德韦杰夫为俄罗斯总理。2020年1月,梅德韦杰夫辞任俄罗斯政府总理。随后,普京总统任命米舒斯京为俄罗斯政府总理。

③《政府总理马明与俄罗斯总理米舒斯京举行会谈》,哈通社,2020年10月8日,https：//lenta.inform.kz/cn/article_a3703675。

④ Премьер-Министр РК А. Мамин провел телефонный разговор с Председателем Правительства РФ М. Мишустиным, https：//primeminister.kz/ru/news/premer-ministr-rk-a-mamin-provel-telefonnyy-razgovor-s-predsedatelem-pravitelstva-rf-m-mishustinym-21111818.

⑤ Султанов Б. К. Казахстано-российские отношения во внешней политике президента К.-Ж. Токаева// Россия и новые государства Евразии. 2020. № 2 (47). С. 60.

⑥ 2018年12月,阿塔姆库洛夫担任哈萨克斯坦外交部部长。2019年9月,哈萨克斯坦总统托卡耶夫任命阿塔姆库洛夫为工业和基础设施发展部部长,任命特列乌别尔季为哈萨克斯坦外交部部长。

乌别尔季与俄外长拉夫罗夫举行多次会谈，就哈俄关系中的热点问题交换意见。哈俄高级别和最高级别会议的筹备情况、哈俄两国在联合国等区域和国际组织主要活动中的立场与相互合作问题是两国外长每次会谈时均会提及的重点议题。其中2019年10月，哈外长特列乌别尔季与俄外长拉夫罗夫在努尔苏丹举行会晤，就政治、经济和人文领域的合作问题进行了广泛讨论。特列乌别尔季在会后表示，"与俄罗斯的合作一直是哈外交政策的主要优先事项之一"①。2020年6月，哈俄外长举行视频会晤，就双边政治和经济尤其是对过境运输、能源及军事技术领域全面战略合作现状和发展前景进行了讨论。②2020年9月，哈俄外长在俄首都莫斯科举行会晤，讨论了哈俄在政治、经济、过境运输领域合作的现状和发展前景，以及两国在独联体、欧亚经济联盟、集体安全条约组织、上海合作组织等国际组织和区域一体化组织框架内的互动。③

军事领域的合作在哈俄关系中占据重要地位。近年来，哈俄两国已就军用产品的联合运输、军事人员和军事装备技术人才培训、军工企业合作、武器装备和军事载具展览等工作开展了紧密合作。④哈俄武装力量在集安组织、上合组织和国际军事竞赛框架下，协同开展了60多次联合军事演习和演练活动。⑤2019～2020年，哈俄两国在军事领域的广泛合作得到加强，两国国防部部长互动频繁。2019年9月，哈国防部部长叶尔梅克巴耶夫对俄进行正式访问，就联合演习、监管框架及军事技术合作等领域的问题进行了

---

① Выступление Министра иностранных дел РК М. Б. Тлеуберди на пресс-конференции по итогам переговоров с Министром иностранных дел РФ С. В. Лавровым，https：//www.gov.kz/memleket/entities/mfa/press/news/details/33295？lang=ru．

② Главы МИД Казахстана и России «сверили часы»，https：//www.gov.kz/memleket/entities/mfa/press/news/details/70222？lang=ru．

③ В Москве прошли переговоры глав МИД Казахстана и России，https：//www.gov.kz/memleket/entities/mfa/press/news/details/96990？lang=ru．

④ Новые направления военного сотрудничества обсудили Казахстан и Россия，https：//www.inform.kz/ru/novye-napravleniya-voennogo-sotrudnichestva-obsudili-kazahstan-i-rossiya_a3707243．

⑤ 《国防部部长叶尔梅克巴耶夫访问俄罗斯》，哈通社，2019年9月18日，https：//www.inform.kz/cn/article_a3566701．

讨论。2020年10月，哈国防部部长叶尔梅克巴耶夫与俄国防部部长绍伊古签署两国间新的军事合作协议，并和哈总统托卡耶夫就双边军事合作进行了会谈。① 根据协议，哈俄将在维护区域安全、培训军事专家和开展联合军演等领域加强合作，并深化在国际组织框架下的军事合作。②

此外，哈俄两国议会间也开展了切实的广泛合作，议会间合作成为新常态。中亚地区当前局势、两国议会间相关工作的协调组织、哈俄边境过境点基础设施发展、乌拉尔河生态保护问题以及人文领域合作等是哈俄议会间合作的重点方向。2019年9月，哈参议院议长纳扎尔巴耶娃会见了俄国家杜马主席沃洛金和俄议会联邦委员会副主席乌马哈诺夫，就哈俄深化合作的前景进行了讨论。2019年10月，纳扎尔巴耶娃在莫斯科会见俄联邦委员会主席马特维延科。2020年12月，哈参议院国际关系、国防和安全委员会与俄联邦委员会国际事务委员会及国防与安全委员会联席会议在俄罗斯喀山举行。

托卡耶夫总统执政以来，哈俄高层互访不断，哈俄全方位合作伙伴关系快速发展，双边关系持续向好，合作前景良好。正如2020年12月30日托卡耶夫与普京举行电话会谈时指出的那样，"哈俄双边关系的发展均在战略伙伴和同盟关系框架内呈现积极态势"③。哈俄两国元首还郑重承诺，将进一步加强互利合作，继续推动双边关系的持续发展与深入。

（三）与美国扩大战略伙伴关系

作为哈独立后最早承认并与之建立外交关系的国家之一，美国始终处于哈国外交优先顺序的前列。《哈萨克斯坦对外政策构想（2014~2020）》指

---

① Президент Казахстана принял министра обороны Российской Федерации Сергея Шойгу, https：//www.akorda.kz/ru/events/akorda_news/meetings_and_receptions/president-kazahstana-prinyal-ministra-oborony-rossiiskoi-federacii-sergeya-shoigu.
② 《俄专家：俄哈签署军事协议与集安组织面临的新挑战有关》，俄通社，2020年10月22日，http：//sputniknews.cn/politics/202010221032352740/。
③ Президент провел ряд телефонных переговоров, https：//www.akorda.kz/ru/events/president-provel-ryad-telefonnyh-peregovorov.

出,"哈萨克斯坦将继续加强与美国的战略伙伴关系,致力于发展政治、经贸、投资、能源、科技和人文合作,解决国际议程中的热点问题"①。《哈萨克斯坦对外政策构想(2020~2030)》表示,"进一步扩大与美国的战略伙伴关系"②。

哈总统托卡耶夫重视哈美关系,并对两国关系的发展前景表示肯定。2019年9月,托卡耶夫总统对美国进行正式访问。在同美国企业界人士举行会晤后,托卡耶夫总统在推特上写道:"在同美国大型企业代表举行的会谈中,就双边经贸和投资合作的发展进行了具有建设性的对话。美国始终是哈萨克斯坦主要的商业伙伴之一。我相信,双方的合作前景非常广阔。"③ 2020年2月,哈总统托卡耶夫在会见到访的美国国务卿蓬佩奥时表示,"自哈美建交以来,双方在各领域的合作中均取得了丰硕的成果……在双边关系的进一步发展方面,哈美两国拥有巨大的潜力"④。

托卡耶夫总统执政以来,哈国高层在多个场合表示应扩大哈美双方的战略伙伴关系,并就此展开对话。2019年9月,哈外长特列乌别尔季在会见美国总统副助理兼国家安全委员会南亚和中亚地区高级主任柯蒂斯时指出,哈萨克斯坦将继续秉持多边外交政策,愿意同美国深化战略伙伴关系。⑤ 2019年10月,哈美首次经济合作高级别会议在美国首都华盛顿举行。会议期间,哈美双方确认进一步扩大双方的战略伙伴关系,并提及了两国间贸易

---

① Концепция внешней политики на 2014 – 2020,http://kzkazan.ru/ru/vneshnjaja – politika/kontseptsiya – vneshnej – politiki – na – 2014 – 2020/.
② О Концепции внешней политики Республики Казахстан на 2020 – 2030 годы,https://www.akorda.kz/ru/legal_ acts/decrees/o – koncepcii – vneshnei – politiki – respubliki – kazahstan – na – 2020 – 2030 – gody.
③ 《托卡耶夫:美国是哈萨克斯坦最主要的商业伙伴之一》,哈通社,2019年9月24日,https://lenta.inform.kz/cn/article_ a3568588。
④ Президент Казахстана принял Государственного секретаря США Майкла Помпео,https://www.akorda.kz/ru/events/akorda_ news/meetings_ and_ receptions/president – kazahstana – prinyal – gosudarstvennogo – sekretarya – ssha – maikla – pompeo.
⑤ Министр иностранных дел РК встретился с представителями Администрации США,https://www.gov.kz/memleket/entities/mfa/press/news/details/32595?lang = ru.

和投资的增长。① 2019 年 12 月，哈美两国代表在美国首都华盛顿就进一步扩大两国战略伙伴关系问题进行了讨论。② 2019 年 12 月，哈外长特列乌别尔季在会见美国国务卿蓬佩奥时指出，"哈美合作在互信、互谅的原则下发展，我们非常重视进一步扩大相互之间的合作。哈美关系已经达到提升战略伙伴关系的水平"③。2020 年 2 月，哈外长特列乌别尔季在总结与美国国务卿蓬佩奥的会谈内容时指出，"哈美两国在包括政治、经贸与投资合作、安全与国际恐怖主义对策、核不扩散与裁军、人权与宗教自由以及其他领域开展了富有成效的积极对话……随着哈美交流频繁和美国在哈投资的增长，两国关系达到了扩大战略伙伴关系的水平"④。2020 年 3 月，哈外长特列乌别尔季同美国国务卿蓬佩奥通电话，就双边关系以及与国际组织的合作事项等问题进行了讨论。⑤

值得注意的是，2019 年 11 月，哈萨克斯坦党团会议小组在美国国会成立。该小组的成立是继哈首任总统、民族领袖纳扎尔巴耶夫于 2018 年 1 月正式访问华盛顿和现任总统托卡耶夫于 2019 年 9 月访问纽约后，进一步强化哈美战略伙伴关系以及发展两国议会间关系。⑥

C5 + 1 会议已经成为中亚五国与美国之间互动的重要机制，受到哈方的重视与肯定。C5 + 1 会议议题包括经济发展、区域合作以及安全问题。2015

---

① Первое заседание высокого уровня по экономическому сотрудничеству между РК и США прошло в Вашингтоне, https：//www.gov.kz/memleket/entities/mfa/press/news/details/33813？lang = ru.
② Расширенное стратегическое партнерство между Казахстаном и США обсуждено в Вашингтоне, https：//www.gov.kz/memleket/entities/mfa/press/news/details/36838？lang = ru.
③ Начался официальный визит Министра иностранных дел Казахстана в США, https：//www.gov.kz/memleket/entities/mfa/press/news/details/37220？lang = ru.
④ Выступление Министра иностранных дел Республики Казахстан Мухтара Тлеуберди на совместной пресс-конференции с Государственным секретарем США Майклом Помпео, https：//www.gov.kz/memleket/entities/mfa/press/news/details/40707？lang = ru.
⑤ Телефонный разговор главы МИД Казахстана и Госсекретаря США, https：//www.gov.kz/memleket/entities/mfa/press/news/details/46567？lang = ru.
⑥ В Вашингтоне создана Группа друзей Казахстана, https：//www.gov.kz/memleket/entities/mfa/press/news/details/35676？lang = ru.

年11月，C5+1会议在撒马尔罕首次举行。2019年8月，在哈首都举行的C5+1会议上，哈外长阿塔姆库洛夫表示，"没有双边对话和国际合作，就无法实现区域安全。C5+1机制是确保中亚地区安全和可持续发展的重要工具。美国对中亚地区关系、过境走廊和安全基础设施项目的支持措施完全符合地区各国利益"①。2019年9月，中亚五国与美国之间的C5+1会议在纽约举行。会上，哈外长特列乌别尔季强调，C5+1对话平台正日益成为推动中亚地区经济合作、吸引美国投资、发展地区过境基础设施以及维护地区安全稳定的有效机制。②2020年2月，哈总统在会见到访的美国国务卿蓬佩奥时强调了C5+1对话模式的重要性。2020年2月，哈外长特列乌别尔季在总结与美国国务卿蓬佩奥的会谈内容时表示，哈萨克斯坦将继续积极支持C5+1模式对话平台。③

二 促进中亚地区间合作，推动与兄弟国家的一体化进程

中亚邻国历来是哈萨克斯坦外交政策的优先方向之一。哈首任总统纳扎尔巴耶夫将中亚邻国称为"兄弟国家"，托卡耶夫总统也多次以此形容哈国与中亚邻国之间的亲密关系。在《哈萨克斯坦对外政策构想（2014~2020）》中，中亚邻国排在外交优先顺序的第三位，仅次于俄罗斯和中国。"哈萨克斯坦共和国与中亚国家，即吉尔吉斯斯坦、塔吉克斯坦、土库曼斯坦和乌兹别克斯坦的多边关系的发展将侧重于联合地区各国的力量，共同应对内部和外部挑战与威胁，在互利和平等的基础上加强政治、经济和

---

① 《C5+1会议在努尔苏丹举行》，哈通社，2019年8月21日，https://lenta.inform.kz/cn/c5-1_a3558396。
② В Нью-Йорке состоялась Министерская встреча в формате «C5+1», https://www.gov.kz/memleket/entities/mfa/press/news/details/32591?lang=ru.
③ Выступление Министра иностранных дел Республики Казахстан Мухтара Тлеуберди на совместной пресс-конференции с Государственным секретарем США Майклом Помпео, https://www.gov.kz/memleket/entities/mfa/press/news/details/40707?lang=ru.

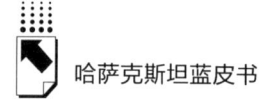

人文合作。"①在《哈萨克斯坦对外政策构想（2020~2030）》中，中亚国家在哈区域和多边外交的优先方向中仅次于俄罗斯、中国和美国，排在第四位。文件指出："在欧亚和全球化进程中，扩大中亚地区的多边对话与合作的重要性凸显，巩固中亚国家与外部伙伴协作的现有形式。"②

哈元首在多个场合提及与中亚邻国的关系问题。例如，2019年8月，托卡耶夫总统会见中亚各国外长时强调指出，与中亚国家进一步发展一体化进程是极其重要的。他表示："共同的悠久历史、良好的邻里关系以及文化和宗教的相似性一直是我们各国彼此和睦相处的基础。在首任总统纳扎尔巴耶夫的努力下，中亚地区的合作始终是哈萨克斯坦外交政策的优先事项。"③托卡耶夫总统执政以来，哈同中亚邻国的关系继续深化，双边及多边关系发展顺畅，有力地推动了地区的一体化进程，促进了地区的和平与稳定。哈方将继续扩大同中亚邻国的合作，进一步加强基于相互尊重和相互信任的政治经济合作关系。

（一）哈乌双边关系更为紧密

在中亚邻国中，哈历来十分重视与乌兹别克斯坦的关系。哈乌两国元首会晤频繁，就国家间、地区内和国际上的诸多问题进行了及时的沟通与协调，双边关系发展良好。2019年10月，哈首任总统纳扎尔巴耶夫在会见乌总统米尔季约耶夫时强调，"哈萨克斯坦和乌兹别克斯坦是非常亲密和重要的伙伴"④。

---

① Концепция внешней политики на 2014 – 2020, http：//kzkazan. ru/ru/vneshnjaja – politika/kontseptsiya – vneshnej – politiki – na – 2014 – 2020/.
② О Концепции внешней политики Республики Казахстан на 2020 – 2030 годы, https：//www. akorda. kz/ru/legal_ acts/decrees/o – koncepcii – vneshnei – politiki – respubliki – kazahstan – na – 2020 – 2030 – gody.
③ Глава государства принял министров иностранных дел государств Центральной Азии, https：//www. akorda. kz/ru/events/akorda _ news/meetings _ and _ receptions/glava – gosudarstva – prinyal – ministrov – inostrannyh – del – gosudarstv – centralnoi – azii.
④ Елбасы встретился с Президентом Республики Узбекистан Шавкатом Мирзиёевым, https：//elbasy. kz/ru/news/2019 – 10/elbasy – vstretilsya – s – prezidentom – respubliki – uzbekistan – shavkatom – mirziyoyevym.

2020年12月，托卡耶夫总统与米尔济约耶夫总统举行电话会谈，重申了进一步加强哈乌两国基于兄弟、友好睦邻及战略伙伴关系的双边政治、经济和人文联系的重要性。① 2021年新年前夕，托卡耶夫总统再次与米尔济约耶夫总统通电话，对基于兄弟情谊和睦邻关系的哈乌伙伴关系的深化给予高度评价，并强调指出，继续扩大双方的政治、经济和人文联系以及中亚区域内合作具有重要意义。②

哈乌部长级双边会晤也有序开展，促进了双方在政治、经济和文化等领域的合作。2020年4月，哈外长特列乌别尔季同乌外长卡米洛夫举行电话会谈时指出，必须协调努力，尽量减少新冠肺炎疫情大流行对两国经济的影响，还重申了旨在提升双方在持续深化两国高规格政治、经贸和文化合作方面所做出的承诺。③

近两年来，在哈乌双边关系持续升温的背景下，两国在文化领域的交流尤为引人瞩目。2019年12月，哈文化和体育部部长拉伊穆库洛娃在塔什干会见了乌文化部部长塞弗拉耶夫，着重探讨了哈乌两国之间稳步发展的文化产业。在2019年"哈萨克斯坦年"系列活动框架下，哈乌两国共举办了200多项文化活动，两国之间在文化、艺术、文学、科学和旅游等领域的合作不断加深，进一步拉近了两国人民之间的感情，并为两国民间文化的不断交流提供了持续动力。④ 哈乌两国成功互办国家年是两国关系中的重大事件，有助于夯实哈乌战略伙伴关系的基础。

---

① Состоялся телефонный разговор Президента Казахстана Касым-Жомарта Токаева с Президентом Узбекистана Шавкатом Мирзиёевым, https://www.akorda.kz/ru/events/international_community/phone_calls/sostoyalsya-telefonnyi-razgovor-prezidenta-kazahstana-kasym-zhomarta-tokaeva-s-prezidentom-uzbekistana-shavkatom-mirzieevym-2.
② Президент провел ряд телефонных переговоров, https://www.akorda.kz/ru/events/international_community/phone_calls/prezident-provel-ryad-telefonnyh-peregovorov.
③ Министры иностранных дел Казахстана и Узбекистана обсудили вопросы регионального сотрудничества во время пандемии, https://www.gov.kz/memleket/entities/mfa/press/news/details/57681?lang=ru.
④ Актоты Раимкулова встретилась с министром культуры Узбекистана, https://www.inform.kz/ru/aktoty-raimkulova-vstretilas-s-ministrom-kul-tury-uzbekistana_a3596831.

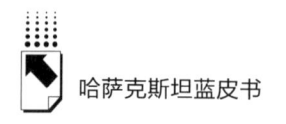

（二）哈吉经贸合作水平提升

哈吉两国于1997年4月签署永久友好条约，于2003年12月签署联盟关系协议，两国关系一直较为密切。近年来，哈吉双边战略合作关系不断深化，经贸合作始终是两国高层会晤时的重点议题。2019年7月，哈首任总统纳扎尔巴耶夫同吉总统热恩别科夫通电话，就共同关心的国际和地区热点问题交换了意见，并强调指出，"哈吉两国之间在政治、经贸和人文领域的合作呈现积极发展的良好态势，为了两国共同的利益，将始终支持哈吉之间的战略合作关系不断发展和深化"①。2019年10月，哈首任总统纳扎尔巴耶夫再次会见吉总统热恩别科夫时表示，"最重要的是确保我们两国之间的和平与和谐"②。2019年11月，哈总统托卡耶夫对吉尔吉斯斯坦进行国事访问，双方签署包括联合声明在内的九项双边合作文件。访问期间，托卡耶夫总统表示，"吉尔吉斯斯坦是哈萨克斯坦的好邻居、盟友和兄弟国家，由于拥有共同的边界，两国可建立过境运输通道，在欧亚经济联盟内进一步发展经贸合作"③。

哈吉两国领导人对经贸问题的高度关注与支持促使两国间贸易额不断增长。数据显示，2018年，哈吉贸易总额约为9亿美元；2019年达9.4亿美元，同比增长约为4.4%。2020年，受新冠肺炎疫情影响，哈吉双边贸易额下降，约为8亿美元。④ 合作抗疫以恢复甚至扩大哈吉两国间的经贸合作成为两国高层关注的重点。2020年3月，哈总统托卡耶夫同吉总统热恩别科

---

① Телефонный разговор с Президентом Республики Узбекистан Шавкатом Мирзиеевым, https://elbasy.kz/ru/news/2019-07/telefonnyy-razgovor-s-prezidentom-respubliki-uzbekistan-shavkatom-mirzieevym.
② Елбасы встретился с Президентом Кыргызской Республики Сооронбаем Жээнбековым, https://elbasy.kz/ru/news/2019-10/elbasy-vstretilsya-s-prezidentom-kyrgyzskoy-respubliki-sooronbaem-zheenbeko.
③ Касым-Жомарт Токаев принял участие в заседании Высшего Межгосударственного Совета Казахстана и Кыргызстана, https://www.akorda.kz/ru/events/international_community/foreign_visits/kasym-zhomart-tokaev-prinyal-uchastie-v-zasedanii-vysshego-mezhgosudarstvennogo-soveta-kazahstana-i-kyrgyzstana.
④ 此处数据来源于哈萨克斯坦国家统计局官网（https://stat.gov.kz/），百分比为笔者计算得出。

夫通电话，就抗击新冠肺炎疫情实施的相关举措和进一步加强两国经贸合作问题交换了意见。① 2020 年 10 月，在会见到访的吉外长卡扎克巴耶夫时，托卡耶夫总统高度评价了哈吉两国高水平的相互合作关系："哈萨克斯坦和吉尔吉斯斯坦是近邻，有着很多共同点。对哈萨克斯坦来说，吉尔吉斯斯坦是信任的盟友和重要的战略合作伙伴以及兄弟国家。"②

哈吉两国政府总理、部长级互动也较为频繁，边境货物运输成为双边关系领域的重点合作方向之一，也成为双方高层互动的热点议题。2020 年 4 月，哈外长特列乌别尔季应约同吉外长阿伊达尔别科夫通电话，就共同应对新冠肺炎疫情，以及采取相关措施保持哈吉边境货物运输通关能力进行了讨论。③ 2020 年 6 月，哈政府总理马明与吉政府总理阿布加济耶夫举行电话会谈，就开放哈吉交界地区所有过境检查站，以及保障两国间货物运输的无阻碍通行问题达成了共识。2020 年 6 月，哈外长特列乌别尔季同吉外长阿伊达尔别科夫通电话，就两国边境货物车辆通关问题进行了讨论。④ 2020 年 9 月，哈外长特列吾别尔季在上海合作组织外长理事会框架下与吉外长阿伊达尔别科夫举行了会谈，就恢复国家间的运输、通信、公民过境及两国之间贸易额的增长问题进行了讨论。⑤

2020 年 10 月，吉尔吉斯斯坦政局出现动荡，引发国际社会的广泛关注。哈方第一时间对此表示关切，并作出回应。哈总统托卡耶夫率先通过社交媒体对吉局势表示关切，支持吉总统热恩别科夫的合法性，并指出，作为

---

① Телефонный разговор с Президентом Кыргызской Республики Сооронбаем Жээнбековым, https：//www. akorda. kz/ru/events/international_ community/phone_ calls/telefonnyi – razgovor – s – prezidentom – kyrgyzskoi – respubliki – sooronbaem – zheenbekovym – 8.

② Президент Казахстана принял министра иностранных дел Кыргызстана Руслана Казакбаева, http：//government. kz/ru/news/prezident – kazahstana – prinyal – ministra – inostrannyh – del – kyrgyzstana – ruslana – kazakbaeva – 3094048.

③ Телефонный разговор глав МИД Казахстана и Кыргызстана, https：//www. gov. kz/memleket/entities/mfa/press/news/details/54795？lang = ru.

④ Телефонный разговор глав МИД Казахстана и Кыргызстана, https：//www. gov. kz/memleket/entities/mfa/press/news/details/69692？lang = ru.

⑤ Министр провел встречи с главами МИД Кыргызстана и Индии, https：//www. gov. kz/memleket/entities/mfa/press/news/details/97398？lang = ru.

战略合作伙伴和盟友，吉尔吉斯斯坦的稳定对哈萨克斯坦来说非常重要。①哈外长特列乌别尔季也在第一时间发表声明，对哈方在吉企业及员工的状况表示关切，并呼吁吉政府采取措施，确保在吉哈公民及企业的安全。②随后，他又就吉尔吉斯斯坦局势做出正式评论，呼吁新组建的吉尔吉斯斯坦政府在当前困难的政治局势下，集中精力恢复稳定，营造经济发展的环境。③

（三）哈土人文交流频繁

近两年来，哈萨克斯坦和土库曼斯坦之间政治互信程度不断提升，双边关系持续稳定发展。2019年10月，哈总统托卡耶夫与土总统别尔德穆哈梅多夫在阿什哈巴德举行会晤，并表示，"哈土两国之间有许多具有前景的合作项目，双方的合作规格也在不断提升"④。2020年12月，哈外长特列乌别尔季同土副总理兼外长梅列多夫举行电话会谈，重申了加强两国政治、经贸和人文合作的共同意愿。⑤

哈土两国在人文领域的交流与合作不断拓展，有助于进一步完善哈土睦邻友好关系。2020年2月，哈驻土大使萨皮耶夫分别同土教育部部长格勒德尼亚佐夫和文化部部长沙穆拉多夫举行工作会谈。会见土教育部部长时，双方就两国教育领域的合作现状和发展前景进行了深入讨论，并就进一步加深教育领域数字化、经验交流、交换生和高校间合作问题交换了意见；会见

---

① Президент Казахстана Токаев поддержал действия Жээнбекова, https：//ru. sputnik. kg/asia/20201013/1050047154/kyrgyzstan – kazahstan – sooronbaj – zhehehnbekov – kasym – zhomart – tokaev. html.

② Заявление Министерства иностранных дел Республики Казахстан о ситуации с казахстанскими предприятиями в Кыргызской Республике, https：//www. gov. kz/memleket/entities/mfa/press/news/details/107306？lang = ru.

③ Официальный комментарий Министра иностранных дел Республики Казахстан Мухтара Тлеуберди по ситуации в Кыргызской Республике, https：//www. gov. kz/memleket/entities/mfa/press/news/details/110337？lang = ru.

④ Токаев провел встречу с президентом Туркменистана, https：//www. kt. kz/rus/state/tokaev_provel_ vstrechu_ s_ prezidentom_ turkmenistana_ 1377890017. html.

⑤ Телефонный разговор глав МИД Казахстана и Туркменистана, https：//www. gov. kz/memleket/entities/mfa/press/news/details/137207？lang = ru.

土文化部部长时，双方对加强两国人文领域的合作问题交换了意见，并就联合举办文艺活动，以及扩大双边文化合作和举办土库曼斯坦"哈萨克斯坦日"活动问题进行了讨论。①哈驻土大使邀请土方积极参与哈国举办的阿尔法拉比诞辰1150周年和阿拜诞辰175周年庆典活动框架下的研讨会，以进一步深化双方在人文领域的交流。

（四）哈塔双边贸易高速发展

托卡耶夫总统就职以来，哈塔双边关系持续深化，双方在经贸领域的合作得到进一步加强。当前，哈塔两国均对双边贸易高速发展的现状感到满意，并强调两国均有足够的潜力进一步扩大经贸合作，两国深化双边合作的意愿十分强烈。

2019年7月，哈政府总理马明对塔进行正式访问期间会见了塔总统拉赫蒙，就深化两国之间的合作前景进行了讨论。② 2020年8月，哈塔举行副外长级磋商视频会议，就两国双边合作的热点问题，尤其是进一步促进经贸和投资合作发展前景问题进行讨论，并指出，必须有效落实已达成的双边共识，在区域和国际组织框架内进行有效合作。③

在哈塔两国政府的大力推动下，哈塔贸易额保持增长趋势。2019年，哈塔两国间的贸易额超7.6亿美元；2020年，在新冠肺炎疫情肆虐的大背景下，哈塔贸易额没有下降，还呈现增长态势，达7.9亿美元。④2020年12月，哈总统托卡耶夫与塔总统拉赫蒙举行电话会谈，对哈塔合作的现状给予高度评价，强调双方有意加强在各个领域的双边

---

① Посол Казахстана провел встречи с министрами Туркменистана, https://www.inform.kz/ru/posol‐kazahstana‐provel‐vstrechi‐s‐ministrami‐turkmenistana_ a3619398.
② Встреча с Премьер-министром Республики Казахстан Аскаром Маминым, http://president.tj/ru/node/20651.
③ Перспективы развития казахстанско-таджикских отношений обсуждены в рамках межмидовских консультаций, https://www.gov.kz/memleket/entities/mfa/press/news/details/90532?lang=ru.
④ 哈萨克斯坦国家统计局官网，https://stat.gov.kz/。

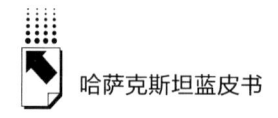

合作。①

托卡耶夫就任总统以来，哈萨克斯坦同中亚邻国的双边、多边合作进展顺利，中亚国家首脑峰会、中亚国家外长会议以及中亚国家副外长会议等会晤平台和机制运行顺利，并渐趋成熟，中亚各国已经形成了基于相互尊重和相互信任原则的紧密合作关系，共同协作处理地区内部的各类事务和问题。2020 年 10 月，吉尔吉斯斯坦议会大选后爆发大规模骚乱。哈萨克斯坦、塔吉克斯坦、土库曼斯坦和乌兹别克斯坦四国总统第一时间发表联合声明，对吉尔吉斯斯坦局势表示关切。声明指出，"吉尔吉斯斯坦的和平与发展是中亚地区安全和持续发展的重要因素，中亚国家拥有共同历史，并正在创造共同未来，在促进地区发展和睦邻友好合作方面，各国将一如既往地支持吉尔吉斯斯坦人民对团结、和平、独立、发展和繁荣的追求"②。值得一提的是，新冠肺炎疫情大流行时期，哈萨克斯坦向乌、吉、塔提供了人道主义援助，得到上述国家的感谢，体现了哈同中亚邻国共克时艰的精神。总体而言，哈萨克斯坦同中亚邻国间睦邻友好的战略伙伴关系，以及基于各国人民长久友谊的双边互动持续发展，维护了地区的长期稳定，促进了本地区一体化进程的深化。

三 积极参加国际组织的活动，推动区域和多边外交政策的实施

《哈萨克斯坦对外政策构想（2020~2030）》指出，"在《欧亚经济联盟条约》框架下与联盟成员国保持密切合作"，"与独联体国家开展多边、双边合作"，"积极参加国际组织在亚洲地区的活动"，是哈区域和多边外交的

---

① Президент провел ряд телефонных переговоров, https://www.akorda.kz/ru/events/international_community/phone_calls/president-provel-ryad-telefonnyh-peregovorov.
② Главы стран ЦА выступили с обращением по ситуации в Кыргызстане, https://ru.sputnik.kg/society/20201009/1049978301/lidery-tsentralnaya-aziya-obraschenie-situatsiya-kyrgyzstan.html.

优先方向。[1] 如今，发展同区域各邻近国家之间的全面互利合作关系，已成为哈外交政策的重点，加强区域合作是哈外交政策主要优先方向之一。近年来，哈萨克斯坦基于平等互利的原则，在国际和区域组织框架内同中国、俄罗斯、美国以及中亚邻国保持了建设性对话，各国间战略伙伴关系和多边合作发展顺利，带动了区域间贸易额的大幅增长，同时也提升了哈萨克斯坦的国际地位和国际影响力。此类国际组织包括欧盟、欧洲安全与合作组织、亚洲相互协作与信任措施会议、欧亚经济联盟、上海合作组织、集体安全条约组织等。

各类国际组织在哈萨克斯坦与各方的双边、多边关系的发展与深化中发挥了重要的平台和纽带作用，有力地推动了哈与各方之间的双边、多边合作的发展。托卡耶夫总统上台以来，哈积极举办、参与各类国际组织的活动，并同各国就上述组织的相关活动及时沟通并交换意见。仅2019年托卡耶夫总统便出席了9个国际会议，其中包括在比什凯克举行的上海合作组织峰会、在杜尚别召开的亚洲相互协作与信任措施会议和欧亚经济联盟非正式峰会、在阿什哈巴德举行的独联体国家元首理事会会议、在索契举行的瓦尔代国际辩论俱乐部年会、在鄂木斯克举行的哈俄地区间合作论坛和集体安全条约组织集体安全理事会会议等。

（一）欧盟及欧洲安全与合作组织

作为重要的国际组织，欧盟倍受哈国领导人的重视。在《哈萨克斯坦对外政策构想（2014~2020）》中，"哈萨克斯坦将继续努力发展同哈最大经贸、投资伙伴——欧盟的全面关系，缔结关于扩大伙伴关系与合作的新协定，放宽签证制度，以逐步过渡到哈萨克斯坦和欧盟公民的免签制度"[2]。

---

[1] О Концепции внешней политики Республики Казахстан на 2020–2030 годы, https://www.akorda.kz/ru/legal_acts/decrees/o-koncepcii-vneshnei-politiki-respubliki-kazahstan-na-2020-2030-gody.

[2] Концепция внешней политики на 2014–2020, http://kzkazan.ru/ru/vneshnjaja-politika/kontseptsiya-vneshnej-politiki-na-2014-2020/.

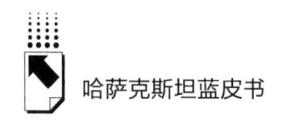

《哈萨克斯坦对外政策构想（2020~2030）》指出，"扩大与欧盟及其成员国的伙伴关系和合作"①。

哈国领导人希望借助欧盟的广阔平台，参加亚欧大陆上的各类一体化进程。欧盟是哈萨克斯坦主要的贸易和投资伙伴，哈萨克斯坦是欧盟在中亚地区最大的贸易伙伴。数据显示，"2020 年，哈萨克斯坦与欧盟的贸易总额为 247 亿美元，2019 年为 315 亿美元"②，"2018 年为 377 亿美元，2017 年为 300 亿美元，2016 年为 241 亿美元"③。

2019 年，哈萨克斯坦与欧盟的关系迈入新阶段。2019 年 11 月，哈外长特列乌别尔季在会见欧盟驻中亚事务特别代表布里安时表示，2019 年是双边关系重要的一年，因为通过了新的中亚战略，并完成了 2015 年 12 月 21 日签署的《哈萨克斯坦与欧盟扩大伙伴关系与合作协定》的批准程序。④ 哈萨克斯坦与欧盟于 1999 年签署《伙伴关系与合作协定》，双方于 2011 年启动谈判，就协定修改、进一步扩大双边关系进行磋商。2014 年 10 月谈判结束，2015 年 12 月 21 日签署协定。新协定于 2016 年 5 月开始试行，陆续获得哈萨克斯坦、欧盟各成员国及欧洲议会的批准。2019 年 11 月，哈副外长瓦西连科在布鲁塞尔举行的圆桌会议上确信，随着新协定的全面生效，哈萨克斯坦与欧盟的关系将获得全新的动力。⑤ 2020 年 3 月 1 日，《哈萨克斯坦与欧盟扩大伙伴关系与合作协定》正式生效。至此，哈萨克斯坦成为首个与欧盟完成扩大伙伴关系新协议签署、批准和生效的中亚国家，这将促进双

---

① О Концепции внешней политики Республики Казахстан на 2020 – 2030 годы, https：//www.akorda.kz/ru/legal_acts/decrees/o – koncepcii – vneshnei – politiki – respubliki – kazahstan – na – 2020 – 2030 – gody.
② 哈萨克斯坦国家统计局，https：//stat.gov.kz/。
③ Расширяется сотрудничество Казахстана с Европейским Союзом, https：//www.gov.kz/memleket/entities/mfa/press/news/details/39529？lang = ru.
④ Казахстан примет активное участие в разработке региональных программ Европейского Союза в Центральной Азии, https：//www.gov.kz/memleket/entities/mfa/press/news/details/35635？lang = ru.
⑤ Сотрудничество между РК и ЕС получит новый импульс, https：//www.gov.kz/memleket/entities/mfa/press/news/details/35683？lang = ru.

方之间经贸与投资合作的持续增长。

"中亚－欧盟"机制是哈方与欧盟互动的重要平台。2020年6月，哈外长特列乌别尔季出席"中亚－欧盟"部长级视频会议，就新冠肺炎疫情全球大流行对国际政治和经济进程造成的影响，以及"中亚－欧盟"模式进一步深化发展的前景等问题进行了深入讨论。① 哈外长特列乌别尔季就欧盟向哈南部水灾地区提供的人道主义援助表示了感谢。2020年11月，哈外长特列乌别尔季出席"中亚－欧盟"外长视频会议，就共同应对新冠肺炎疫情、恢复贸易和投资以及区域欧盟项目的优先方向等进行了讨论。②

哈萨克斯坦同欧安组织较早建立了联系。1992年，哈萨克斯坦成为欧安组织成员国，并相继签署了《赫尔辛基协议》和《巴黎宪章》。哈方视欧安组织为维护地区乃至全球安全与稳定的重要平台，因此积极参与该组织的活动。2019年7月，哈外长阿塔姆库洛夫会见欧安组织主席莱恰克，双方就在努尔苏丹成立欧安组织专题中心进行了讨论。③ 2019年9月，哈外长特列乌别尔季在纽约会见欧安组织秘书长格雷明格时强调指出，作为欧安组织的积极成员，哈萨克斯坦准备扩大与本组织所有成员国的合作，以保障欧安组织空间的安全和稳定发展，同时致力于共同努力解决区域和全球问题。④ 2019年10月，在哈首都努尔苏丹举行的欧安组织阿富汗问题圆桌会议上，哈外长特列乌别尔季表示，"中亚的未来同阿富汗的和平稳定发展密不可分"，"向阿富汗提供援助历来是哈萨克斯坦对外政策的主要优先事项之一"，他提请与会者关注哈总统托卡耶夫的倡议，即在哈

---

① Глава МИД Казахстана принял участие в видеоконференции «Центральная Азия – Европейский Союз», https://www.gov.kz/memleket/entities/mfa/press/news/details/71900？lang＝ru.
② О Министерской встрече «Центральная Азия – Европейский Союз», https://www.gov.kz/memleket/entities/mfa/press/news/details/123737？lang＝ru.
③ 《外长阿塔姆库洛夫会见欧安组织主席莱恰克》，哈通社，2019年7月9日，https://lenta.inform.kz/cn/article_a3546079。
④ Казахстан продолжит активное участие в деятельности ОБСЕ, https://www.gov.kz/memleket/entities/mfa/press/news/details/32604？lang＝ru.

萨克斯坦建立欧安组织专题中心。① 2019 年 12 月，哈副外长瓦西连科在出席欧安组织外交部长理事会会议时向与会者介绍了哈首任总统、民族领袖纳扎尔巴耶夫提出的三方对话倡议，并讨论了亚信与欧安组织在加强区域间合作和跨大陆安全方面的互动前景。② 2019 年 12 月，哈萨克斯坦代表团出席欧安组织外交部长理事会会议并在讲话中提议，"为了推动国际组织间的协同合作，共同应对欧亚大陆上各类威胁，可按照哈首任总统、民族领袖纳扎尔巴耶夫倡导的'3D'（三方对话）模式，扩大欧安组织与亚洲相互协作与信任措施会议之间的合作"③。2020 年 12 月，哈外长特列乌别尔季出席欧安组织外交部长理事会视频会议，并呼吁参会者共同努力建立欧亚－大西洋共同安全空间。④

（二）亚洲相互协作与信任措施会议

亚信是 1992 年 10 月 5 日由哈首任总统纳扎尔巴耶夫在第 47 届联合国大会上倡议建立的亚洲安全问题论坛。哈萨克斯坦视亚信为增强区域内国家间关系、提高哈国际地位的重要平台，并为提高亚信在国际社会的权威性和有效性而持续努力。

托卡耶夫总统就职后，哈萨克斯坦开始着力推动亚信会议结构化建设，并在此框架下同各国开展外交往来，促进地区的繁荣、和平与稳定。2019 年 6 月，亚信第五次峰会在杜尚别举行。会议期间，哈总统托卡耶夫会见了塔总统拉赫蒙。托卡耶夫总统表示，哈塔两国在许多国际组织和平台上相互支持，哈方今后也仍将继续坚持该立场。同时，托卡耶夫总统倡议提升亚信的有效

---

① В Нур-Султане обсуждены перспективы многостороннего сотрудничества между ОБСЕ и региональными организациями для дальнейшего развития Афганистана, https://www.gov.kz/memleket/entities/mfa/press/news/details/33296?lang=ru.
② В ОБСЕ высоко оценивают вклад Казахстана в продвижение ценностей организации, https://www.gov.kz/memleket/entities/mfa/press/news/details/37193?lang=ru.
③ 《哈萨克斯坦代表团出席欧安组织外长理事会会议》，哈通社，2019 年 12 月 7 日，https://lenta.inform.kz/cn/article_a3592439。
④ Мининдел Казахстана принял участие в СМИД ОБСЕ, https://www.gov.kz/memleket/entities/mfa/press/news/details/131292?lang=ru.

性：“我呼吁所有的朋友和合作伙伴，为提升亚信会议的国际竞争力和有效性而共同努力。亚信应该能够在国际上展示和保卫自己的利益。要实现这一目标，我们需要逐步地、阶段性地进行改革，使其成为一个完整的地区性组织。"① 事实上，2014年，哈首任总统纳扎尔巴耶夫就曾提议将亚信转变为亚洲安全与发展组织。这一提议得到了许多成员国的支持。目前，亚信转变为一个机构性组织的所有条件均已完备，法律基础已经成熟，具有完整的组织架构。

2020～2022年，哈萨克斯坦担任亚信会议轮值主席国，其主要工作方向是进一步推进亚信会议的结构化。2020年9月，在亚信成员国外长在线会议上，塔吉克斯坦向哈萨克斯坦转交亚信会议轮值主席国职务。哈外长特列乌别尔季提出了哈在担任轮值主席国期间的立场和倡议，并表示将努力推进亚信会议的结构化，以期进一步扩大成员国之间的合作关系，提高其在国际社会上的地位。② 此外，哈方还将推动托卡耶夫总统2019年在杜尚别峰会上提出的设立亚信部长理事会、亚信专项基金和亚信分析中心的倡议。可以说，亚信会议已成为区域内各国联合抗击新冠肺炎疫情、讨论国际和区域热点问题的重要平台，对于推动地区和平发展具有重要意义。

（三）欧亚经济联盟

哈萨克斯坦首先倡议并发起欧亚联盟。1994年，时任哈总统的纳扎尔巴耶夫在莫斯科大学演讲期间提出欧亚联盟的概念。他很早便"呼吁建立经济一体化"③，还指出："没有一体化也就没有发展，想达到文明境界的民族必须牢牢地掌握一体化的缰绳。"④ 在哈领导人的不懈努力下，俄、白、

---

① Президент Казахстана принял участие в V саммите СВМДА, https://www.akorda.kz/ru/events/international_community/foreign_visits/prezident-kazahstana-prinyal-uchastie-v-v-sammite-svmda.

② Казахстан принял председательство в СВМДА, https://www.gov.kz/memleket/entities/mfa/press/news/details/102042?lang=ru.

③〔哈〕努·纳扎尔巴耶夫：《前进中的哈萨克斯坦》，哈依霞译，民族出版社，2000，第94页。

④〔哈〕努·纳扎尔巴耶夫：《前进中的哈萨克斯坦》，哈依霞译，民族出版社，2000，第2页。

哈三国总统于2014年5月29日签署《欧亚经济联盟条约》。2015年1月1日，欧亚经济联盟正式启动。2015年8月12日，吉尔吉斯斯坦加入欧亚经济联盟。目前，欧亚经济联盟有成员国5个，观察员国2个。2019年5月，哈首任总统纳扎尔巴耶夫当选欧亚经济委员会名誉主席。他致力于完善欧亚一体化机制，实现联盟同其他一体化倡议的对接。《哈萨克斯坦对外政策构想（2020~2030）》指出，"在《欧亚经济联盟条约》框架下与联盟其他成员国保持密切合作，完善联盟谈判机制，维护国家长期利益"①。如今，欧亚经济联盟已成为欧亚区域内最重要的经济一体化组织。

在欧亚经济联盟的框架下，哈俄、哈吉经济合作关系进一步深化，双边、多边互动频繁。据统计，2020年，俄罗斯依然是欧亚经济联盟中与哈萨克斯坦贸易量最多的国家，占比达92.4%。② 哈吉在欧亚经济联盟框架下的经贸合作也得到强化，贸易量占比为4%。③ 吉还是哈主要的汽油出口目的国，占哈对欧亚经济联盟成员国汽油出口总额的96.4%。④ 与此同时，乌已于2020年12月11日获得欧亚经济联盟观察员国的身份，未来与哈在该组织框架下的经济合作前景良好，地区经济一体化进程将不断深入。

哈俄两国均极为重视发掘和利用欧亚经济联盟的潜力，两国在该组织框架下的经贸合作极为密切，双边合作持续深化、扩展。2020年2月，哈总统托卡耶夫会见到访的俄总理米舒斯京时指出，此次访问对在欧亚经济联盟框架下两国战略和合作关系的发展具有重要意义，并谈及了欧亚经济联盟的

---

① O Концепции внешней политики Республики Казахстан на 2020 – 2030 годы, https://www.akorda.kz/ru/legal_acts/decrees/o-koncepcii-vneshnei-politiki-respubliki-kazahstan-na-2020-2030-gody.
② 根据哈萨克斯坦国家统计局官网（https://stat.gov.kz/）的数据，2020年哈俄贸易总额将近182亿美元，哈与欧亚经济联盟贸易总额超过197亿美元。文中百分比为笔者计算得出。
③ 根据哈萨克斯坦国家统计局官网（https://stat.gov.kz/）的数据，2020年哈吉贸易总额将近8亿美元。文中百分比为笔者计算得出。
④ 《哈萨克斯坦2020年汽油出口量增长10倍》，哈通社，2021年1月26日，https://www.inform.kz/cn/2020-10_a3745161。

进一步发展问题，强调逐步消除各种阻碍，以确保货物、服务、资本和劳动力自由流动的必要性。① 米舒斯京表示，"俄罗斯与哈萨克斯坦通过兄弟般的伙伴关系和盟友关系联系在一起，两国经贸和投资合作发展迅速，区域合作和商业联系不断得到加强；在欧亚经济联盟、集体安全条约组织、独立国家联合体和上海合作组织等多边合作组织当中，两国都发挥着领导作用"②。

欧亚经济联盟框架内的合作问题也是哈俄政府总理历次会谈的重要议题。2019年6月，哈总理马明同俄总理梅德韦杰夫通电话，就进一步深化两国在欧亚经济联盟一体化组织框架内的合作问题进行了探讨。2020年12月，欧亚经济联盟各成员国元首通过《2025年前欧亚经济一体化发展战略方向》，未来将在多个领域实施近330项措施。③ 显然，这将为哈萨克斯坦深化同俄罗斯、中亚邻国的战略伙伴关系提供更多的机会。

（四）独立国家联合体

独联体一直是原苏联地区讨论各种问题的重要平台，也是颇受哈国重视的发展对外关系的机制之一。作为独联体成员国，哈萨克斯坦积极参加独联体的各项活动，力求在该框架内巩固同俄罗斯、中亚邻国的关系，共同应对面临的威胁，维护全球和区域内的和平与稳定，促进双边、多边的互谅、互信，进而保障哈国的主权和独立。2019年10月，哈总统托卡耶夫出席了独联体国家元首理事会会议，就独联体框架下的多边合作问题同其他国家的领导人交换了意见。与此同时，哈外长特列乌别尔季参加了独联体外长理事会会议。会议通过的《加强独联体国家外交机构之间伙伴关系行动纲领》有

---

① 《托卡耶夫总统会见俄罗斯总理米舒斯京》，哈通社，2020年2月1日，https://www.inform.kz/cn/article_a3610061。

② Глава государства встретился с Председателем Правительства России Михаилом Мишустиным，https://www.akorda.kz/ru/events/glava-gosudarstva-vstretilsya-s-predsedatelem-pravitelstva-rossii-mihailom-mishustinym.

③ 中华人民共和国商务部：《欧亚经济联盟通过〈2025年前欧亚经济一体化发展战略方向〉》，2020年12月17日，http://www.mofcom.gov.cn/article/i/jyjl/e/202012/20201203024100.shtml。

助于加深独联体成员国之间在巩固和平方面的合作，确保全球和区域的稳定与安全，并促进采取公正的集体办法解决危机局势。① 2020年12月，托卡耶夫总统参加了独联体国家元首理事会视频会议时指出，"应建立一个国际生化安全机构，联合抗击新冠肺炎疫情，并进一步实现独联体区域内的贸易自由化，寻求更多互利合作的方式和机会，同时在环境保护和数字经济领域开展法律协调工作"②。

除亚信、欧亚经济联盟和独联体外，哈萨克斯坦还积极参与上海合作组织、集体安全条约组织等国际组织的活动，力求在多边结构内协调工作，推动双边、多边关系的稳步发展。

在上合组织框架内，哈致力于维护地区的和平与稳定，开展广泛和务实的国际合作。2019年6月，哈总统托卡耶夫出席上合组织成员国元首理事会第十九次会议并在讲话中指出，"在国际关系体系转变的大背景下，上合组织成员国应继续加强信任、建设性对话和互动，并拓展本组织的巨大经济潜力，同时确保区域安全、打击恐怖主义和保障网络安全"③。2020年11月，哈总统托卡耶夫在上合组织成员国元首理事会第二十次会议上的讲话中表示，"上合组织是维护地区合作与互信的有效机制，各国应就共同抗击疫情、协作打击'三股势力'、深化务实合作和维护本地区安全稳定等问题给予特别关注"④。

---

① 《独联体成员国外交部长理事会会议在阿什哈巴德举行》，哈通社，2019年10月11日。https：//www. inform. kz/cn/article_ a3574372/amp。

② Касым-Жомарт Токаев принял участие в заседании Совета глав государств СНГ, https：//www. akorda. kz/ru/events/akorda_ news/akorda_ other_ events/kasym - zhomart - tokaev - prinyal - uchastie - v - zasedanii - soveta - glav - gosudarstv - sng - 1？ q = % D0% A1% D0% 9D% D0% 93.

③ Президент Казахстана принял участие в заседании Совета глав государств - членов Шанхайской организации сотрудничества, https：//www. akorda. kz/ru/events/international_ community/foreign_ visits/prezident - kazahstana - prinyal - uchastie - v - zasedanii - soveta - glav - gosudarstv - chlenov - shanhaiskoi - organizacii - sotrudnichestva？ q = % D0% A8% D0% 9E% D0% A1.

④ Выступление Президента Казахстана Касым-Жомарта Токаева на заседании Совета глав государств-членов ШОС, https：//www. akorda. kz/ru/speeches/external_ political_ affairs/ext_ speeches_ and_ addresses/vystuplenie - prezidenta - kazahstana - kasym - zhomarta - tokaeva - na - zasedanii - soveta - glav - gosudarstv - chlenov - shos？ q = % D0% A8% D0% 9E% D0% A1.

哈视集体安全条约组织为维护自身安全，促进地区稳定的重要平台。1992年，哈成为该组织创始国之一。1994年，哈俄双方签署《哈俄军事合作条约》，哈俄结成同盟，哈边境由两国军队共同驻防，其领空由俄罗斯负责保卫。军事领域的交流与合作在哈俄战略伙伴关系和同盟关系中占有重要地位。2020年10月，哈俄签署新的军事合作协议，双方将在军事领域加强合作，并深化在国际组织框架下的军事合作。哈总统托卡耶夫积极参加集安组织的相关会议，如2020年12月2日，在集体安全条约组织集体安全理事会会议上，他对俄在纳卡问题中的调解工作表示高度赞赏，并指出，"参加集安组织的活动是哈外交政策的优先事项之一，集安组织作为国家间合作的有效机制，在新冠肺炎疫情大流行的背景下对于确保地区安全与稳定方面发挥了积极作用"[1]。

此外，作为新兴的外交平台，"中亚+俄罗斯"外长会议在哈萨克斯坦强化同俄罗斯、中亚邻国关系中发挥着重要的纽带作用。2020年10月，哈外长特列乌别尔季出席了"中亚+俄罗斯"第三次外长会议。哈外交部表示，鉴于世界政治、社会、经济和环境问题的现实化，该平台对于巩固各方努力克服新冠肺炎疫情大流行造成的负面后果具有特别重要的意义。会议审议了中亚国家和俄罗斯之间贸易、经济和能源领域合作的前景，在过境运输领域实施"中亚+俄罗斯"形式的重要举措，以及公民流动性和欧亚地区流行病学情况的问题，还讨论了中亚各国卫生和环境系统面临的挑战，尤其强调了加强文化和人道主义合作的问题。[2]

综上可见，2019~2020年，哈萨克斯坦与中国、俄罗斯、美国和中亚邻国的外交往来密切，双边、多边关系发展呈现良好态势。近些年，国际和地区形势发生了深刻变化。在此背景下，为了形成良好的外交政治环境，维

---

[1] Президент Казахстана принял участие в сессии Совета коллективной безопасности ОДКБ, https：//www.akorda.kz/ru/events/akorda_news/meetings_and_sittings/prezident-kazahstana-prinyal-uchastie-v-sessii-soveta-kollektivnoi-bezopasnosti-odkb.

[2] Многоплановое взаимодействие Центральной Азии и России, https：//www.gov.kz/memleket/entities/mfa/press/news/details/109816？lang=ru.

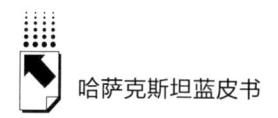

护本国的独立和主权，哈国政府明确了本国的国际定位和外交目标，一如既往地重视同中国、俄罗斯、美国及中亚邻国的外交关系，以求扩大合作、维护地区的和平与稳定。哈积极参与多个区域和国际组织的工作，并在此类框架内扩大同各国的外交接触与经贸合作，从而丰富了国家间交往的内容与形式，深化了双边、多边伙伴关系。鉴于周边复杂多变的地缘政治环境，哈将继续同中国、俄罗斯、美国和中亚邻国保持密切的外交接触与往来，力求在增进了解、信任的基础上，深化同上述国家在各领域的务实合作，促进地区一体化进程的发展。

B.5
疫情对哈萨克斯坦的主要影响及其应对措施[*]

李睿思[**]

摘　要： 2020年，新冠肺炎疫情快速席卷全球，给世界政治经济秩序带来冲击。哈萨克斯坦作为中亚地区经济体量最大的国家，也受到疫情的冲击和影响，在社会经济发展多领域均出现不同程度的发展危机。为应对疫情，哈政府积极应对并采取相应措施，但疫情仍使哈国内治理能力不足、经济结构不合理、医疗卫生领域投入不足和非传统安全威胁突出等发展问题被放大。在疫情影响下，哈国内正在经历的发展变化对中哈"一带一路"合作也产生诸多影响。

关键词： 哈萨克斯坦　国家治理　"一带一路"　新冠肺炎疫情

自2020年初开始，新冠肺炎疫情以迅猛的发展态势席卷全球大多数国家。突发的公共卫生危机成为对各国政府综合治理能力的全面考核，在放大原有社会经济发展矛盾的同时，也带来了新的危机与挑战。受疫情强烈冲击的影响，全球主要经济体均出现不同程度的经济衰退现象，地区冲突也出现

---

[*] 本报告系2019年度国家社科基金重大项目"上海合作组织命运共同体构建研究"（批准号：19ZDA130）成果之一。
[**] 李睿思，中国社会科学院俄罗斯东欧中亚研究所中亚与高加索研究室助理研究员，教育部人文社科重点研究基地华东师范大学俄罗斯研究中心兼职研究员。

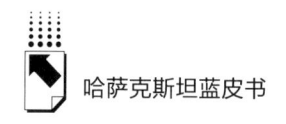

加剧趋势。普京曾提出,世界已经处于重重危机叠加和集中爆发的前夕,如果世界再次出现类似二战的混乱局面,世界文明则将面临毁灭性的灾难。目前在世界部分国家已经出现经济危机,个别国家因内部矛盾无法弥合已经出现政局动荡的局面。全球秩序在疫情的冲击下面临重组和重建的命运。中亚国家自独立以来,政治、经济和安全等领域存在发展弊端和潜在风险,疫情使这些问题逐渐暴露并加剧。哈萨克斯坦作为中亚地区经济体量最大的国家,在此次危机中也受到巨大冲击和影响。

一 疫情对哈萨克斯坦的影响

2020年3月13日,哈萨克斯坦官方通报发现新冠肺炎确诊病例。此后,疫情开始在全境传播。确诊病例出现后,哈政府高度重视疫情发展形势,宣布从3月16日起开始全国进入紧急状态。虽然哈政府实施严格的抗疫和防疫措施,但由于民众的重视程度不够,隔离和限制措施收效有限,疫情仍保持快速发展。5月11日,哈政府宣布全国紧急状态结束,随着民众开始恢复正常生活秩序,人群聚集活动逐渐频繁,哈疫情开始加速传播,并在6月中下旬出现第二波疫情高峰。第二波新冠肺炎疫情伴随着不明肺炎、鼠疫等传染性极强的疾病使哈疫情形势进一步严峻。6月,首任总统纳扎尔巴耶夫宣布确诊,一度引起国际社会的关注,议会下院议长、卫生部部长也先后确诊感染。哈卫生系统一度有1/3的公务员因患病或隔离无法正常开展工作。鉴于疫情的猛烈反弹形势,哈政府被迫宣布从7月5日起重新启动隔离和限制措施控制疫情蔓延。2020年下半年,哈政府虽然通过建立方舱医院、扩大医疗用品进口与生产以及加强国际医疗卫生救援与援助等措施积极治理疫情,但患病人数仍保持增长。截至2021年1月31日,哈累计确诊病例186711例,为中亚地区确诊病例人数最多的国家。

疫情对哈社会经济发展产生了全方位影响,加上多重不利的宏观经济和国际市场因素,虽然国家的支持措施能够减缓疫情带来的负面影响,但不同领域的企业出现普遍低迷的发展态势，经济复苏需要较长时间才能实现。除经济领域外，日益尖锐的社会问题也被疫情激化，由货币贬值、行业不景气带来的社会普遍低迷的消极情绪加剧了民众对政府的不满。

（一）政治领域

在疫情初期，哈整个公共管理体系遭受冲击，特别是医疗卫生、社会保障、教育、数字和基础设施等领域。托卡耶夫总统曾于2020年7月在政府扩大会议讲话中谈到，新冠肺炎疫情加速哈国内失衡。①政府虽然采取多项措施旨在控制疫情、保障民生，但是民众普遍对地方和中央政府产生不满。

（二）经济领域

受疫情影响，在全球需求总量下降、能源价格下跌、边境封锁、航班停飞、生产链断裂以及商品与服务的供应中断，全球大多数国家的财政收入急剧下降，给世界经济带来了巨大冲击，并形成大规模的经济安全风险。

（1）经济增速放缓，重点行业损失惨重。哈国民经济部4月2日宣布，2020年哈国内生产总值将达到69.7万亿坚戈，比2019年减少0.9%。4月，国际货币基金组织预计2020年哈经济将萎缩2.5%。而哈扶持经济的反危机措施资金规模已达到GDP总量的8.7%，经济形势十分严峻。2021年1月，世界银行发布的《全球经济展望》报告认为，哈经济2021年有望保持正增长，但无法达到危机前4.5%的增速水平，预计全年商品和服务生产增长2.5%。② 疫情给哈服务业造成沉重打击，旅游、餐饮、宾馆和交通等经

---

① 《托卡耶夫主持召开政府扩大会议》，中华人民共和国驻哈萨克斯坦共和国大使馆经济商务处，http：//kz.mofcom.gov.cn/article/jmxw/202007/20200702982177.shtml。
② 《世界银行发布哈萨克斯坦经济预测报告》，中华人民共和国驻哈萨克斯坦共和国大使馆经济商务处，http：//kz.mofcom.gov.cn/article/jmxw/202101/20210103030523.shtml。

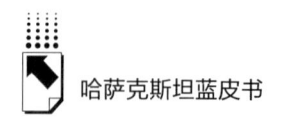

营情况较差，从业者收入大幅度减少。

（2）疫情导致财政收入锐减，支出大幅度提高，国家已拨款5.9万亿坚戈用于抗击新冠肺炎疫情。其中，国家预算支出为3.49万亿坚戈，预算外支出为2.46万亿坚戈，这些总额约占2019年GDP的9%。因实施限制和隔离措施、石油和服务等重点行业收入减少，哈财政收入大幅度缩减。为缓解疫情对国民生活的影响，哈政府出台一系列补贴和激励措施，这些措施带来的后果是政府财政压力持续增大。

（3）受货币贬值和国际金融市场影响，哈通胀率居高不下。在第一波疫情下，坚戈兑美元的汇率达到了426∶1。2020年7月，哈通胀率为7.1%，食品价格上涨了11.4%。在最新发布的世界银行报告中，世行指出哈食品价格上涨的因素除本币贬值外，还有民众担心断供而囤积商品造成需求上升。根据基准场景预测，预计2021年哈通胀率为6.6%，2022年为5.9%。[1]

（4）防范和隔离限制措施使中小企业经营举步维艰。受疫情蔓延和紧急状态措施的影响，哈80%的企业财务状况出现恶化。哈企业协会预计国内1/3的企业面临破产危机，主要集中在旅游业和餐饮业。受企业经营不善和倒闭的影响，哈失业和贫困问题更加尖锐。疫情对奇姆肯特市、阿拉木图市、图尔克斯坦州和曼格斯套州的中小企业经营状况影响很大，所涉及的行业包括餐饮业、宾馆酒店业和房地产业等。[2]

（三）外交领域

疫情加剧大国在欧亚地区的博弈。中亚地区一直以来都是世界主要大国关注的重点区域。哈一直奉行务实平衡的外交政策。疫情给世界各国的经济发展带来冲击，也使中美俄三国在中亚地区的外交重点和策略发生微妙变

---

[1] 《世界银行发布哈萨克斯坦经济预测报告》，中华人民共和国驻哈萨克斯坦共和国大使馆经济商务处，http：//kz.mofcom.gov.cn/article/jmxw/202101/20210103030523.shtml。
[2] 《疫情冲击哈萨克斯坦中小企业就业市场》，https：//baijiahao.baidu.com/s？id=1672858106414586076&wfr=spider&for=pc。

化。疫情迫使哈加大对外医疗和卫生领域的合作，包括接受国际组织和国家的医疗物资和专家援助，在疫苗研发与生产方面加大交流合作等。2020年3月9日，托卡耶夫签署命令批准《哈萨克斯坦对外政策构想（2020~2030）》。该文件对今后十年哈外交领域活动的原则、宗旨、目标、优先事项和机制进行了明确规定，并首次提出将巩固本国在中亚地区的领导地位，维护中亚地区的长远利益。哈今后在推行多元平衡外交政策的同时，势必会在地区事务和国际冲突与争端中扮演更积极的角色。

（四）安全领域

突如其来的疫情为哈国内抗议活动和极端主义的滋生创造了条件。哈国家安全出现新的威胁与挑战，包括社会治安、网络安全、粮食安全、经济安全、国土安全、恐怖主义威胁、公共卫生安全和社会生产安全等。

（1）恐怖主义开始招募和吸纳青年人从事犯罪活动。因疫情采取隔离和封闭措施，居家隔离的青年人，特别是大城市的青年人空闲时间增多。恐怖主义和极端主义团伙借网络和社交媒体宣传恐怖主义思想，青年加入有组织犯罪集团或宗教极端主义组织、参加未经许可的抗议活动的风险大大上升。通过分析社交网络的大数据，哈安全部门发现在哈采取隔离措施期间，极端宗教活动逐渐活跃。由于很多人失去稳定收入，产生悲观和绝望的情绪，恐怖分子利用大众心理，将宣传活动重点放到17~35岁的年轻人群体。

（2）恐怖主义威胁上升，危害国家安全。世界各国的安全机构虽然每年积极开展工作，但全球恐怖主义指数仍在急剧升高。从2016年至2019年，哈全球恐怖主义指数排名不断上升，从第92位上升至2019年的第85位。2020年上半年，哈国家安全委员会共成功阻止4次恐怖主义活动。疫情使恐怖主义和极端主义犯罪活动从线下向线上转移。以跨国制毒和贩毒为例，因疫情阻断的线下人员往来改为网上下订单，贩毒者通过快递包裹的形式把毒品送到买家手上。

（3）网络空间安全问题迫在眉睫。疫情对中亚地区国家的数字和网络

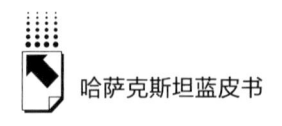

安全进行了集中考验，由于生活方式发生改变，社会生产、管理和商贸等领域大量运用数字和互联网技术，网络安全问题也逐渐浮现。疫情期间，人们生产生活依赖网络和电子通信等高科技手段，犯罪分子利用人工智能和生物识别系统漏洞窃取公民个人隐私和生物识别信息，给公民名誉、个人财产和国家信息安全等带来威胁，并造成经济损失。

（4）粮食安全威胁民生。哈农业部部长奥玛洛夫表示，哈国内共有粮食1020万吨，其中小麦780万吨，现有粮食储备能够确保全国5～6个月的稳定供应。2020年4月13日，哈农业部发布命令，临时禁止荞麦和土豆等十几项农产品出口，哈农业部将根据供需和库存情况，以及各地方政府和相关协会的建议，核定出口配额及保供量。4月26日，哈农业部宣布恢复进口中国水果。若疫情持续蔓延，哈粮食供应压力恐将加剧。

（五）社会民生

疫情对哈社会民生领域也产生了一系列的影响，具体包括以下方面。一是失业、收入下降和人口流失与迁徙。商业活动的停滞使企业和家庭的财务状况恶化，失业人口增多的风险加大。哈阿塔梅肯企业家协会认为，企业至少需要两年的时间才能恢复到疫情暴发前的发展规模。青年就业问题仍然很尖锐，政府多年的"改革"对国民教育水平产生了连带影响。哈萨克斯坦的青年人集中在海关、银行、金融和法律等"体面"的行业就业，国内劳动力市场面临饱和的发展困境。此外，居民从小城镇向特大城市的大规模迁徙已成为民生领域的突出问题。哈劳动力市场在人口、产业和地区方面都存在发展不平衡的现象。二是疫情的快速传播给哈人民的身体健康带来威胁，新冠肺炎疫情导致公民直接和间接死亡给家庭带来沉重打击。全国医疗系统集中力量抗击疫情，哈医疗资源严重匮乏导致患有其他疾病的公民无法及时得到救治，给公民的生命和财产安全造成损失。三是公民债务危机逐渐出现。根据国民经济部统计委员会和国家银行的数据，哈个人债务占每年人均名义收入的比例为32%。据统计，在全国920万从事经济活动的人口中，其中750万人有贷款，占比约为81.5%。2019～2020年个人贷款增加了1.4

万亿坚戈，个人贷款总额为 6.7 万亿坚戈，偿还全部贷款的能力值得怀疑。目前，根据统计，哈法人和自然人欠银行近 20 万亿坚戈，该数额等于哈两年的国民预算。如果公民因疫情导致的失业和贫困不再有能力偿还贷款，很多人将日益陷入债务危机。家庭经济环境恶化的另一个直接后果是居民生活水平下降、家庭支出预算减少和生育欲望降低，随之而来的人口生育率下降问题将更加难以在短时间内得到改善和扭转。

二 疫情发展趋势及哈萨克斯坦国内应对措施

截至 2021 年 1 月 5 日，哈阿特劳州、巴甫洛达尔州、北哈萨克斯坦州、阿克莫拉州、科斯塔奈州、努尔苏丹市和阿拉木图市仍为疫情"黄区"，哈国内疫情形势十分严峻。

疫情在哈发展的趋势主要有以下几种可能性，第一种可能性是疫情与流行性感冒和其他季节性传染病叠加，使疫情造成的影响加剧。在这种情况下，哈目前国内形势稳定，基本可以应对疾病和疫情带来的冲击，具体表现为国家政权能够在宪法的框架内维持秩序，虽然有反对派组织希望借助疫情抨击政府工作效率和能力的问题，但影响力有限，基本在国家政权的掌控范围内。在这种情况下，哈政府可以通过改善国内经济发展状况、加强民生福利、吸引投资、促进就业和援助社会弱势群体等途径，提高人民生活水平的同时巩固政权。第二种可能性是疫情在冬季传播速度加快，日均感染人数居高不下并持续一段时间后，感染人群占总人口的比重上升，最终接近群体免疫。与此同时，哈医疗卫生系统也可能陷入瘫痪。在这种情况下，由于社会内部矛盾加剧以及精英团体分化和分裂，民众对政府的信任度将迅速下降，失业增加和贫困化加剧将导致青少年犯罪增多、宗教极端主义组织开始活跃。此外，新媒体加快信息传播，使国家稳定性大大降低。新媒体（博客、社交软件等）由于不受当局的监管，为居民反抗情绪的上涨和发泄提供了渠道。反对派通过网络发动民众参加非法集会和宣传政治主张，目标是动摇当权者，实现政权更迭。第三种可能性是新冠病毒在哈长期存在。

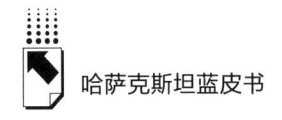

疫情防控对执政阶层产生持续的压力，民众对政府的信任度将出现下降趋势，反抗情绪容易被外部反对力量和非政府组织利用，加剧精英阶层的争斗与分化。

疫情出现后，哈政府采取措施积极应对疫情，采取的措施有防疫抗疫、经济复苏和边境管理等多方面。

一是成立专门的疫情防控工作协调机构，指挥和监督防疫抗疫工作的展开和进行。2021年3月16日，根据总统托卡耶夫的官方声明，哈鉴于疫情传播和蔓延的严重程度，已成立"特别专家指挥部""跨部门委员会""国家紧急状态委员会"，对国内防疫和抗疫工作进行最高级别的统一指挥。

二是在人员流动和公民活动方面实行严格的管理措施，公布相关规定，如实施"封城"政策，对特定地区和特定人群开展特定活动进行限流管理。同时禁止体育、文化类的大型群众性聚集活动的举行和审批工作，在出入境人员的管理上，严格限制哈公民和外国人跨境入境。

三是采取措施严格控制疫情的外部输入。具体包括2021年1月23日，哈首席卫生医师称，不建议哈公民近期赴华旅行，并在声明中提出了具体的疫情防控和病毒防范指南。1月27日，哈宣布关闭中哈霍尔果斯国际边境合作中心，并且宣布与中国接壤的大部分检查站停止工作。此后，于4月4日起，哈还宣布关闭了除与土库曼斯坦之外所有的边境口岸，最大程度上减少了疫情的外部输入压力。

四是加强防疫和抗疫所需物资用品的生产工作，为防疫抗疫工作提供物质保障。哈工业和基础设施发展部指出，截至4月27日，哈口罩日产量已达100万只，基本完成预期目标。在医疗人员方面，哈政府注重加强医疗队伍的派送工作，向阿特劳州派出102名防疫专家支援当地疾病治疗工作。与此同时，哈政府在关键医护用品上实施限价政策，如将一次性三层医用口罩最高零售限价从118坚戈降至85坚戈。在解热类和抗菌类药物储备工作方面，哈政府采取集中采购的方式保障药品供应并向各地区按需有序分发。在相关医疗设备方面，哈各地方政府还紧急采购了将近3000台制氧机保障患者的氧气供应。

五是采取多项反危机措施保证经济运行，最大限度减少经济损失，支持民生。疫情期间哈中小企业倒闭严重，随着企业倒闭，大批失业人群成为不稳定因素。针对此类现象，哈政府提出允许企业延期还贷，贷款重组如果需要政府协助，哈政府将出面制定相关方案缓解企业资金压力。此外，哈政府还推出政策旨在推行优惠贷款项目、扩大流动资金规模、减免税收和增加融资项目等措施，对稳定哈经济发展发挥重要作用。

六是积极寻求外部援助开展多方医疗合作缓解国内疫情防控压力。疫情发生初期，哈借鉴我国疫情防控做法，与我国保持医疗救助上的不间断沟通，随着疫情防控压力逐渐增大，哈提出在医疗人员支援、防疫抗疫物资和远程医疗等方面与我国保持合作。同时，哈在域内多边合作平台也积极开展对话，如欧亚经济联盟和上海合作组织等，在疫情数据共享、援助物资申请和调配等方面，哈始终保持对外合作的态度，对有效防控疫情作出贡献。

三 疫情对中哈合作的影响及应对建议

哈萨克斯坦是我国的永久全面战略伙伴，疫情给中哈合作带来考验和机遇。在疫情发生初期，哈国内政界就国际社会针对我国疫情的指责表示，支持中方的抗疫决定和采取的措施。2020年3月24日，中哈元首进行电话沟通，哈方在肯定中国抗击疫情取得杰出成就的同时，表示愿意加强与中方的防疫和抗疫合作，争取早日战胜疫情，继续推进深化两国的永久全面战略伙伴关系，推动"一带一路"高质量发展。

受疫情影响，中哈在建项目出现周期变长、资金回收风险变高等问题，为规避疫情给中哈合作带来的风险和损失，应注意加强以下几个方面的工作。一是注重与哈方建立多领域对话渠道，特别是在疫情背景下应重视建立防疫和抗疫"应急对话机制"，加强与哈在突发公共卫生事件方面的沟通与协调，加强医疗卫生领域合作。现阶段，疫情在全球蔓延的趋势尚未得到有效抑制，随着病毒变异和传播速度逐渐加快，医疗系统的压力也持续增大。

2020年11月，我国在上合组织框架下提出将推动构建"卫生健康共同体""安全共同体""发展共同体""人文共同体"，加强与哈在公共卫生安全和医学研究领域的深入合作，将为地区卫生健康和公共卫生安全提供切实保障。加强中哈医疗领域的研究合作和产业合作，现阶段主要包括疫苗的研发与生产、传统医学等合作。二是关注哈疫情后经济复苏计划及重点扶植和发展的行业领域，拓展与哈在数字经济发展、跨境金融合作和产品开发、交通和基础设施建设等方面的合作。疫情给哈萨克斯坦政治经济发展带来较大影响，但哈并未改变总体经济发展战略和目标。中哈合作在疫情复苏的背景下出现新的增长点，受疫情打击较为严重的交通运输业、旅游业等急需恢复，也为我国企业在哈拓展合作思路提供新机遇。哈农业受疫情、农产品运输、春季播种、进口数量下降等因素影响，哈今后将重点关注粮食安全、数字农业发展和家庭农场等问题。三是重视开展中哈民间交流与合作，促进青年群体的交往与相互了解。青年接受新事物能力较强且思维活跃，是社会中有创造力和活力的群体，促进双方青年群体的交流有利于巩固民间友谊和文化交流，有利于减少因文化和历史等差异造成的心理隔阂，有助于实现民心相通。

结　语

2020年，哈萨克斯坦受疫情蔓延的影响，政治、经济和安全等领域均出现不同程度的发展危机与挑战。哈是中亚地区的重要国家，也是我国的重要邻国。在大国博弈和国际政治经济格局进入深度调整的重要阶段，以哈萨克斯坦为代表的中亚地区国家在地缘政治和区域经济领域中均扮演着关键角色。疫情发生以来，哈原有的经济结构单一、医疗卫生领域投入不足等问题被持续放大，为应对疫情对哈造成的负面影响，哈政府积极采取疫情防控措施，加大财政投入支持医疗卫生发展和保障民生，对经济领域重点行业继续推行各项改革，打击疫情下恐怖主义和极端主义的新型犯罪，继续奉行平衡的外交政策和多边合作。总体而言，2020年哈总体保持了稳定，但政权背后的不稳定性因素依旧存在，经济多元化发展尚未达到预期发展目标，在地区安全和多边外交领域，哈面临中美俄三国角力的持续压力。为保证政治稳定、实现经济复苏、保障民生福祉以及在国际舞台上争取更大的发展空间都将是哈在近期内面临的几个主要问题。中哈两国间不断升级的伙伴关系表明，双方应在加深政治互信的基础上，不断拓展哈疫情后经济复苏的合作契合点和增长点，如在发展数字经济、科技创新与应用、发展新型农业、反恐合作、交通和基础设施建设及服务升级等方面加强合作，共同维护地区稳定，促进经济发展，改善民生，彰显地区大国应有的担当。

专 题 篇
Special Topics

B.6
美国中亚新战略——地缘政治对抗的策略

蔡艳彬　〔哈〕拉菲克·塔伊洛夫*

摘　要： 中亚是美国与地缘政治对手或竞争者进行博弈的主要区域之一。在对外战略中，美国将中亚视为对其具有独特价值的地区，美国中亚战略更具有进攻性。美国中亚战略的重点是创建一个越来越依赖阿富汗局势的地区，最大限度地吸引中亚国家参与到阿富汗问题及南亚事务中，并与中亚区域邻国及美国的竞争者——俄罗斯、中国、伊朗进行对抗。

关键词： 美国　中亚战略　地缘政治

---

* 蔡艳彬，西北大学丝绸之路研究院研究员；〔哈〕拉菲克·塔伊洛夫，哈萨克斯坦军事战略研究所副所长。

前不久，美方分析认为，中亚国家的战略价值很大程度上取决于前往阿富汗的特遣队及货物的过境，有无其他过境路线的问题。由下列三起事件激发了美国对中亚的兴趣：中国日益参与地区经济事务；俄罗斯不断加强与中亚国家的关系；美国大选。

中亚成为美国重要的地缘战略区域，是美国对抗中国的场所之一。美国政府为落实自己的策略实施了一系列相互关联的活动：第一，通过《美国中亚战略2019~2025》；第二，美国国务卿蓬佩奥到哈萨克斯坦及乌兹别克斯坦进行了访问（2020年2月），在塔什干进行了中亚五国外长C5+1会议；第三，美国与阿富汗塔利班签署了协议（2020年2月29日）；第四，美国积极与欧洲国家和其盟国进行私下游说，让它们参与到全方位对抗中国的活动。

一 2019~2025年美国的中亚战略

在对外战略中，美国将中亚视为对其具有独特价值的地区。《美国中亚战略2019~2025》显示，美国已经对该地区投入了大量资金：国家层面直接援助90亿美元，私人投资310亿美元，美国参与的国际机构（世界银行、国际货币基金组织和其他组织）对该地区进行了500多亿美元的贷款及技术援助。特别指出，美国投入了9000多万美元强化中亚国家的边界，举行了200场军事演习，提高了2600多名边防军人的技能水平。4万名来自中亚地区的中学生、大学生、专家及公务员到美国进修或学习。

美国中亚战略的重点是创建一个越来越依赖阿富汗局势的地区，最大限度地吸引中亚国家参与到阿富汗问题及南亚事务中，并与俄罗斯、中国和伊朗进行对抗。

美国距离中亚地区遥远，与中国的经济参与度和俄罗斯的军事政治影响力相比，额外（美国战略制定者的观点）推动中亚国家的人才与美国开展合作，能比莫斯科和北京拥有更大的回旋余地。需要指出的是，在美国中亚

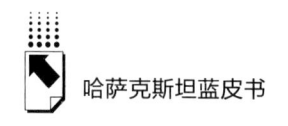

战略的文本中，未将伊朗看成美国的对手，任一版本的美国中亚战略都未公开阐明反伊朗的内容，但从实质上看，反伊朗与那些旨在反对俄罗斯与中国利益的活动一致。

美国的中亚战略更具有进攻性，与以往相比，反华活动使地区的多元外交政策在实施中更复杂，需要更细致地计算行动来平衡外部竞争者之间的利益。实际上在减少进一步推行多元外交政策的可能性，并缩减外交理念修订的必要性。具体表现在，例如，2020年2月1日蓬佩奥对哈萨克斯坦的访问和声明就明显有反华性质。哈萨克斯坦官方的沉稳立场和未对蓬佩奥的声明做出评价，这都证明了哈萨克斯坦的中立立场。但与其说蓬佩奥声明的听众是哈萨克斯坦政府，不如说是哈萨克斯坦社会的民粹主义者及亲西方的非政府社会组织成员。在美国的支持下，中亚国家的反华情绪在个别阶层中突显。

同时，中亚国家与美国合作取得的成效甚微。尽管如此，执政者也不会拒绝与美国的合作。

（1）美国会支持国内反对派及落实不同形式的"颜色方案"，包括利用激进宗教团体。

（2）对试图摆脱美国影响的国家进行制裁（类似的先例有安集延事件及2005年美国从乌兹别克斯坦撤出军事基地后的美乌关系时期）。

（3）美国通过国际银行系统对中亚国家的财政资源进行监控，而且针对国家资源（外国银行账户、SWIFT清算系统等）及中亚国家政治领导层和精英的私人银行账户进行监控。

战略的主要纲要，总体来说，可以被认为是以前类似"大中亚"（或者C5+1）战略的新版本。美国领导层把中亚视为中美对抗时中国的"阿喀琉斯之踵"，是可以使中国失败的地方，但不是战术层面的，而是战略层面的失败。原因如下：安全的"能源枕头"，因为中国要从哈萨克斯坦、土库曼斯坦及乌兹别克斯坦进口能源；贸易路线，这些线路连接中国与欧洲，因此中国减少了对海路的依赖（美方认为海路受美国控制，美国也可以完全切断海路）；中亚靠近中国的新疆地区。

二 中亚五国外长 C5+1 会面

体现 C5+1 参与者官方和公开意图的主要内容如下。

——加强互信、协作，开展卓有成效的合作，进一步把中亚建设成为强大、团结、独立和繁荣的地区。

——支持协商一致的地区项目，该项目旨在加强贸易、交通物流及基础设施之间的联系，促进企业发展，以及扩大中亚国家商界与美国的商业及投资联系。

——发展及强化中亚国家在能源领域的合作，包括可再生能源领域的合作，以及支持适应气候变化的国家计划。

——制定旨在改善该地区科技、社会及创新发展的建议及倡议，以及强化地区旅游潜力。

——扩大人文及教育联系。

——发展保障边境安全的合作，中亚地区各边防局共同努力打击跨境违法犯罪活动，如大规模杀伤性武器扩散、极端主义、非法移民、人口贸易及非法毒品贸易，充分发挥中亚地区信息协调中心的作用。

——加强就外国恐怖武装分子的威胁进行对话，分享打击恐怖主义及暴力极端主义的先进经验。

——在推动阿富汗和平进程，政治协调阿富汗局势的问题上支持互利合作，以及强化中亚国家与阿富汗的经贸、交通与基础设施联系。

实际上，在塔什干通过的宣言是美国国务卿蓬佩奥提出的，是美国新的中亚政策。

需要重点指出的是，印度在所有这些规划方面发挥着重要作用，可以推测，美国将利用印度这个"王牌"，在中亚地区创建新的协作模式，目的是加大印度的地缘政治及地缘经济的影响力来抗衡中国。考量印度在中亚地区的活跃度，印度暂时不能被视为对中亚地区具有重大影响力的国家，如果印度的活跃度达到一定水平，其将会成为中亚整个地区发

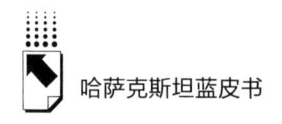

生重大冲突的因素。印度活跃的基本原因，除了印度自身发展需要外，还希望抵消中国的影响力，印度的这一想法很大程度上得到美国的支持。

与美国和以色列紧密合作的印度，不能被直接视为对中亚地区积极的竞争者。同时，印度本国的外交政策很独立，遵循本国的国家利益尤其是经济利益。对印度来说最大的利益是实现"南—北"国际交通走廊项目，该项目能促进里海沿岸国家、中亚国家、俄罗斯与在阿曼湾、波斯湾及印度洋有出海口的国家合作。美国没有对恰巴哈尔市进行任何制裁，该市对印度开放，间接证实中国与印度之间的博弈，巴基斯坦与印度之间的对抗激化，这是美国地区政策的任务之一，完全体现了反伊朗的性质。

中亚国家领导层支持印度活跃有两个原因：一是传统地区想要进行多元外交，希望持续平稳发展，几乎中亚所有国家都依赖中国和俄罗斯；二是自动遵循美国战略，印度与中亚在阿富汗平台上的合作正是"大中亚"项目复兴的构想。因此可以预料到，在不久的未来，美国在该地区加大活动力度的背景下，三方拓展到四方：美国、阿富汗、乌兹别克斯坦和印度，"中亚-印度"对话是补充的，应该提高吸引力，让其他中亚国家参与到这个进程中。还可以提出试图创建可管理的地缘政治轴心塔什干—新德里的假设（或者是塔什干—喀布尔—新德里）。

印度和乌兹别克斯坦这两个国家发挥的作用不同，当然在这样的背景下，首先对于美国来说，这两国都应该成为阿富汗局势的缓和剂，但是不排除乌兹别克斯坦及印度在阿富汗获取本国利益。这应该可以使美国减少干预阿富汗的事务，不仅整体上减少军事干预，还包括减少美国在阿富汗事务上的开支。

土库曼斯坦在这些事务中发挥的作用较小，土库曼斯坦的潜力不能与乌兹别克斯坦相提并论，它只是这些方案中的补充。还可以推测出，土库曼斯坦对乌兹别克斯坦有一些刺激作用，推动乌兹别克斯坦领导层在美国倡导的方面开展活动。

三　美国与塔利班之间的协议

2020年2月底，美国与阿富汗塔利班签署了和平协议，其中规定美国军队将从阿富汗撤军，并开始阿富汗之间的对话。但是，不同形式的会面表明美国在执行自己的方案，美国将使谈判进程陷入僵局，使阿富汗的政治局势一直处于不确定的状态。在任何时候，美国都可能成为阻碍谈判、甚至使谈判破裂的因素，尤其是拜登就任总统以后。美国暗地里部分缩减美国陆军参谋部人数，并由私营军事公司代替美国军队。该策略是要组建一支私营军事公司的"隐形军"，并受美国的监督管理，使其成为影响阿富汗国内政治局势的主要工具。

同时，美国正在考虑让外国特遣队参与到阿富汗事务中的可能性，该外国特遣队可以执行地方任务，旨在落实美国的规划及方案。在这方面，美国同印度、沙特阿拉伯和乌兹别克斯坦的谈判是谨慎而隐蔽的。美国的外交政策将无法解决自己的任务——在阿富汗的外部势力中保持优势地位，对喀布尔政府实施有针对性的控制，保持在阿富汗制造可控冲突的可能性，这将保留喀布尔对美国援助的持续需求。

未来美国的长期优先任务是制造可信服的理由及可重复的借口来维持其在阿富汗的军事参与度，可能的话，还要提高其在阿富汗的军事参与度。中亚国家在这一规划中发挥着重要作用，这适用于作为主要区域国家的乌兹别克斯坦和哈萨克斯坦。美国加强操控塔什干在阿富汗的立场，这也使美国扩大参与阿富汗事务的盟友圈子，同时，根据美国的策略，要降低俄罗斯、中国及伊朗在阿富汗协作中的重要性。

关于中亚的地缘政治及地区参与者，及其参与对抗中国的态度（见表1）。这里需要注意的是，根据国家双边及多边关系的外交政策，专家从地缘政治、地区对手和竞争对手角度，对抗衡中国的风险标准是从0到10进行评估的。"高等级"风险范围是8~10，"中等级"风险范围是为5~7，"低于中级"的风险范围为2~4，"低等级"风险范围是0~1。

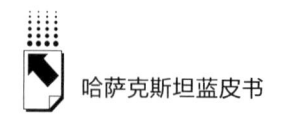

表1 中亚的全球及地区竞争者及其对"一带一路"的评价

国家	外交政策		抗衡中国的评价
	对中国的态度	简短内容	
美国	进攻性的	中亚被美国视为中美对抗时中国的"阿喀琉斯之踵"。美国努力将本国与中国的部分冲突转移到中亚国家的国内政治中。此外,美国制定了可替代的全球基础设施方案"蓝点网络"(Blue Dot Network)来封锁中国的物流倡议。	高等级
欧盟	消极的	欧洲国家与中国签署了"一带一路"框架下的谅解备忘录。欧盟与中国有共同利益,但是,近期有一种幕后游戏的趋势——美国向欧盟施压,要求它参与到与中国的对抗中。	低于中级
印度	不友好的	印度是美国同中国对抗的武器。对印度来说最大的利益是实现"南—北"国际交通走廊项目,该项目能促进里海沿岸国家、中亚国家的合作。	中等级
土耳其	友好的	2010年之后,中国与土耳其之间的关系升级为战略伙伴关系,两国关系得到进一步发展。 2016~2019年,中国对土耳其投资了30亿美元,计划在一年内,将投资的额度增加一倍。尽管土耳其制定了"突厥斯坦统一体",复兴"奥斯曼帝国"的政策,该政策也包括中亚地区。	低等级
日本	消极的	日本的区域政策结合了自己的利益和美国规定的共同利益。	中等级
俄罗斯	友好的	俄罗斯并没有将自己定位为抗衡"一带一路"建设的竞争者,俄罗斯在中亚的非经济活动中没有任何反华言论。	低等级
伊朗	友好的	大多数情况下,伊朗想参与"一带一路"建设,因为这符合本国与中亚国家建立紧密互利合作关系的利益。	低等级
沙特阿拉伯	消极的	尽管沙特阿拉伯政府与美国维持着紧密关系,但近几年来,中国与沙特阿拉伯的合作处于高水平阶段,沙特阿拉伯在中国投资的项目很多。此外,还能促进瓦哈比主义在中亚的传播。瓦哈比主义被视为维护本国地缘政治利益及在伊斯兰世界建立领导权的关键因素。	中等级

说明:①从中期来看,美国将一直对抗"一带一路",并将拉拢印度、沙特阿拉伯及日本参与到对抗中;②印度是美国的"王牌",美国利用印度在中亚地区创建新的协作模式,目的是增加印度的地缘政治及地缘经济影响力来对抗中国;③美国通过当地的爱国人士及非政府组织,对中亚国家的政治精英长期施压。

资料来源:笔者总结整理而成。

四 形势总体评价

2019~2020年，美国进行的一些区域政策及一些倡议深受政治精英的追捧：C5+1、跨境能源项目CASA-1000、TAPI、TUTAP和跨里海天然气管道项目。美国这些项目的实质是在除俄罗斯、伊朗和中国占优势外的其他方向上对参与该地区发展的国家进行重新分类。中亚地区国家的精英们尽管怀疑大多数项目的前景，但是这些项目有利于本国减少对俄罗斯及中国的依赖。

拜登竞选规划是基于同中国结束贸易摩擦。在经济方面，拜登是中美合作的拥护者。同时，在非经济领域，民主党及拜登本人是反华活动的支持者，尤其是极力支持中国及其他国家国内的分裂运动及其他激进运动。美国支持的激进运动策略上的一些变化可能是，将针对中国的激进运动从中国境内转移到其他国家，包括针对"一带一路"建设的运动。

综上所述，在不久的将来，美国急剧改变本国在中亚的外交政策，试图将中亚国家纳入到自己的影响力范围内，组成一个"反华及反俄罗斯集团"，从而将中亚从俄罗斯及中国的影响力范围内分离出来。为达到上述目的，美国会在一些国家利用非政府组织以及亲西方的力量抹黑中俄政府。

B.7
地缘政治条件变化下的哈萨克斯坦：预测和结论

付子阳 〔哈〕拉菲克·塔伊洛夫*

摘　要： 在新冠肺炎疫情大流行的背景下，全球经济和政治方面的许多严重问题使2020年国际局势变得更加严峻。由于国际边境封锁和其他限制性措施引起的经济危机，国家之间的关系极度紧张。世界和地区发生的一系列事件影响到或者将会影响到哈萨克斯坦的国家安全，乃至整个中亚区域的安全。内部因素、外部因素相互作用，一定程度上主导着哈萨克斯坦的未来发展方向。对外部因素和内部因素进行比较分析，将能够在地缘政治动荡的情况下预测哈萨克斯坦的中期局势。

关键词： 哈萨克斯坦　地缘政治　国家安全

2020年，由于新冠肺炎疫情在全球范围内暴发，引发经济下滑、政治焦虑以及国际关系的紧张。现在，国际组织的官员们描绘了一幅惨淡的画面：人类正面临着饥荒，传染病的加剧，各种暴力的升级——从家庭暴力、大规模抗议和内战，到国家之间的区域军事冲突。要了解世界和地区发生的一系列事件是怎样影响到或者将来会影响到哈萨克斯坦的国家安全，乃至影

---

* 付子阳，西北大学丝绸之路研究院硕士研究生；〔哈〕拉菲克·塔伊洛夫，哈萨克斯坦军事战略研究所副所长。

响到整个中亚区域的安全,可从外部和内部因素的"痛点"角度来看待这些问题。对外部因素和内部因素进行比较,将能够在地缘政治动荡的情况下预测哈萨克斯坦的中期局势。

一 外部因素对哈萨克斯坦的影响

外部因素将主要以四个方面呈现:混合战争、强硬外交和软性强制手段;对外经济领域;信息领域;安全领域的制度陷阱。提出的每个方面都包含某些风险,这些风险与美国对中亚国家尤其是对哈萨克斯坦的外交政策有关。

(一)混合战争、强硬外交和软性强制手段

在过去一年中的东欧国家,白俄罗斯爆发伴随着与非法武装分子冲突的抗议活动,政府大楼被突袭,包括吉尔吉斯斯坦总统在内的高级别官员辞职,纳戈尔诺-卡拉巴赫地区战火重燃,这是乌克兰东部冲突的温床。此外,在中亚,以中美贸易摩擦、制裁和与俄罗斯的混合(代理人)战争为背景,美国开始大肆策划鼓动反华和反俄言论,这些都给整个中亚以及每个国家的安全状况造成影响。

该地区正成为美国实施反对中国和俄罗斯行动的舞台,这些行动在美国《美国中亚战略2019~2025》中都有明确规划。战略目标是减少中国和俄罗斯在中亚的影响,这意味着,美国将依靠其在中亚各国内部政治事务中的主导地位,在所有所谓的"中俄势力范围"内制造障碍。

在西方的外交活动中,相对于中亚国家而言,该地区各国在决定其地缘政治选择上表现出强硬的措辞,因为在当今矛盾的条件下,各国都需要可靠的伙伴。

(二)对外经济领域

应该承认的是,美国不能在地缘政治上对该地区施加影响,但是它可以

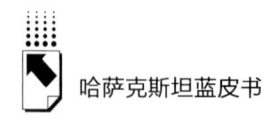

并且已经准备通过美国国际开发金融公司（DFC）在中亚进行投资和融资，以发挥杠杆作用。DFC是美国推行外交政策和维护国家安全的工具，也是美国公司在发展中国家进行私人资本投资以实施"蓝点网络"计划的金融机构，"蓝点网络"计划旨在对抗中国"一带一路"倡议的全球基础设施项目。

"蓝点网络"计划的基本前提是，美国希望把中亚地区纳入对抗中国的地带，就像它们正在摆布所谓的印度洋—太平洋地区战略一样，试图纠集一些国家（印度、澳大利亚、日本和韩国）结成反华集团。也就是说，美国要考虑到该地区国家的特点——这些国家在总体上不能发挥与中国政治平衡的重要作用，但是美国领导人希望其作为毗邻新疆的地区给中国带来更多难题。

在中亚"蓝点网络"计划的第一阶段，美国战略家在其影响范围内包括了两个国家——哈萨克斯坦和乌兹别克斯坦。这并非偶然——哈萨克斯坦和乌兹别克斯坦是中亚地区的领头羊，地理位置对美国而言具有战略意义。此外，这里已经形成了年轻一代，他们在美国和欧洲国家接受了西方意识形态和观点的高等教育。例如，目前在哈萨克斯坦有一万多名接受"博拉沙克"国际奖学金项目的人，这些是经常说英语和受全球化影响的年轻人。

在美国和欧洲的高校中接受过教育和培训的人们正开始在自己国家的权力机构中迅速晋升，在国企和私营部门中都担任领导和有影响力的职位。一个明显的例子是乌兹别克斯坦投资和对外贸易部、阿斯塔纳国际金融中心和DFC在2021年1月7日发表的关于建立通过"C5＋1"平台运作的《中亚投资伙伴关系》倡议。根据该倡议，这三方将在五年内各投资5亿美元，以支持私营部门项目的发展和中亚的经济发展。DFC负责人指出，如果中亚国家在经济上不依赖任何一个国家，则"该地区将会稳定"。此外，DFC通过与哈萨克斯坦和乌兹别克斯坦签署双边谅解备忘录，并寻找支持投资基金和其他双边项目的机会，继续深化与中亚的双边伙伴关系。

无法确切地说出这将如何影响中亚国家的生活。美国是否准备好转移生产技术并将哈萨克斯坦和乌兹别克斯坦纳入全球附加值产业链，从而让它们在国外市场上找到自己的位置，这是一个大问题。但是，利用中亚这两个国家作为反对中国和俄罗斯的跳板，这一意图变得更加明显。

（三）信息领域

从2017年开始，美国国会拨款5亿美元，用于中亚所谓的"中俄恶意势力范围"内的所有领域，其中大部分资金都流向美国和欧洲伙伴国控制下的中亚国家地区性非政府公共机构的网络。

此外，在新冠肺炎疫情迅速传播的背景下，西方情报部门已经开始积极运作，在战略和战术范围内开展信息和心理行动。目的是"煽动"包括中亚在内的国家，形成仇外情绪。

美国关注中亚国家中产和贫穷阶层意识形态的改变，每年都会大力投资中亚媒体。2018年，一家美国机构公布了一项额外的1500万美元的赠款计划，用于与整个中亚的媒体合作，具体细节尚未披露。例如，在吉尔吉斯斯坦，每年通过美国国际开发署（USAID）为这些需求拨出500万美元——拨给"互联新闻"（Internews）非政府组织项目的运营商、"Kloop.kg"、"Kaktus.media"信息网站和许多其他媒体。在哈萨克斯坦，非政府组织——索罗斯基金会和自由之家及"Атажұрт Еріктілері"（阿塔祖特）在塑造涉及中国形象方面扮演着"急先锋"的作用。

2019年，许多媒体对中国的负面报道数量激增。2020年对外国媒体进行的监测显示，俄语、哈萨克语和吉尔吉斯语中已发布的包含仇外内容的负面信息数量比上一年增加了25%。和以前一样，仇外言论在涉及境外资金的网站页面上最为活跃，其中包括："自由之声电台"、"Current Time TV"和"西伯利亚媒体"（Сибирь. Реалии）；CNN；"自由亚洲电台"（Radio Free Asia）；《独立日报》（The Independent）；"bne IntelliNews"德语版；英国在线平台——"Opendemocracy.net"；美国非政府组织——"Freedom Now"。

自由之声电台中心办公室以中亚国家为受众，制作综合的反华内容，并将这些内容分发到地方媒体。公开批评中国的则是与在哈萨克斯坦和吉尔吉斯斯坦工作的一些非政府组织有联系的当地公民。这些组织具有几个

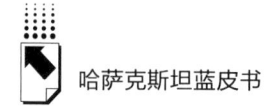

共同点——它们获得了美国和包括英国在内的许多欧洲国家的财政支持，并且还参与了该国政治领域的"实施人权保护项目"。反华工作的重点是批评关于中国新疆维吾尔自治区少数民族的政策。结果是，在哈萨克斯坦和吉尔吉斯斯坦这两个与中国合作最紧密的中亚国家中，发生了"反华抗议活动"。

（四）安全领域的制度陷阱

显然，美国及其盟国不希望上海合作组织和集体安全条约组织变得强大。毕竟，这直接威胁到它们在欧亚大陆的利益。因此，还有另一个动摇中亚局势的机会，利用新冠肺炎疫情相关的信息使中国与邻国之间产生隔阂。

在每个东欧国家中，都有亲西方的外国代理人，包括那些在政治和国家职位上的代理人，这些代理人以一定的频率用丑陋的沙文主义言论激怒社会，这对任何人来说都不是秘密。例如，最著名的事件是俄罗斯国家杜马代表维亚切斯拉夫·尼科诺夫和叶甫盖尼·费德罗夫关于对哈萨克斯坦的领土主张的声明。

为了赢得政治关注，哈萨克斯坦境内的激进民族主义者准备将个别俄罗斯代表的"帝国主义话语"膨胀到政治丑闻的程度，指责俄罗斯哈萨克人是"第五纵队"，并且在某些情况下，开始对说俄语的人群进行网络骚扰。幸运的是，这些行为在哈萨克斯坦社会中并不受欢迎，而且大多只是口头攻击。

此外，加强美国与中亚国家的军事技术合作，哈萨克斯坦也不例外。2020年底，据媒体报道，美国国务院已通知美国国会批准向哈萨克斯坦出售两架配备有情报、监视和侦察（ISR）系统的"King Air B300ER Scorpion"飞机以及成套的传感器、雷达和其他设备，总金额为1.281亿美元。

在此，美国外交政策和国家安全的利益可以秘密实现，具体如下。

其一，美国在哈萨克斯坦领土上的战略利益首先是与俄罗斯和中国的影响力相关的，美国认为中国是其主要的地缘政治对手。

其二，在哈萨克斯坦领土上，有独联体统一防空系统的组成单元，俄罗斯国防部的训练场和俄罗斯租借的拜科努尔航天发射场。

其三，美国很可能对"先锋导弹"俄罗斯战略导弹部队综合体感兴趣（其位于与哈萨克斯坦相邻的俄罗斯奥伦堡州），新西伯利亚战略导弹部队的"亚尔斯"移动地面导弹系统，鄂木斯克战略导弹部队的俄制PC-20B洲际弹道导弹。这些军事设施对于哈萨克斯坦上空的"King Air B300ER Scorpion"飞机而言并无作用，因为该飞机具有外部"控制"的特性，配备了远程高分辨率多状态监视雷达和宽带电子侦察能力。

这会引发什么？举一个例子，挪威空军在2015年购买了一批美国第五代F-35战斗机。根据挪威军方自身的估计，购买的F-35战斗机向美国"报告"了每一次的飞行任务情况，因此购买两架"King Air B300ER Scorpion"飞机的行为可能会使友好邻国警惕哈萨克斯坦，包括两个被美国直接称为对手的国家（中国和俄罗斯）。当然，这可能会给哈与集体安全条约组织成员国的关系带来困难。简要总结如下。

第一，很明显，那些"不准备"与美国建立伙伴关系的中亚国家，可以在社会民主过渡的背景下通过发起"颜色革命"机制来感受美国民主的全部力量。最终目标是为政治体制的变化创造先决条件，或者使该地区沿邻国的边境变成不稳定的地带。

第二，仇视情绪将不断出现，"一带一路"项目的实施将非常困难，有必要不断要求地方政府全方位奉公守法。此外，美国领导层对中亚国家的胁迫，可能迫使它们遵守美国制定的规则，从而损害中国和俄罗斯的利益。这是由白宫以前的政府领导的，以后将由拜登领导。

第三，中亚国家政府推行全方位政策变得越来越困难，必须在竞争性地缘政治参与者之间进行选择。

二 影响哈萨克斯坦局势的内部因素

值得注意的是，外部因素并不是破坏该地区稳定的关键，而只是起到催

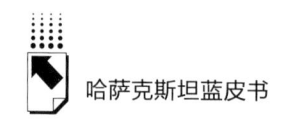

化剂的作用，因此，需从内部因素出发，研究哈萨克斯坦的国内局势。可从以下两个方面进行解析：经济和社会领域；国内威胁与挑战。

（一）经济和社会领域

1. 经济领域

全球能源需求减少和价格下降、边境封锁、航班和旅行取消、商品和服务的供应链断裂和预算收入的急剧减少导致哈萨克斯坦陷入经济危机。

尽管努力实现经济多元化发展，但石油产业仍然是哈萨克斯坦的主要部门，产值约占哈萨克斯坦国内生产总值的15%，占其出口额的一半以上，占政府收入的40%以上。在新冠肺炎疫情期间，原料价格和商品需求下降严重影响了经济增长、出口和政府收入。国家基金的储备有助于经济发展，但如果油价持续下跌，国家基金只能维持两到三年。

哈萨克斯坦的农业和制造业已不再是经济的主要部门——一直有大量的工人涌入服务业，目前服务业从业人口约占劳动力总数的60%。制造业部门的就业份额大致保持在2001年的水平。农业在该国国内生产总值中所占份额为4.5%——这是过去十年（自2010年以来）的平均值。同时，该国14%的劳动人口从事农业生产。1995年，农业产值占该国GDP的比重为14.6%。

传统上，经济可持续性的先决条件是中小企业的发展。在许多发达国家GDP构成中，中小企业产值占GDP的比重为50%或以上，受雇于中小企业的劳动力占比为60%~75%；在哈萨克斯坦，中小企业产值占GDP的比重约为30%，可为330万人提供就业机会（占总就业人口的37%）。

现在，哈萨克斯坦银行存在三个主要不确定因素：石油价格、汇率和新冠肺炎疫情大流行。

石油收入减少和财政整顿导致财政状况恶化。2020年的国家预算支出将几乎是预算收入的两倍（不包括来自国家基金的拨款）。

坚戈的高波动性限制了哈萨克斯坦对货币政策工具的使用。2020年3月初，哈萨克斯坦提高了基准利率，以维持石油价格下跌后的坚戈汇率水平。随后,坚戈兑美元的汇率不断下跌。2020年,哈萨克斯坦通胀率为7.1%,食品价格上涨了11.4%。

经济增长前景恶化可能对哈萨克斯坦银行的业绩造成负面影响,贷款增长率持续较低,不良资产的恢复时间增加,其份额仍然很高,占贷款总额的20%~23%,并可能在2021年显著增加。

2. 社会领域

随着紧急状态和防疫措施的出台:约30万家公司暂停营业;100万家公司直接受到疫情的影响,主要是服务和贸易部门;超过160万人被迫无薪休假;14万~15万家公司在二级银行的贷款申请延期;450万人获得社会补贴,平均金额为42500坚戈(有800万人申请),实际上占经济活动人口的49%。

在哈萨克斯坦,大多数人没有储蓄的传统。疫情发生之后,失业率居高不下,经济复苏缓慢,许多公民不得不再次贷款。对于大多数哈萨克斯坦人来说,小额贷款或发薪日贷款是其生存策略的一部分。

根据国民经济部统计委员会和国家银行的数据,每年个人债务与人均名义收入的比率约为3:10。该国有920万人从事经济活动,其中750万人有贷款。2019~2020年,个人贷款增加了1.4万亿坚戈,总额达到6.7万亿坚戈,其全部还款额值得怀疑。目前,法人及个人欠银行近20万亿坚戈,这几乎是国家年度预算的两倍。

失业率上涨和贫困人口增加是威胁哈萨克斯坦稳定最主要的因素。根据哈萨克斯坦劳动和社会保障部的官方统计,疫情期间国内失业人数增加了8倍,因此,截至2020年2月1日,登记的失业人数为2.7万人;到8月1日,登记的失业人数为21.9万人。如今,13.1万个家庭处于贫困线以下,获得国家有针对性的援助。

近10年以来,哈萨克斯坦的官方失业率最低为4.8%。这与对"失业"和"自雇"的理解并不是一回事有关。应用经济学研究中心的数据显示,在哈萨克斯坦26%的人是自雇者。专家认为,自雇是现代劳动市场不可分割的一部分,大多数自雇者都不是问题,也不属于"失业"的范畴。

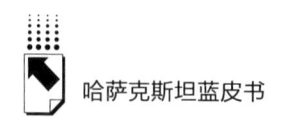

其他人认为,"自雇者"这个术语也包含失业人数,全国有超过270万人失业。

(二)国内威胁与挑战

1. 恐怖主义活动和极端主义

哈萨克斯坦每年都在努力提高其在全球恐怖主义指数中的排名。早在2016年,哈萨克斯坦排名第92位(由于2016年6月至7月阿克托比市和阿拉木图市遭受恐怖袭击),而在2017年,升至第67位,2018年为第75位,2019年该国排名第85位。

2020年,国家安全委员会的工作人员仅在上半年就在恐怖袭击的早期准备阶段,阻止了4次实施恐怖行为的企图,与2019年相比(3次企图)增加了1次,在哈萨克斯坦的4个城市(卡拉干达、塔拉兹、阿拉木图和努尔苏丹)抓捕了恐怖分子。

尽管政府采取了与新冠肺炎疫情有关的防疫措施,但哈萨克斯坦破坏性的宗教流派思想活跃。极端分子煽动人们反对政府,反对传统社会,并宣传自己破坏性的想法。最容易受到破坏性宗教流派影响的是17~35岁的人,80%的应招者通过互联网接受了初步培训。

一些专家认为,受外部势力支持的极端主义是通过与哈萨克斯坦当地关系密切的社会势力传播的,并在哈萨克斯坦用其资金试图启动三个项目:泛突厥人项目,其任务是将所有的突厥民族国家团结成一个联邦或帝国;民族主义方向的活动,其主要任务是形成以哈萨克斯坦人为主体的本土法西斯主义;培养萨拉菲教徒和瓦哈比教徒项目,其任务是用"精神权威"取代世俗力量。

首次尝试是在选举马吉利斯(哈萨克斯坦共和国议会下院)议员前夕进行的。政府打消了"阿达尔"党社会运动的企图,意欲成立新的伪激进党"阿达尔",以追求瓦哈比主义的思想并参与选举。具有双重国籍的"阿达尔"运动积极分子科扎利耶娃、托詹和巴古特詹古创建了网站(avaaz.org),该网站标明了八项要求,其中之一是"要更换中央选举委员会的管理者,因为中央选举委员会的领袖不能和参与选举党的领袖有关系"。组织者的意图是通过宗教激进主义者和"阿达尔"党民族主义者向新议会引入激进政治家的尝试,这将必定导致国家瓦解。

2. 民众潜在的抗议情绪

在疫情期间,哈萨克斯坦人对政府的信心下降了很多。根据舆情快速监测局于2020年6月进行的社会学研究,当国家第一次解除隔离时,有30%的公民高度评价政府机构行动的效率。在第二次隔离结束时,这一数字下降到14%。这可能是由于该国首次解封之后,受感染人数急剧增加。根据调查,在此期间,超过一半的公民在药物和医学援助方面遇到困难。卫生系统无法应对这种情况,面临崩溃,医院和医生无法收治大量病人,并且急需的重要药物严重短缺。死亡人数增加,包括未确诊的肺炎患者。

政府所采取的一些旨在降低感染人数的非常规措施也引起了人们对隔离措施的反感。据舆情快速监测局调查的结果,超过1/3的哈萨克斯坦人不相信官方的统计数据,他们认为,政府隐瞒了本国的实际感染人数。几乎一半的受访者,恰恰相反,相信官方数据。

世界价值观调查协会社会学家进行的选举调查结果显示,选举常常成为前苏联国家①发动"颜色革命"的触发器。因此,民众对政府的信任问题主要体现在选举时期(见表1)。

表1 关于选举信心的民意调查结果

单位:%

您相信您所在国家的政治选举吗?	
答案选项	哈萨克斯坦人
完全相信	18.1
很相信	42.5
不太相信	29.4

① 除东欧外,还包括中亚、高加索地区国家。

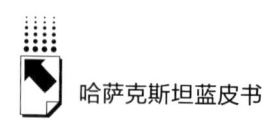

续表

您相信您所在国家的政治选举吗?	
答案选项	哈萨克斯坦人
坚决不信	8.0
不知道	1.6
不回答	0.5

说明：在统计数据时，往往精确到小数点后4~5位，作者在选用数据时取约数，一般只保留小数点后2位，且四舍五入，因此会出现与总数对应不上的情况。

资料来源：世界价值观调查协会。

在哈萨克斯坦，社会学家记录的政治选举信任度为60%；在即将举行的议会选举前夕，抗议活动增加，这与对这些选举的批评有关，所幸这些抗议活动暂时不活跃并且参与人数少。

对警察的信任也有所降低。警察是政府的直接代表，听从政府命令，使人们有序生活。在哈萨克斯坦，超过一半的受访者表示相信警察，而超过5%的受访者直接表示不信任（见表2）。

表2 关于警察信任度的社会学调查结果

单位：%

您相信警察吗?	
答案选项	哈萨克斯坦人
完全相信	17.9
很相信	47.2
不太相信	28.4
不相信	5.2
不知道	0.7
不回答	0.5

说明：在统计数据时，往往精确到小数点后4~5位，作者在选用数据时取约数，一般只保留小数点后2位，且四舍五入，因此会出现与总数对应不上的情况。

资料来源：世界价值观调查协会。

在经济低迷的背景下，出现了与居民收入下降、社会局势紧张、大规模萧条和生活条件恶化相关的问题。哈萨克斯坦正逐渐失去其是该地区稳定堡垒的声誉。过去两年半来，该国最具影响力的抗议活动发生在政权从努尔苏丹·纳扎尔巴耶夫移交给托卡耶夫期间。

自2018年以来，哈国520起（总871起）已登记的抗议活动中，有一半的诉求是进行政治改革或放松镇压。在哈萨克斯坦，对抗议活动采取大量的强制手段，在所有抗议活动中，有1/4以上是以逮捕或使用武力结束的（见图1、图2）。

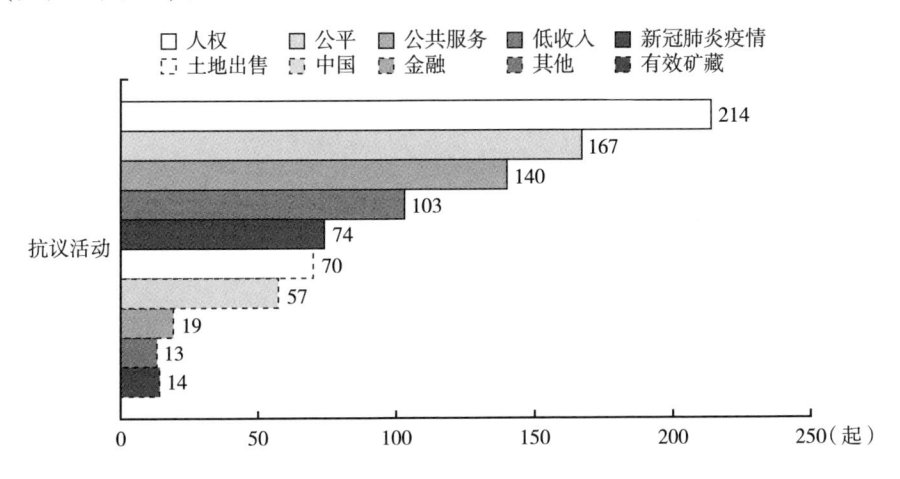

图例：□ 人权　公平　公共服务　低收入　新冠肺炎疫情　土地出售　中国　金融　其他　有效矿藏

抗议活动数量：
- 214
- 167
- 140
- 103
- 74
- 70
- 57
- 19
- 13
- 14

图1　2018年以来哈萨克斯坦抗议活动的主题和数量

资料来源：Oxus Society for Central Asian Affairs。

要求提供公共服务和获得收入的抗议活动与新冠肺炎疫情相关。哈萨克斯坦记录最多的抗议活动有74起与疫情有关。在2020年3月16日检疫公告发布后的两周内，发生了10起与关闭商店、要求提高收入和反对口罩价格有关的抗议活动。

还应该指出，近年来在哈萨克斯坦发生了54起反华抗议活动。大多数抗议活动与"中国扩张"和"政治再教育营"的不实言论有关。与反华言论有关的社会学检测表明，58%的哈萨克斯坦人正面看待中国。但是，与2015年相比，这一数字下降了18个百分点。这表明，尽管统治阶层和知识分子表示高度信任，但哈萨克斯坦民众对中国的不信任感正在增加。

在过去五年中，抗议者的总数约有5600人，占总人口的0.03%。在这些人中，有81%是失业者或所谓的自雇者，有8%是公务员和商人，有6%

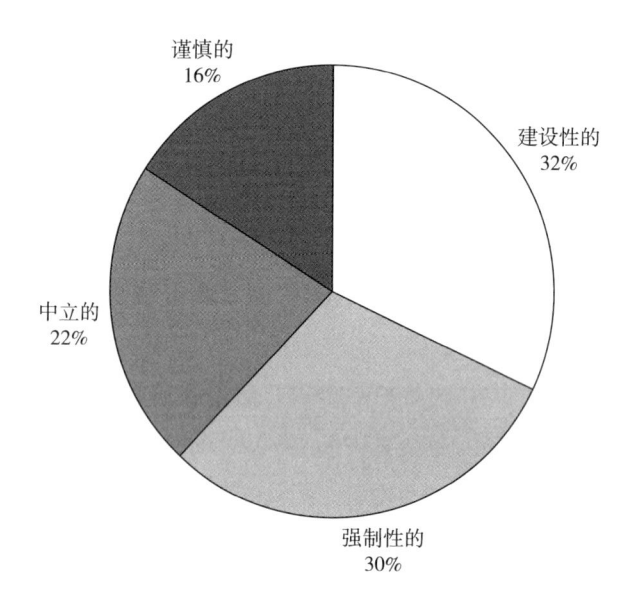

谨慎的 16%
建设性的 32%
中立的 22%
强制性的 30%

图2 哈萨克斯坦政府对抗议活动的反应

资料来源：Oxus Society for Central Asian Affairs。

是学生，有5%是退休人员。按性别分：男性占83%；女性为17%。按年龄类别分：20~30岁占32%；31~50岁占43%；51~65岁占18%；超过65岁的占7%。

从具有反华情绪的参与人群中可以看出，有75%属于积极从事经济活动的人，他们是失业人员或自雇者，思维活跃，掌握"热门"资料。他们利用抗议人群，进行对抗政府的非法行动。哈萨克斯坦的反华抗议活动长期以来沦为国内政治斗争的工具之一，各种政治党派和民族主义组织以及一些外部参与者为争夺政权，积极利用这一工具进行国内政治斗争。

3. 政党间的平衡

2020年各国选举都伴随着抗议活动——如白俄罗斯、吉尔吉斯斯坦和美国。哈萨克斯坦是否会重复"吉尔吉斯斯坦模式"，这个问题在哈萨克斯坦议会选举时期尤为重要。

众所周知，有五个政党参加了选举："祖国之光"党、"光明之路"党、"阿达尔"党（前称为公正党）、"阿吾勒"党和人民党（前称为人民共产党)。反对派国家社会民主党决定抵制选举。

分析政治领域的时候,很明显,在哈萨克斯坦进行的不是总统选举,而是议会选举,哈萨克斯坦有自己的选举特点——人们对政党鲜有兴趣,因此,选举的投票率为63.1%。根据中央选举委员会的数据,阿拉木图市的投票率最低(30.3%),努尔苏丹市为45.1%。在所有登记的政党中,没有一个政党深刻影响民众并且能够使他们不再抗议。

在任何情况下都存在异议。在哈萨克斯坦人们不满政府,但没有统一团结的思想或运动。少数人选择抗议活动,例如,2020年1月10日,在奇姆肯特市和阿克托别市进行马吉利斯和马斯利哈特(地方议会)选举时,逮捕了数名激进分子。考虑到哈萨克斯坦没有本可以支持的独立政党,因此没有人会出来抗议。如果不是由外部引起的,不可能发生这种严重的抗议活动。

根据投票统计的结果,3个政党进入了议会,即"祖国之光"党、"光明之路"党和人民党。结果显示,"祖国之光"党获得了大多数选票——71.97%,"光明之路"党也通过了7%的门槛,获得10.18%的选票,人民党是9.03%。初步数据显示,"阿吾勒"党获得了5.75%的选票,而"阿达尔"党获得了3.07%的选票。需要注意,这里仅讨论的是议会选举的投票统计结果。当然,五个政党中每个党都在不同级别的马斯利哈特中有自己的代表。选举后最重要的事情是维持政党间的平衡,防止党派势力间的冲突。

众所周知,哈国的内部势力约定制度由一个人维持——第一任总统纳扎尔巴耶夫。纳扎尔巴耶夫几乎竭尽所能,以确保在他卸任后,地方势力之间的平衡制度不会崩溃。因为,一旦各方势力明白不再有限制因素,统治内部为相互消灭而展开的斗争就可能开始了。纳扎尔巴耶夫确实假设了事情的发展方向。

假设托卡耶夫总统的权力无休止地延长,由纳扎尔巴耶夫完全控制其行动。同时,托卡耶夫总统会逐渐确立自己的势力,但这样做不会损害第一任总统的权威。当然在发生不可抗力的情况下,还会有其他状况。

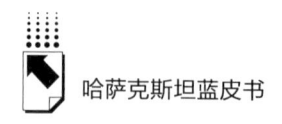

达丽加成为哈萨克斯坦最大的政治人物之一。一些哈萨克斯坦专家认为，显然她将被纳入"祖国之光"党名单中，在未来国家体系的议会中发挥比以往更大的作用。因此，议会有必要召集像现任政府总理阿斯哈尔·马明和其他同级别的大人物。从哈萨克斯坦官僚数目中汇集如此众多的重量级政治人物和极具影响力的人物，将使未来的议会成为一种政治权力结构，不输于其他制定国内外关键政策决议的核心机构。

将达丽加列入预选举名单意味着，哈萨克斯坦未来的议会将成为一个更重要的机构。因此，议员、议长以及旁支委员会的领导人开始发挥作用。

第一任总统纳扎尔巴耶夫和其拥护者，促进关于议会制共和国的讨论，制定了一系列规定，将部分权力移交给议会。2019年在三个大城市举行了未经授权的反对派运动，该运动要求共和国恢复1995年宪法。

《哈萨克斯坦－新报》总经理亚历山大·克拉斯纳表示："重返议会不仅是达丽加的个人翻盘，而且是'家族'安插的人重新掌握全部权力。"

党派内部对抗的最初迹象已显现。例如，关于"祖国之光"党的未来，该党的领袖和第一任总统的立场不同。总统托卡耶夫从不同角度审视该党的作用及其未来前景，明显想要尝试修正执政党并寻求与社会沟通的新形式。

2019年12月，哈萨克斯坦总统托卡耶夫在国家社会信任会议上谈到替代立法权的发展，并表示必须形成议会反对派。2020年5月至6月，托卡耶夫已经签署了相关法律文件。

总统府非常礼貌且谨慎地表示出对总统预选和"重启"的中立。这可以推测出，总统希望"祖国之光"党在议会中的绝对垄断以某种方式得以瓦解。现在，总统府正在考虑将来削弱"祖国之光"党的影响力。

选举的结果显示内部政治平衡将如何发展：名单中包含多少个利益体的议员；达丽加是否包含在其中，这些选举是否会成为她重返议会的机会。

三 关于哈萨克斯坦局势的概括结论

第一，与整个中亚地区一样，哈萨克斯坦正在变成美国对抗中国和俄罗斯的舞台。中亚国家对美国的这些措施并没有非常强的戒心,同时中亚各国家的传统和所面临的问题存在相似性,美国也掌握了中亚各国政府的一些把柄。因此,在一定程度上,美国所采取的这些措施在中亚国家中有取得成功的可能。

第二,与新冠肺炎疫情相关的当前局势,很有可能成为哈萨克斯坦陷入最严重危机的原因之一,其规模仍然难以评估。国家的救助措施可以减缓危机的出现,但是,一系列不利的宏观经济因素(与世界各地一样)可能导致国家的衰退和漫长的经济复苏之路。

第三,疫情的第二波"浪潮"将对哈萨克斯坦的国内生产总值、民众的有效需求以及企业摆脱经济衰退的期限产生消极影响。

第四,多年来积累的未解决的社会问题、货币贬值和疫情危机带来的经济疲软、"光明未来"的遥不可及,导致国民愤怒情绪激化并加入反政府集会。排外性是指责政府与外部势力勾结的极好诱因,但政府官员无法清楚地说明情况,由于数十年来缺乏公共政策,与公众进行沟通的技能和机制已经消失了。

第五,在哈萨克斯坦采取隔离措施期间,破坏性宗教流派的思想变得更加活跃,挑起了人们反对政府的情绪。恐怖主义活跃的主要原因是人们越来越信仰宗教极端主义,但是在哈萨克斯坦开放的条件下,这种信仰人数不断增加。

B.8
2020年中亚经济形势及对哈萨克斯坦的影响

王 静 〔哈〕阿纳尔·拉希姆扎诺娃[*]

摘 要： 新冠肺炎疫情引起了全球公共卫生和世界经济问题，对全球个别地区的经济发展产生了深远影响。大规模限制措施的实施对所有中亚国家的投资活动、外贸和服务业，特别是餐饮业和旅游业，产生了负面影响。在保障居民最基本的资源和最低收入方面，中亚各国努力避免出现严重失误，但也面临着必须转变经济发展和管理模式、发展与贸易伙伴的关系、深化区域一体化和协作、保障人力资源高质量发展等相关战略和计划的问题。

关键词： 中亚五国 经贸关系 就业问题 区域合作

一 中亚经济形势

在全球疫情背景下，世界局势及一些国家社会经济的发展性质和水平都发生了相当大的变化，对中亚地区各国的社会和经济情况产生了重大影响。此外，2019~2020年几乎整个中亚地区的国家形势都变得复杂，开始迈入新的发展阶段——关键的内部变化期。专家认为，该地区的长期发展取决于

---

[*] 王静，民族学博士，西北大学丝绸之路研究院副教授；〔哈〕阿纳尔·拉希姆扎诺娃，哈萨克斯坦阿里-法拉比国立大学经济学副博士。

各国在未来十年中将选择怎样的发展方向，因为如今的区域内发展趋势改变了哈萨克斯坦、乌兹别克斯坦、吉尔吉斯斯坦、塔吉克斯坦和土库曼斯坦的社会、政治及经济面貌。

从中长期来看，中亚地区的发展将归因于许多因素的变化。

（1）外部因素：如区域安全威胁，包括恐怖主义和宗教极端主义的可能性上升以及地缘政治变化，包括影响区域和全球变化的外部政策。区域联合在外部因素中也起着很大的作用，比如欧亚经济联盟、上海合作组织和集体安全条约组织等。

（2）区域内因素：主要是中亚地区各国的历史发展及优先战略不同，尤其涉及水源及边境问题；还有国家间关系水平和性质的转变，比如中亚国家元首会谈的新形式。

（3）国内因素：统治精英的潜在或实际变化以及权力转移所引发的不确定性、高度腐败、经济发展速度和社会经济性质问题都会加剧社会紧张局势并推动社会经济发展战略的转型。

正如中亚著名专家穆拉特·劳姆林所指出的那样："由于世界力量格局的重大转变以及国际关系的变化，中亚也正在发生着根本性的改变。"

历史上，中亚就是一个社会经济进程各异的地区。21世纪以来，该区域各国之间差距极大，在生活水平、经济增长率、生态环境、社会服务质量、基础设施建设以及对外关系方面都表现出差异。同时，各国之间又存在很大的相似之处，特别是在经济结构方面，均为农工结合型，大城市和农村地区的发展存在极大差距，交通基础设施分布不均。历史上，中亚地区处于世界贸易（丝绸之路）中心的同时，也远离了主要的发展中心。我们认为，这种情况一方面推动了处于文明十字路口的中亚各国的技术和社会经济发展，另一方面，内陆地理环境滞缓了其发展水平，包括在外部因素影响下的区域关系，尽管拥有丰富的自然资源，但无法直接参与世界海运贸易。因此，一方面，每个国家都在寻求自己的发展道路，另一方面，尽管经济结构、参与国际分工和世界贸易的性质不同，社会关系发展的共同性仍然使中亚国家团结在了一起。这反过来支持了该地区各国领导人的不

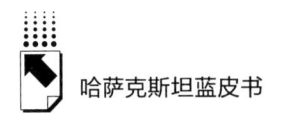

断尝试，以一种互利的形式进行联合讨论，寻求解决现有和潜在问题的方法。

此外，地区内仍然存在许多矛盾，这对中亚的社会经济发展构成了严峻挑战。比如，该地区的人口增长仍在继续，这已经超过了整体经济的增长，而尖锐的就业问题与合格人员的短缺和人力资本质量的下降相叠加。应该指出的是，人口增长最快的地区是该地区最贫穷的国家塔吉克斯坦，每年新增人口超过22万人。尽管在20世纪90年代和21世纪初期有大量的移民外流，但中亚地区的整体人口在过去30年中增长了47%，即增长人数超过了2300万人。仅在过去的十年中，该地区国家的人口平均每年就增长了100万人。由于保留了相对年轻的人口结构（根据联合国人口委员会2019年的数据，中亚各国人口平均年龄从塔吉克斯坦的22岁到哈萨克斯坦的31岁不等）和家庭中有大量儿童，很明显人口增长的步伐尽管比以前放缓，但仍将继续。根据许多发展中国家的经验，在没有经济活动或经济活动发展缓慢或不充分的情况下，人口增长会对社会造成负面影响。因此，劳动力中最活跃的部分已经大量外流（根据2019年的数据，中亚国家有450万到500万公民作为劳工移民至国外），而移民工人的汇款在塔吉克斯坦和吉尔吉斯斯坦GDP中所占的比重很大。在疫情期间，存在移民劳工的国家商业活动急剧下降的问题，特别是俄罗斯，这严重减少了移民劳工的收入，使家庭生活水平降低。

大多数专家都认为，青年人口的进一步增长对区域内各国提出了要求：提高经济活力；增加对工业的投资，特别是对制造业；使农业和教育体系走向现代化。国家要给青年提供受教育的机会、就业机会，使其形成稳定的收入来源，而又不会增加国家预算的负担，特别是在没有稳定增长的相同预算补充资金的情况下。此外，目前的预算无法提供必要的社会保障，在疫情和经济危机的影响下，中亚国家民众的生活水平开始下降。世界银行称，哈萨克斯坦在过去20年中一直是本地区经济增长的领导者，实际上已进入中等偏上收入国家的行列（见表1）。

表1 2011~2019年中亚国家的人均GDP

单位：美元

年份	2011	2012	2013	2014	2015	2016	2017	2018	2019
哈萨克斯坦	11634.0	12386.7	13890.6	12807.3	10510.8	7714.8	9247.6	9812.6	9812.4
吉尔吉斯斯坦	1123.9	1178.0	1282.4	1279.8	1121.1	1120.7	1242.8	1308.1	1309.4
塔吉克斯坦	847.4	969.3	1048.2	1104.2	929.1	802.5	806.0	826.6	870.8
土库曼斯坦	5650.0	6675.2	7304.3	7962.2	6432.7	6389.5	6587.1	6966.6	—
乌兹别克斯坦	1926.3	2137.0	2281.4	2492.3	2615.0	2567.8	1826.6	1529.1	1724.8

资料来源：世界银行，https://databank.worldbank.org/reports.aspx?source=2&series=NY.GDP.PCAP.CD&country=#。

对于该地区的国家来说，人口的就业问题仍然很紧迫，需要为每年进入劳动力市场的年轻人提供工作岗位。根据官方数据，在中亚国家中，仅正式登记15年以上的失业人数就超过150万人。但与此同时，由于该地区各国的经济仍然主要是工农业，很大一部分人口在从事农业或生产率较低的服务业，这对人力资本发展及经济高质量增长的可能性产生了负面影响。目前尚未发布官方的国家数据，但根据国际劳工组织（ILO）的估计，2020年的失业率会急剧上升（见表2）。根据国际劳工组织的计算，哈萨克斯坦2019年15~24岁年轻人的失业率为3.7%，吉尔吉斯斯坦为14.8%，塔吉克斯坦为12.9%，土库曼斯坦为8%，乌兹别克斯坦为11.3%。

表2 2011~2020年中亚国家的失业率（根据国际劳工组织的估计）

单位：%

年份	2011	2012	2013	2014	2015	2016	2017	2018	2019	2020
哈萨克斯坦	5.39	5.29	5.20	5.06	4.93	4.96	4.90	4.85	4.80	6.10
吉尔吉斯斯坦	8.53	8.43	8.33	8.05	7.56	7.21	6.89	6.79	6.72	7.90
塔吉克斯坦	10.16	9.50	8.86	8.17	7.53	6.90	6.81	6.72	6.66	7.50
土库曼斯坦	4.00	4.00	4.01	3.97	3.94	3.90	3.84	3.79	3.74	4.40
乌兹别克斯坦	5.00	4.90	4.90	5.10	5.20	5.20	5.80	5.71	5.65	6.00

资料来源：世界银行，https://databank.worldbank.org/reports.aspx?source=2&series=SL.UEM.TOTL.MA.NE.ZS&country=。

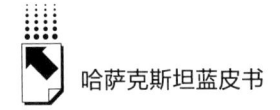

同时，据专家估计，该地区大城市人口的失业率为10%～15%，而农村地区则为40%～60%。另外，在该地区的医疗、教育、工业和运输领域，仍然缺乏具有良好和高资历的专业人员。因此，劳动力市场的形成是从国外引进中、高级的专家和工人，以及向接壤的邻国输送剩余的低技能劳动力。从长远来看，有必要改变现有的劳动力市场模式，并且哈已经在发展教育体系、培训所需的专业人才及保障国家人力资源方面制定了目标。

过去中亚国家的经济增长相当快是由于独立时基数较低，在过去15年里，其已经超过了主要伙伴（欧盟、俄罗斯和土耳其）的平均增长率。高增长率将人口的贫困率降低到20%～30%。农业在国内生产总值结构中所占的比重下降，而服务业和新兴工业部门所占比重上升。由于经济增长与吸引外国投资有关，因此中亚国家经济的发展继续取决于原材料的出口，主要是矿物出口（哈萨克斯坦、土库曼斯坦和乌兹别克斯坦）或取决于劳动力出口（塔吉克斯坦、吉尔吉斯斯坦）。

2015年危机后，中亚国家经济增长开始放缓，并在2020年收缩尤其是吉尔吉斯斯坦的经济。可以预见，经济增长的恢复需要对该地区各国的现行经济发展模式进行重大革新和改变，因为以前的模式已经失效，再保留它们将会对区域及各国的社会经济发展构成相当大的威胁。2020年的疫情和经济危机对本地区各国未来的GDP增长率产生了严重的负面影响。GDP增长率的恢复将需要政府方面付出巨大努力，并对发展战略和规划进行深刻的反思。疫情后，世界上大多数国家将需要改变发展规划以及经济部门的发展战略，并且更加关注社会领域的发展水平——医疗体系和教育制度，提升人民福祉水平，保障交通基础设施和更灵活的调控，以及促进与邻国经贸关系的发展。

中亚各国GDP动态表明（见表3），它们将继续依赖原材料出口，相应地，出口收入会有很大的波动性。同时，这些国家的储蓄很少，商业银行发放的贷款也较少。许多项目是通过财政预算，在国家计划和战略框架内实施的。个人项目倡议由于许多原因尚未得到适当的发展，包括监管过度和国有经济比重较高。

2020年中亚经济形势及对哈萨克斯坦的影响

表3 2011~2019年中亚国家GDP总量

单位：百万美元

年份	2011	2012	2013	2014	2015	2016	2017	2018	2019
哈萨克斯坦	192626.5	207998.6	236634.6	221415.6	184388.4	137278.3	166805.8	179340.0	181665.9
吉尔吉斯斯坦	6197.8	6605.1	7335.0	7468.1	6678.2	6813.1	7702.9	8271.1	8454.6
塔吉克斯坦	6522.7	7633.0	8448.5	9112.5	7854.6	6952.7	7157.9	7522.9	8116.6
土库曼斯坦	29233.3	35164.2	39197.5	43524.2	35799.7	36180.0	37926.3	40761.1	—
乌兹别克斯坦	56516.3	63628.9	68997.2	76658.5	81847.4	81779.0	59159.9	50392.6	57921.3

资料来源：世界银行，https://databank.worldbank.org/reports.aspx?source=2&series=SL.UEM.TOTL.MA.NE.ZS&country=#。

在目前的发展阶段，中亚各国面临着经济增长的新挑战和客观限制。比如，对引进技术投资的依赖、高技能人员的短缺、复杂行业的本地化水平不足、影子经济占比较高以及市场竞争受限。

表4 2020年1月至11月中亚国家国内生产总值的结构

单位：%

	农业	工业（包括建筑业）	服务业	净税	生产总值
哈萨克斯坦	4.4	33.0	55.6	7.0	100
吉尔吉斯斯坦	12.1	27.6	50.2	10.1	100
乌兹别克斯坦	25.5	33.2	32.2	9.1	100
塔吉克斯坦	19.2	27.4	42.1	11.3	100
土库曼斯坦	9.3	57.0	28.1	5.6	100

资料来源：哈萨克斯坦国家统计局（https://www.stat.gov.kz/），吉尔吉斯斯坦国家统计局（https://www.stat.kg/），乌兹别克斯坦国家统计局（https://www.stat.uz），塔吉克斯坦国家统计局（https://www.stat.tj/），土库曼斯坦国家统计局（https://www.stat.gov.tm/）。

除土库曼斯坦和乌兹别克斯坦以外，该地区所有国家的国内生产总值结构中工业的份额相对较低，而哈萨克斯坦和吉尔吉斯斯坦的工业份额随着服务业份额的增长而下降，主要是贸易和商业服务。乌兹别克斯坦的农业占国内生产总值的比重为25.5%，发展潜力巨大，但这也说明该国缺少用于经营、销售、运输和储存所种植和生产的农产品的现代商业服务业（见表4）。

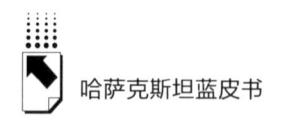

二 中亚境内区域合作的重要性

在伙伴国疫情限制的影响下，中亚国家的对外贸易额在2020年几乎减少了一半，主要是由于出口减少。进口额下降幅度小于出口额。同时，外贸差额与2019年同期相比减少了一半。在非独联体国家市场出口出现问题的背景下，中亚国家2020年开始更加积极地讨论边境和区域合作的可能性。相互贸易可以增强国家必需商品和原料的保障，此外，随着多边对话的开展，区域范围内贸易和工业合作的机会、经济项目的联合实行以及地区投资潜能都在增长。因此，许多专家积极评估了以国家元首协商会议的形式进行的讨论以及中亚国家副总理级政府间合作委员会的建立。就这一点而言，哈萨克斯坦和乌兹别克斯坦之间的合作具有重要意义，两国合作成为中亚地区的典范，具有较大的经济增长潜力。

在地区发展中，运输业目前最具潜力，但没有被有效利用起来。地区发展现状不仅受制于地区内部的道路、物流和海关基础设施，还受到外力不同方面的影响，其运输项目发展利益有所不同。中亚国家的上一个历史阶段，在单一的国民经济体系下，国家内部没有形成成熟的交通系统，因此在个别情况下，国家内部不同地区之间的交通活动需要通过邻国，走过境路线。新铁路和公路线路的建设受地形和气候条件的影响，同时，相对较小的国内市场需要大量的资金投入，而年轻的内陆国家寻求必要的资本投入有一定的困难。但随着中国"一带一路"建设的发展和中欧方向上内陆走廊基础设施的建设，上述情况有所改变。除了获得国内基础设施发展所需要的投资，地区国家实际上打开了国际贸易的直接通道以及巨大的产品销售市场。

自2014年，哈萨克斯坦开始实施国家基础设施发展计划"光明之路"，很大程度上与"一带一路"建设同步，在该计划框架下，大规模的公路建设得到了资金支持，其中包括大型物流枢纽——位于哈萨克斯坦东部和西部的港口。这些物流枢纽建设能促进中亚地区内部贸易的增长，特别是缩短进出口贸易的运输时间。也许，凭借统一交通计划的实施，这些国家能够解决长期存在的水能合作问题，水能合作是中亚地区中期发展前景的战略性任务。总之，如上所述，由于每个国家外部导向和缺少此前一体化倡议（例如中亚经济共同体等）的实施成果，中亚地区国家的经济常常相互竞争。乌兹别克斯坦前领导人致力于与邻国相互独立、保持距离，最终引发了边境冲突。

实际上，处于主权国家初级阶段的中亚国家经济相互竞争，这一时期政府的主要任务是保障预算收入，为社会保障和经济发展提供资金支持。出口的商品范围一致，增加了贸易和合作的发展难度。

目前，哈萨克斯坦和乌兹别克斯坦形成的经济发展模式具有一定的互补性。国家经济和不同经济领域生产的产品种类，包括农业、食品工业、农业机械、仪器制造以及其他加工业（石油天然气生产和加工、金属矿石和冶金产品原料的开采、其他类型的非金属原料开采、建筑材料和肥料的生产等）、交通和通信领域的服务可以互补。同时，尽可能发挥每个国家的比较优势，形成更大的区域市场，以发展合作计划。这会吸引外国投资者，开发地区发展潜力。例如，在食品和能源原料商品组的出口计划中，乌兹别克斯坦和塔吉克斯坦供应水果、蔬菜和肥料，哈萨克斯坦供应谷物、面粉和石油。乌兹别克斯坦还可以供应农业和电工设备。此外，乌兹别克斯坦季节性劳动力资源过剩，而哈萨克斯坦农业劳动力严重短缺，尤其是在农业收获季节。根据官方数据，来自乌兹别克斯坦的劳动力在哈萨克斯坦劳动力总份额中所占比重不超过8%，但是哈萨克斯坦非官方数据显示，乌兹别克斯坦劳动力在劳动力市场上所占比重要高得多。

在国内和外交政策方面，乌兹别克斯坦积极响应地区合作，与邻国一起寻求边境问题的解决方法，积极进行经济私有化和私营企业发展改革，吸引投资。总体而言，乌兹别克斯坦的新发展战略更加开放，与邻国以及全世界的合作发展紧密相连。因此，2019年乌兹别克斯坦独联体成员国的席位（该成员国资格于2011年中断）被恢复了；同时，在2020年12月作为观察国加入了欧亚经济联盟，以便全方面评估加入欧亚经济联盟的前景和风险。在欧亚经济联盟峰会的演讲中，乌兹别克斯坦总统沙夫卡特·米尔济约耶夫

强调了和欧亚经济联盟以及各成员国合作，对于促进商品流通、地区经济协作发展和新型互利市场的形成具有重要作用。

事实上，乌兹别克斯坦必须克服进口替代和贸易保护主义制度带来的不利影响，并为推进一体化进程选择融入地区和世界体系的方法。总之，乌兹别克斯坦展现出对实施经济自由化改革的坚定愿望，并努力为此创造必要的条件。

鉴于此，专家积极评价了以下事实，从2018年起，关于经济以及更广泛的区域内合作的前景和问题，与第三方国家的关系发展的讨论，以中亚各国首脑多边协商论坛的形式进行。第一次首脑会晤有吉尔吉斯斯坦总统索隆拜·热恩别科夫、塔吉克斯坦总统埃莫马利·拉赫蒙、乌兹别克斯坦总统沙夫卡特·米尔济约耶夫及土库曼斯坦议会主席参与。纳扎尔巴耶夫指出，定期举行协商会议的倡议归功于乌兹别克斯坦总统沙夫卡特·米尔济约耶夫，并强调为综合中亚各国的潜能、增加区域内贸易和保障区域安全，可以共同解决区域内部问题。

每个共和国对于区域合作发展都有自己的利益和战略目标。例如，运用所有可用的机制，有效迅速回应不断增长的威胁和安全挑战是塔吉克斯坦区域合作发展的首要任务：毒品贩运、恐怖主义和宗教激进主义等。特别重要的一点是，这些威胁大多是跨国性的，一国情况的变化可能会对邻国造成不利影响。

整体来看，这种非正式的形式不需要大量的外部观察员和参与者，可以在多边公开的讨论中表达立场，就解决地区发展的长期问题，如贸易、经济和文化合作前景以及必要的区域项目实施等问题进行协商讨论。目前，中亚各国尚未单独制定明确的相互关系议程，在尝试区域一体化失败后，各国很大程度上面向外部伙伴或定位于内部独立发展。因此，在对外贸易中，中亚地区两国间的双边贸易额在其外贸总额中的占比平均不超过10%。目前，尽管有巨大的贸易潜力和产品需求，但是尚未建立贸易合作区。

2019年3月，中亚国家经济论坛第一次会议在乌兹别克斯坦首都塔什干举办。会后，中亚各国之间的合作更加紧密，促进了2018~2019年的贸易额增长，但是贸易额并不大。比如，与2017年相比，2018年哈萨克斯坦与中亚邻国的年度贸易额增长了18.4%，达到43亿美元。同时，2019年哈萨克斯坦和乌兹别克斯坦签订了《关于在共同边境建立国际经贸合作中心的谅解备忘录》，旨在优化跨境贸易和建立中亚大型贸易物流中心。将来，这个项目会促进中亚各国间的贸易合作集中化、贸易流通的巩固以及运输物流的发展。

总体而言，中亚国家的发展十分依赖区域内合作水平。2020年，抗击疫情带来的经贸关系及各国往来减少、全球贸易和服务供应系统改变的情况下，这种相互关系更加明显。2020年形成的形势对全球关系结构带来持续的影响，中亚各国必须在相互信任和支持的前提下，更加积极地共同维护该地区在国际和区域性组织中的利益。同时，必须深化区域内经贸和社会文化关系，继续扩大合作投资项目清单，为吸引地区外部投资和引进技术创造更好的条件，努力挖掘区域历史和文化潜力。中亚一体化对于成功挖掘中亚各国经济潜力具有重要意义。

三 中亚经济发展前景预测及应对措施建议

根据世界银行和亚洲开发银行专家的观点，中亚地区国家的经济复苏取决于各国转变经济模式的能力和努力。因此，世界银行的专家评价疫情对中亚地区的影响，就如20世纪90年代初，由于该地区的经济模式向市场经济转变导致的经济严重衰退。经济衰退的主要原因如下：关闭国境、在防疫隔离时期限制经济活动、出口减少和劳动移民的汇款减少。

根据世界银行的预测，如果形势发展乐观，2021年中亚地区经济增速达到3.1%，保守估计增速达到1.5%。同时，为保持地区经济的发展速度，除基础设施投资之外，必须继续减少国家对经济的干预，更加积极地吸引私有经济成分投入到大型项目建设中。研究中亚地区的国际专家的建议增加对人力资本的投资，中亚国家应当将此任务放在首位。由于对基础设施以及加速培养卫生和教育人才的投资规模不足，当前的卫生和教育系统发展状况严

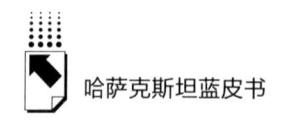

重不符合要求。为继续保持经济增速，中亚地区国家必须认真思考如何高效利用现有的人力资源以及人力资源更加稳定地发展。

根据亚洲开发银行的预测，中亚国家2020年的国内生产总值下降了2.1%，2021年国内生产总值保持适度增速3.9%（见表5）。随着有关世界经济状况、复苏前景以及恢复对商业和社会活动的严格限制等信息和数据的变化，这些评估值可能会产生变化。

表5 2019~2021年中亚地区以及中亚各国经济发展速度预测

单位：%

年份	2019	2020	2021
中亚	4.9	-2.1	3.9
哈萨克斯坦	4.5	-3.2	2.8
吉尔吉斯斯坦	4.5	-10	4
塔吉克斯坦	7.5	-0.5	6
土库曼斯坦	6.3	3.2	5.8
乌兹别克斯坦	5.6	0.5	6.5

资料来源：Asian Development Outlook 2020 Update, Wellness in Worrying Times /Азиатский банк развития。

亚洲开发银行的专家还指出，在经历了2020年经济严重衰退之后，中亚地区的经济恢复速度接下来将会变缓，并且大大低于此前的预测水平和预期，因此为了改变较低的增长水平，中亚国家政府必须加大经济模式转变的力度。最有效的活动措施是发展区域合作和一体化，中亚地区各国共同发展跨境旅游业和商业。在此情况下，刺激中小企业业务增长，从而对生产和就业规模作出巨大贡献。换句话说，这种方式将会解决一系列的问题：区域一体化和互补经济，投资增长，商业活动增多和私人经济成分的增加，就业岗位增多，减少对劳动力汇款的依赖，社会福利增多，当公民能够在国内获得收入时，降低被迫劳动移民的比例。

新冠肺炎疫情引起了全球公共卫生和世界经济问题，对全球经济发展和个别地区的经济发展产生了深远影响。由于全球隔离防疫政策，生产减少，对中国原材料出口收入降低，国内外整体贸易流通减少，劳动移民的汇款减少，大部分居民收入减少，尤其是服务业和非正规经济部门的中小企业的就业人员。大规模限制措施的实施对所有中亚国家的投资活动、外贸和服务业，特别是餐饮业和旅游业，产生了负面影响。在保障居民最基本的资源和最低收入方面，中亚各国努力避免出现严重失误，但也面临着必须转变经济发展和管理模式、发展与贸易伙伴的关系、深化区域一体化和协作、改变有关人力资源发展以及保障人力资源高质量发展等相关战略和计划。

B.9
哈萨克斯坦参与欧亚经济联盟一体化经贸投资合作分析

张婉婷　〔俄〕Т.В.科列斯尼科娃*

摘　要： 哈萨克斯坦是欧亚经济联盟中除俄罗斯以外实力最强的国家，也是联盟的核心成员国，对联盟一体化建设和发展至关重要。2019年，哈萨克斯坦与联盟成员国之间的贸易额继续增加。从贸易结构看，哈萨克斯坦出口商品仍以矿物原料、金属等初级加工品为主，进口商品仍以机电产品为主，但贸易结构在一定程度上有所改善。这得益于在对外贸易中，哈萨克斯坦国家调控作用得到了进一步加强，有效的外贸发展政策促进了外贸行业的发展，并且为多元化经济的可持续增长创造了有利条件。2019年，哈萨克斯坦自欧亚经济联盟吸收投资同比增幅基本保持不变，哈对联盟直接投资同比小幅增长。外国资本在哈原料领域投资仍存在偏重化格局。哈萨克斯坦引资政策做出调整，致力于拉动工业、加工制造业项目的投资，政策性倾向发展农工综合体项目，坚持奉行积极吸引外国投资的政策，并加强有关立法工作。结果表明，政策拉动作用明显，投资者兴趣增加。

---

* 张婉婷，经济学博士，西北大学丝绸之路研究院讲师，西北大学"一带一路"与欧亚经济联盟研究中心主任；〔俄〕Т.В.科列斯尼科娃，经济学博士，俄罗斯圣彼得堡国立航空航天仪表制造大学副教授。

哈萨克斯坦参与欧亚经济联盟一体化经贸投资合作分析

关键词： 哈萨克斯坦 欧亚经济联盟 经贸投资合作 贸易结构

国家市场机制连续改善是2019年哈萨克斯坦经济发展的主要特点，并在国际评级中得到体现。例如，根据世界银行公布的《2020年营商环境报告》(*Doing Business 2020*)，哈在190个经济体中居第25位，较2018年上升3位（2018年为第28位），且哈排名领先于欧亚经济联盟其他成员国。在2019年中期国际评级机构穆迪确认哈主权信用评级为"Baa3"，评级展望由"稳定"调整为"积极"。[①]

同时，哈萨克斯坦一体化发展显示出积极态势。在全球经济疲软、复苏乏力和哈与第三国贸易额下降的复杂情况下，哈对外贸易主要统计指标显示：2019年哈与欧亚经济联盟其他成员国相互贸易呈现积极态势。尽管哈碳氢化合物存量依然较大，石油和石油产品、矿石和金属在哈对外贸易结构中占比依旧较高。但是，在哈一系列积极政策的刺激下，尤其是《完善和促进加工货物出口和服务的体制框架措施》的落实，使2019年哈非初级产品出口呈现稳定增长的趋势。2019年，哈对外贸易政策的突破方向之一，是通过与包括乌兹别克斯坦在内的中亚国家，加强区域一体化来扩大地区间贸易。开放的贸易政策可以有效地推动哈全面提高开放型经济水平。

由于历史和地缘政治因素，哈萨克斯坦和俄罗斯建立了战略伙伴关系，俄罗斯是哈对外战略中的优先发展方向之一。哈俄间的密切合作关系对国家经济具有战略意义，在欧亚经济联盟成员国相互贸易中，俄罗斯依旧是哈第一大贸易伙伴。在双方共同努力下，2019年两国双边贸易额稳定增长。哈俄贸易关系中以哈自俄进口为主，且商品结构呈多样性，其中以加工制造业中技术复杂的产品为代表。

2019年，哈萨克斯坦的外国直接投资流入量几乎保持不变，来自俄罗斯的外商直接投资（FDI）净流入量（包括偿债）有所下降，但是，这对

---

① *Doing Business 2020*, https://www.doingbusiness.org.

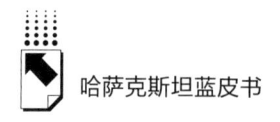

哈经济仍然具有重要意义。在企业、投资和贸易领域，哈萨克斯坦与俄罗斯依然保持着最紧密的关系。哈新任总统托卡耶夫在 2019 上任后首访俄罗斯并与普京会晤，也确认了自己对欧亚经济联盟框架内发展一体化原则的拥护。

一 哈萨克斯坦与欧亚经济联盟相互贸易情况

据哈萨克斯坦国家统计局发布的数据，2019 年哈与欧亚经济联盟其他成员国相互贸易额达 212.96 亿美元，同比增长 5.7%（见图 1）。其中，哈对联盟其他成员国出口 63.17 亿美元，同比增长 4.5%；哈自联盟其他成员国进口 149.79 亿美元，同比增长 6.3%。哈财政赤字增加了 13 亿美元，达 87 亿美元。[①] 尽管哈具备有利的贸易条件和商品竞争力的优势，但由于坚戈兑联盟的主要贸易伙伴国货币超三季度持续贬值，哈自联盟其他成员国的进口增长动力超过出口增长动力，这表明哈经济的超前增长速度动力来源于内需增加，其中包括向联盟成员国进口汽车和各类设备。同时，也表明存在其他重要的非市场因素：通过非关税壁垒等措施调控，或者通过国家支持非资源出口等举措，刺激 2019 年哈对欧亚经济联盟其他成员国的出口贸易。在哈对其他国家（不包括联盟）出口额下降和外部环境恶化的背景下，与联盟其他成员国的相互贸易，支撑了哈加工制造业多个领域的出口指标和商业活动。综上所述，在与除联盟外其他国家贸易额减少的背景下，哈与联盟其他成员国相互贸易额的增加是双方贸易重要性提升的原因。对于哈萨克斯坦而言，2019 年哈萨克斯坦与联盟其他成员国相互贸易强度指数达 6.9，超过 2018 年的 6.3，也超过联盟同期平均水平（联盟 2018 年该值为 4.2，2019 年为 4.4）。[②]

---

① https：//stat.gov.kz.
② https：//www.nationalbank.kz/kz.

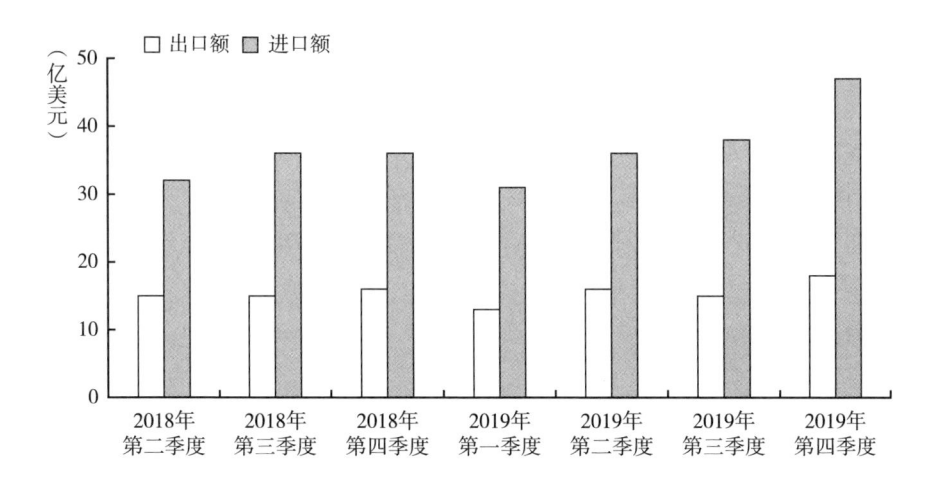

图1 2018～2019年哈萨克斯坦和欧亚经济联盟相互贸易额

资料来源：欧亚发展银行官网，https://eabr.org。

（一）哈萨克斯坦与俄罗斯贸易情况

由于历史和地缘政治的原因，哈萨克斯坦很早就与俄罗斯建立了战略伙伴关系。在贸易关系中，哈更侧重于同俄罗斯的发展，哈对俄存在较高进口依赖度。据哈国家统计局发布的数据，2019年，哈俄双边贸易额达196.7亿美元，较上年增长6%。其中，哈对俄出口额为56.7亿美元，同比增长6.1%；自俄进口额为140亿美元，同比增长6.3%。① 几乎所有种类的商品贸易额均实现增长，其中，高附加值商品占比较大，原材料性商品贸易额占比下降。俄罗斯仍是哈第一大贸易伙伴，在哈外贸总额中占比为20.5%，在哈与欧亚经济联盟其他成员国相互贸易总额中占比为92.3%（2018年占比为91.8%），其后，依次为吉尔吉斯斯坦占比为4.1%，白俄罗斯占比为3.5%，亚美尼亚占比为0.1%。在企业合作层面，哈俄作为联盟最重要、最庞大的两个经济体，在石油、天然气、采矿、冶金、运输和农业等领域，长期保持着密切的合作关系。

---

① https://stat.gov.kz.

表1　2019年哈萨克斯坦对欧亚经济联盟其他成员国进出口贸易额

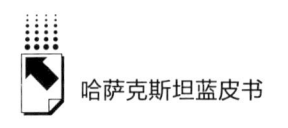

国家	出口额 亿美元	出口总额占比(%)	进口额 亿美元	进口总额占比(%)
亚美尼亚	0.09	0.1	0.07	0.05
白俄罗斯	1.02	1.6	6.55	4.4
吉尔吉斯斯坦	6.04	9.6	2.52	1.7
俄罗斯	56.03	88.7	140.45	93.9

资料来源：欧亚经济联盟委员会官网，http://www.eurasiancommission.org。

在双方共同努力下，2016~2019年哈俄两国双边贸易额已连续四年保持稳定增长。与2018年相比，2019年哈俄双边贸易额增长了12%或增加了21亿美元，达196.48亿美元。哈对俄出口总额增加了8.5%，达56.03亿美元（见表1）。

哈自俄进口的主要商品有工程机械设备。2019年哈自俄进口产品结构发生了一些变化：主要有工程机械设备，特别是属于商品类别的核反应堆、锅炉和机械设备（进口额达13.6亿美元，占进口总额的9.7%）。此外，由于哈国内石油市场饱和，相关进口禁令限制经铁路自俄进口石油和石油产品，哈自俄进口石油和石油产品总额（进口额达13亿美元，占进口总额的9.3%）下跌至第二位。哈自俄进口的重要商品类别如下：黑色冶金产品（进口额达10亿美元，占进口总额的7.1%），其中，包括铁或非合金钢的半成品、铁或非合金钢的异型角或特殊型材等；属于铁路或电力机车和零件以外的陆路运输工具，及其零部件商品类别的产品（进口额达9.4亿美元，占进口总额的6.7%）；黑色金属产品（进口额达9.1亿美元，占进口总额的6.5%）；电机设备（进口额达8.2亿美元，占进口总额的5.8%）等。

2019年，哈对俄出口占比最多的商品是金属矿石和精矿产品。同时，对俄出口的商品结构也发生了相应变化。由于金属矿石和精矿产品出口价格（出口额达14.5亿美元，占出口总额的25.9%）的高涨（比2018年增长30%），该商品类别处于优先出口地位。与其他金属相比，2019年国际市场的价格环境，对金属矿石和精矿产品出口更有利。锌及其制品商品类别的出口额急剧增加（出口额达 1.4 亿美元，占出口总额的 2.5%）。同时，矿物燃料、石油和蒸馏产品（出口额达 6.8 亿美元，占出口总额的 12.1%）等类别的相关商品出口量也有所增加。

哈对俄出口的铁、非合金钢、合金钢和不锈钢扁轧产品，总额达 10.3 亿美元，占出口总额的 18.4%，2019 年该类别商品出口额同比下降了 16.3%。首先，2019 年铁合金与钢铁的国际价格没有保持以往的上涨势头；其次，安赛乐米塔尔公司发生事故，该事故导致年底非合金钢扁轧产品产量下降。对俄重要的出口商品类别还有黑色金属产品（出口额达 1.8 亿美元，占出口总额的 3.2%），无机化学产品、无机或有机化学化合物产品（出口额达 6.4 亿美元，占出口总额的 11.4%）的出口额也有所下降。总体来讲，以上商品占哈对俄出口的 73.5%。哈出口导向型外贸，一方面，有助于哈参与国际市场和技术，并吸引外资；另一方面，导致了以油气资源出口为主的原料出口导向性结构，降低了加工领域的创新发展潜力，加大了对商品和技术的进口依赖性。

此外，哈对俄出口加工制造业和农业多种产品的趋势保持稳定。特别是俄罗斯增加了对球轴承和滚子轴承，起重机和阀门，分拣、筛选、分离、洗涤、研磨和打浆设备，计算机及其零部件，火车机车部件，铁路和电车车厢，乳制品、蔬菜、谷物、可食用水果和坚果以及医药等产品的进口额。总之，2019 年哈对俄出口的这类小众商品至少占总出口额的 15%。这清晰地反映了哈领导人发展包括在欧亚经济联盟框架内，非资源型产品出口所作出的努力。

哈俄两国间贸易关系的扩大和加强，不仅对欧亚经济联盟，而且对哈俄国民经济的发展与多样性有非常重要的意义。哈俄两国在联盟框架内和双边机制内进行的各种经济与政治联合行动，也为这种发展提供了动力。从机构角度来看，哈俄政府间合作委员会以及企业理事会的运作，在哈俄合作中发挥了非常重要的作用，该委员会也促进了哈俄国家间的合作。

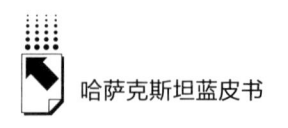

（二）哈萨克斯坦与吉尔吉斯斯坦的贸易情况

吉尔吉斯斯坦是哈萨克斯坦与欧亚经济联盟其他成员国贸易的重要伙伴国之一。2019年吉占哈与欧亚经济联盟其他成员国的贸易额比重为4%，哈吉双边贸易额达8.56亿美元，同比下降1%或940万美元。一般情况下，哈吉贸易关系中以哈对吉出口为主。然而，2019年由于哈对吉出口额同比下降4.9%（达6.04亿美元），吉自哈进口额同比增长9.3%（达2.52亿美元）导致哈对吉贸易顺差减少。贸易顺差减少的主要原因是哈自吉进口矿石和贵金属（黄金）的增加。与此同时，哈对吉铜矿石的出口额也明显下降。2019年哈自吉还增加了其他商品类别的进口，包括非强化玻璃、乳制品、成品谷物产品、铺路砖和面饰砖等。哈对吉出现贸易顺差减少的另一个因素是哈出口额的下降，尤其是石油和石油产品出口的急剧减少，这是由于哈吉之间旷日持久的谈判和缺乏有关石油和石油产品供应量协议造成的。在哈炼油厂现代化改造完成后，吉本应成为哈石油产品的首批买家之一，哈也计划于2018年11月向吉出口石油产品。但是，吉拥有石油加工能力，并且正在寻求免税的石油进口渠道。同时，哈考虑到俄罗斯几乎可以完全满足吉对石油产品的需求，所以担心吉对石油产品进行再出口。哈对吉的烟草产品和黑色金属冶金产品出口额也受到影响。与此同时，哈对吉其他商品类别的出口依然能够实现持续增长。

（三）哈萨克斯坦与白俄罗斯的贸易情况

哈萨克斯坦认为白俄罗斯是通往东欧和中欧市场的大门，哈萨克斯坦和白俄罗斯有着特殊的战略合作伙伴关系，双边经贸合作基础良好。哈萨克斯坦和白俄罗斯双边贸易统计数据直观地表明，两国领导人提出的将双边贸易额提升至10亿美元的目标完全可以实现，双方已经接近达成这一目标。2019年，哈萨克斯坦与白俄罗斯之间的贸易总额达7.57亿美元，同比增长 11.3%，白在哈与欧亚经济联盟其他成员国贸易额中占比为 3.6%。哈对白贸易逆差增长了 4760 万美元，达 5.53 亿美元。哈对白出口石油产品、天然气、煤炭、原料铝、棉花、原料锌、亚麻籽和燕麦等产品增速较快。与此同时，哈对白开始减少钢铁冶金产品的出口量。哈自白进口商品结构呈多样性，技术更为复杂。白俄罗斯产品在哈萨克斯坦市场属于畅销品，进口多以机械设备、电气设备、农轻工产品、家具和制糖产品等为主要商品类别。乳制品和肉类产品的进口量也在急剧增加。在进口总量方面，乳制品和肉类产品占比几乎等于进口占比最高的商品类别——陆运车辆（主要是拖拉机）。

（四）哈萨克斯坦与亚美尼亚的贸易情况

由于受到地理位置因素和铁路运输的影响，哈萨克斯坦与亚美尼亚之间经贸关系的发展在一定程度上受到制约，双边贸易额极为有限。2019 年，亚在哈与欧亚经济联盟其他成员国贸易额中占比仅为 0.01%，哈亚双边贸易额同比略有增加（13.4%）。其中，哈对亚主要出口商品为畜牧产品和电气设备，哈自亚主要进口商品为酒精饮料和珠宝。哈对亚贸易顺差增长 210 万美元。哈总统托卡耶夫于 2019 年 10 月 1 日在亚美尼亚首都埃里温出席欧亚经济委员会最高理事会会议期间表示："对发展两国关系的愿望非常强烈，双方应高度重视经贸合作，加快寻找新的合作机遇。"同时，亚美尼亚总理帕什尼扬也表示："近期亚哈经贸关系取得积极发展，相信还有很大的合作潜力。欧亚经济联盟将为两国合作提供新的机遇。"综上所述，哈亚两国之间的经贸合作潜力巨大。为了实现这一潜力应进一步推动、协调哈亚两国的出口商、运输经营者和金融机构的工作。2020 年 7 月 2 日，亚美尼亚政府签署批准了《亚美尼亚政府与哈萨克斯坦政府之间就哈萨克斯坦向亚美尼亚供应石油产品领域经贸合作协议》草案。该协议为两国之间的有效合作和经贸关系发展创造良好条件，并促进双边商业活动。两国签署该协议后，自哈进口的石油产品在亚美尼亚市场上形成竞争，进口哈石油产品将为亚美尼亚燃料市场带来有利影响。

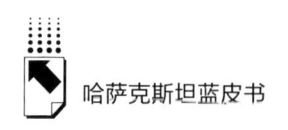

二 哈萨克斯坦各地市（州）与欧亚经济联盟相互贸易情况[①]

阿克莫拉州在2019年与欧亚经济联盟其他成员国贸易额达4.72亿美元，主要地区贸易伙伴是俄罗斯。该州对俄出口商品达1.58亿美元，自俄进口商品达2.88亿美元。同时，与联盟其他成员国（除俄罗斯外）贸易总额略微超过2650万美元。阿克莫拉州的主要出口商品是轴承，俄罗斯也是联盟内该商品的唯一进口国。轴承商品的出口额达7550万美元，超过该地区出口总额的45%。此外，原料出口额占比较高，对俄出口贵金属矿石和精矿的金额达3920万美元。哈自联盟成员国进口商品结构也趋于多样性，自联盟其他成员国进口到该地区的主要商品是钢棒，进口总额高达3850万美元。

阿克托贝州对欧亚经济联盟其他成员国主要出口矿产资源。2019年，该州对联盟其他成员国出口的主要商品是铬矿石（1.07亿美元）、铜矿石（8990万美元）和锌矿石（6020万美元）。以上商品出口总额约为2.57亿美元，占该地区对外出口总额比重较高。2019年出口总额为3.82亿美元，其中俄罗斯占97%。该州主要进口商品为冶金产品。该州积极进口俄罗斯制造的钢铁半成品，其进口总额达7180万美元（实物交易量达147.4万吨）。联盟自该州进口石油约4010万美元，焦炭约3230万美元，煤炭约2550万美元。

阿拉木图州在哈各市（州）对吉尔吉斯斯坦出口中居第二位。2019年，该州对吉出口商品总额约为9150万美元。其中，香烟出口额约为4720万美元，雪茄和其他烟草产品的交付量超过3200吨。该州对吉第二大出口商品类别是禽肉，达3600吨（510万美元）。该州对俄贸易结构与哈其他各市（州）有所不同，对俄出口电池为4270万美元，药品为1630万美元，卡通

[①] 哈萨克斯坦国家统计局，https://stat.gov.kz。

玩具车，如双轮和三轮儿童玩具车为1130万美元。2019年，该州自俄进口香烟为4150万美元，进口烟草及其替代品为8040万美元。尽管哈最大的烟草工厂位于阿拉木图州，但该州实际上是香烟净进口地。

阿特劳州是哈萨克斯坦石油和天然气的重要产地，但实际上，该州并不与欧亚经济联盟其他成员国进行主要货物贸易。2019年，该州石油和石油产品的出口额仅为60万美元。总体而言，该州对外贸易主要针对除联盟以外的市场，而在哈对联盟其他成员国的出口贸易中，该州排在第三（总额达5830万美元）。虽然，该州不盛产硫黄和废金属，但该类商品占出口总额的一半以上，其中硫黄为1540万美元、废金属为1480万美元。2019年，该州进口商品总额达3.523亿美元，进口商品结构呈多样性，其中，冶金产品在进口商品中占主要份额，该州自联盟其他成员国进口管道为2460万美元。此外，货车在该地区需求量较大，进口总额为1740万美元，自俄罗斯进口151辆，自白俄罗斯进口3辆。

东哈萨克斯坦州居哈萨克斯坦各市（州）自吉尔吉斯斯坦进口商品总额的首位。2019年，该州自吉进口商品总额约1.1亿美元，占哈自吉进口商品总额的44%，其中，贵金属矿石和精矿实际交付量为4.92万吨，总额达984万美元。矿石和贵金属精矿在该州对外贸易中占主导地位。总体来讲，东哈萨克斯坦州自欧亚经济联盟其他成员国进口商品非常活跃，2019年全年进口额超过13亿美元，在哈各市（州）自联盟其他成员国进口额中居第三位，其中，进口锌矿石为8490万美元、铅矿石为5820万美元和焦炭为5220万美元。汽车组件也是重要的商品进口类别之一：车身为9290万美元、轮胎为6440万美元、汽车零件为4780万美元和发动机为2120万美元。

阿拉木图市是在欧亚经济联盟框架内最重要的哈萨克斯坦贸易城市。2019年在哈与欧亚经济联盟其他成员国贸易中，阿市以59亿美元的贸易额居首位，占哈与欧亚经济联盟其他成员国贸易额的27%。在哈自欧亚经济联盟其他成员国进口贸易中，该市以50亿美元的进口额居首位。然而，阿市对欧亚经济联盟其他成员国的贸易赤字较大，在哈自亚美尼亚、白俄罗斯

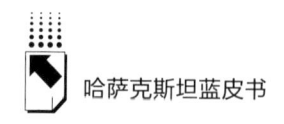

和俄罗斯的进口贸易中，阿市分别以570万美元、1.73亿美元和48亿美元的进口额居首位。阿市对吉尔吉斯斯坦的出口额约为2.29亿美元。2019年，阿市与欧亚经济联盟的贸易商品有石油和天然气，仅这一项，阿市对欧亚经济联盟其他成员国出口总额为2.64亿美元，自欧亚经济联盟其他成员国进口总额为4.73亿美元。此外，阿市还自欧亚经济联盟进口轻型汽车，进口总额为2.66亿美元。同时，洗涤剂对阿市甚至整个哈萨克斯坦来讲，是非常重要的进口商品类别，进口额达9360万美元。此外，显示器进口总额达9880万美元、冰箱为8050万美元、女性卫生用品为7310万美元和洗衣机为6900万美元。

努尔苏丹市作为哈萨克斯坦的首都，其情况与阿拉木图市非常相似。2019年，努尔苏丹市与欧亚经济联盟其他成员国的相互贸易额达28亿美元，主要出口商品是铀，出口总额约为2.24亿美元，贵金属进口总额约为2.7亿美元。同时，努尔苏丹市与阿拉木图市进口商品类别有所区别，哈南部各大城市多进口家庭用品，而努尔苏丹市则集中进口交通机械制造产品：自欧亚经济联盟其他成员国进口飞行设备约为1.2亿美元、货运车厢为7270万美元、客运车厢为6820万美元、拖拉机为6980万美元和轻型汽车为4050万美元。与此同时，努尔苏丹市进口了大量在周边国家生产的铝和扁轧产品。

奇姆肯特州2019年对欧亚经济联盟其他成员国的出口总额为8420万美元，但出口结构具有非常规化特点：该州对欧亚经济联盟其他成员国出口的主要商品类别是床上用品、植物油、药品、电线和棉花。同时，该州自联盟其他成员国进口总额为4.35亿美元，且进口商品结构呈多样性：家具进口总额达2460万美元、壁纸为1030万美元和面包类食品为960万美元，几乎所有商品都自俄罗斯进口。

三 哈萨克斯坦自欧亚经济联盟吸收投资情况

据欧亚经济联盟统计，2019年哈萨克斯坦吸收外国直接投资净流入

35.88亿美元，占国内生产总值的2%。俄罗斯对哈直接投资净流入缩减至3.86亿美元（2018年为6.05亿美元）。在所有对哈投资国家中，只有俄罗斯为哈经济提供了战略支持。虽然2019年联盟其他成员国对哈直接投资增至6250万美元（2018年为60万美元），但联盟其他成员国对哈直接投资增长缓慢。其中，吉尔吉斯斯坦对哈直接投资约为4080万美元，白俄罗斯对哈直接投资约为2260万美元。与此同时，哈将联盟其他成员国的金融资产净收购额增加到3.516亿美元，其中收购额居首位的是俄罗斯（2.83亿美元），其次是吉尔吉斯斯坦（6040万美元）、白俄罗斯（1020万美元）。

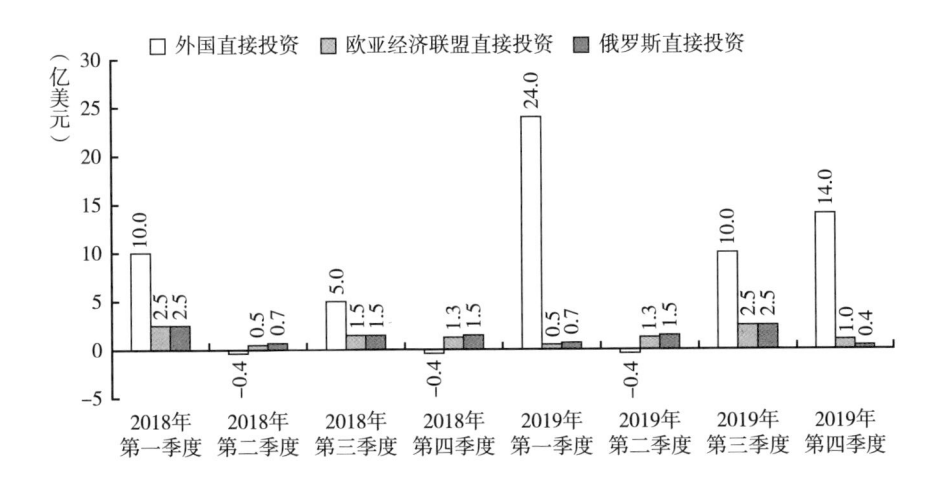

图2 2018~2019年哈萨克斯坦外国直接投资净流入额

资料来源：欧亚经济联盟委员会官网，http://www.eurasiancommission.org。

哈萨克斯坦国家统计局数据显示，2019年外国对哈投资总流入额约241亿美元，占哈国内生产总值的13.4%，比2018年（约243亿美元）略低。其中，俄罗斯总投资额约为14亿美元，占比5.7%，是哈第五大重要投资国，但2019年俄对哈总投资占比较上一年有所降低（2018为6.2%）。白俄罗斯对哈总投资额增至8710万美元，吉尔吉斯斯坦对哈总投资约为320万美元，亚美尼亚对哈尚未进行投资。总体而言，2019年哈自联盟吸收的总投资额约为14.89亿美元，占哈吸收外国投资总额的

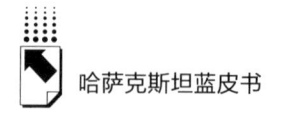

6.2%。从外国投资总流出量来看，哈是净债务国。哈对欧亚经济联盟其他成员国直接投资额同比增长18.2%，达5.31亿美元（2018年为4.5亿美元）。其中，哈对俄罗斯投资约为3.96亿美元，对吉尔吉斯斯坦投资约为1.26亿美元，对白俄罗斯投资约为660万美元，而对亚美尼亚尚未进行投资。除此以外，在国外对哈主要投资国中，荷兰占比30.2%，美国占比23%，瑞士占比9.3%，中国占比7%，法国占比4.4%，比利时占比3.6%。以上国家对哈投资主要集中在采掘业和相关工业（地质勘探、管道运输等产业）。在各国缩减对哈投资的背景下，土耳其反而增加了对哈投资额，总额约为3.58亿美元。[1]

哈萨克斯坦的经济发展已经处于结构转型期，由以前单纯依靠能源产业拉动经济增长模式逐步转向能源与非能源行业并重的模式。然而，外国直接投资在哈原料领域仍存在偏重化格局。2019年，哈外资结构集中在原油和天然气生产领域，该领域占外国直接投资的50.1%，零售贸易领域为12.3%，冶金领域为11.6%，金属矿石开采领域为5.4%，运输领域为4.6%，金融领域为4.2%，而加工制造业目前占比依然很低。[2] 在以上提及领域中有两类行业属于哈经济优先发展领域，包括潜力行业和前景行业两大类。潜力行业致力于吸引现实投资和发展出口生产，包括食品工业、矿产品深加工、冶金、化工、石化和机械制造等，这些行业是哈国家竞争优势的来源。前景行业致力于吸引未来投资，包括信息通信技术、旅游和金融。从长远来看，这些行业对资本更具吸引力。预计到2027年，优先领域外国投资项目将达124个，总金额达50亿美元。同时，哈外资结构正逐步向加工领域转移。主要引资项目集中在农工综合体（27个项目，30亿美元）、油气化工（26个项目，218亿美元）、机械制造（29个项目，30亿美元）和可再生能源（22个项目，14亿美元）等领域。2020~2027年，制造业吸引外国直接投资年均增幅将达到9.8%。

---

[1] 哈萨克斯坦国家统计局，https://stat.gov.kz。
[2] 哈萨克斯坦国家统计局，https://stat.gov.kz。

根据哈萨克斯坦政府"五年国家投资战略（2018～2022）"，哈将大力吸引以出口为导向的非能源领域外国直接投资。这一投资战略的实施将推动哈投资领域的全面改革，促进投资规模提升，并在保障经济稳定发展方面发挥重要作用。哈推行的积极政策，旨在改善国家的商业环境和增加投资吸引力，着重推动加工制造业发展。哈在世界银行《2020年营商环境报告》中的名次有所上升：在参与排名的190个经济体中排名第25位，2018年排名第28位。哈的排名超越了欧亚经济联盟其他成员国：俄罗斯排名第28位，亚美尼亚排名第47位，白俄罗斯排名第49位，吉尔吉斯斯坦排名第80位。[①] 通过国际排名不难看出，哈萨克斯坦的投资环境在不断改善。哈萨克斯坦取得的成功，要归功于哈政府改革现行立法、改进许可证制度、简化创建企业的程序、完善税收和海关法律、优化国家调控和监管以及改善商业环境的系统工作等。

为了提高国家的投资吸引力，刺激业务和发展哈金融领域，哈成立了阿斯塔纳国际金融中心。2019年来自世界35个国家的350多家公司在阿斯塔纳国际金融中心完成注册，参与哈各类项目的公司投资总额超过了1.3亿美元。据哈萨克斯坦领导人预测，到2025年阿斯塔纳国际金融中心对哈国内生产总值的贡献将达400亿美元。此外，哈计划在阿斯塔纳国际金融中心的基础上，推出投资税收居留政策，其目的是吸引更多资金。该政策规定，投资者及其家庭成员可以获得进入哈国境内长达五年的入境签证，并出台了一项关于哈境外收入免征个人所得税的政策。目前，哈萨克斯坦投资监测系统包含172个高水平投资项目，共计465亿美元，创造了约5.8万个就业机会。这些项目涵盖了农业、轻工、采矿冶金、机械工程、石化、可再生能源项目和物流等经济发展优先领域。其中包括在2020年计划投入运行的，如肉类加工厂、混合饲料加工厂、采矿和加工厂以及太阳能发电厂等。

总体而言，2020年哈外国直接投资流入量可能有所减少。然而，考

---

① Doing Business 2020, https://www.doingbusiness.org.

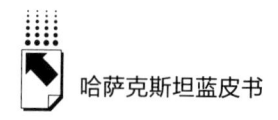

虑到哈政府所开展的一系列工作和达成的协议,以及哈政府实施的全球性经济计划等一系列利好趋势。2020年加工制造业,包括食品生产、轻工、制药、ICT、国内旅游以及物流和仓储,将继续吸引更多投资者的青睐。

B.10
哈萨克斯坦交通业、物流业的发展与中欧班列运营状况

刘贝贝 苏琳琪*

摘　要： "一带一路"与"光明之路"的战略对接给哈萨克斯坦的基础设施建设带来诸多发展机遇，为哈萨克斯坦经济的可持续发展带来重要保障。本报告对哈萨克斯坦交通业、物流业的发展以及中欧班列在哈萨克斯坦的运营状况分别加以梳理和分析，归纳总结出当前存在的问题并提出相应的解决办法，促使哈萨克斯坦经济迈向更高质量的发展水平。

关键词： 哈萨克斯坦　交通业　物流业　中欧班列

一　哈萨克斯坦的交通业发展

目前，哈萨克斯坦的交通业发展飞速。截至2020年，哈萨克斯坦的公路大约9.56万千米，铁路大约1.66万千米，河道大约4100千米，石油、天然气运输管道大约2.34万千米。[①] 公路、铁路、航空和水路运输对国家的经济发展起到了支撑作用，是哈萨克斯坦对外贸易的基础保证。下面将论述不同运输方式的现状。

---

* 刘贝贝，西北大学现代学院讲师；苏琳琪，西北大学经济管理学院硕士研究生。
① Transport in Kazakhstan 2012－2019, Statistical collection, Astana, http：//stat.gov.kz，检索日期：2021年2月14日。

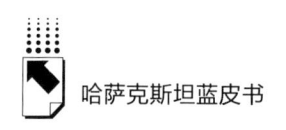

（一）哈萨克斯坦主要的交通运输方式

1. 公路运输的现状

哈萨克斯坦地处亚欧大陆的中心位置，作为一个内陆国家，国内和中转公路运输是支持其作为欧洲和亚太全球经济集群之间物流中心的重要基础。目前，哈萨克斯坦已经完成了六个重要的国际过境公路走廊的重建，共计8289千米，这些走廊连通了途经哈萨克斯坦通往中国、土耳其、巴基斯坦和印度洋海岸的道路。

公路运输在哈萨克斯坦的运输方式中占据主要地位。2013～2019年，哈萨克斯坦的公路运输货运量不断增加，但其公路长度没有出现大幅变化（见表1）。根据哈萨克斯坦公路等级分类标准，一类和二类公路仅占全部公路的8.47%，绝大部分公路为三、四、五类公路。由于长期处于超负荷的工作状态，良好或及格状态的公路仅占69.9%，这样看来，哈的公路状态不是很乐观，其余30.1%的公路处于糟糕的状态。在哈对每千米公路进行重建、大修和小修的费用分别在20万美元、10万美元和2万美元左右，是一项相当费钱的任务。[①] 因此，哈萨克斯坦政府采用收取部分公路通行费来支付公路维护费用，截至2020年，已有682千米的公路实行收费，年收费达到54亿坚戈。

表1 2013～2019年哈萨克斯坦公路运输主要参数

参数	2013年	2014年	2015年	2016年	2017年	2018年	2019年
公路长度（千米）	96873	96421	96529	96353	95409	96246	95629
铺面公路长度（千米）	86581	86419	86244.0	87029	81814	83239	84834
货运量（亿吨）	27.2	29.8	31.3	31.7	—	33.2	35.5
货运周转量（亿吨千米）	1453	1557	1619	1633	1661	1852	1735

资料来源：Transport in Kazakhstan 2012－2019, Statistical collection, Astana, http://stat.gov.kz，检索日期：2021年3月18日。

[①] Molokovitch, *Logistics and Transport Competitiveness in Kazakhstan*, report of UNECE, 2019.

2015～2019 年，哈萨克斯坦的汽车保有量逐年递减。截至 2020 年初，哈萨克斯坦的汽车总量为 432.53 万辆，其中小客车 377.69 万辆，巴士 8.66 万辆，货车 46.18 万辆（见表2）。在小型客运车中，3 年内的新车仅占 10.6%，而 10 年以上的旧车占比达到 65.1%。

表2 2015～2019 年哈萨克斯坦汽车保有量统计

单位：万辆

参数	2015 年	2016 年	2017 年	2018 年	2019 年
总汽车数量	439.74	438.32	438.26	434.21	432.53
小客车数量	385.65	384.53	385.16	384.8	377.69
巴士数量	9.77	9.87	9.04	8.93	8.66
货车数量	44.32	43.92	44.06	40.48	46.18

资料来源：Transport in Kazakhstan 2015 - 2019, Statistical collection, Astana, http://stat.gov.kz, 检索日期：2021 年 3 月 18 日。

2. 铁路运输的现状

哈萨克斯坦幅员辽阔、拥有大量的原材料储备、无直接出海口以及道路基础设施发展不完善等原因，凸显了铁路运输对经济发展的重要性。相对较低的价格和较长的运输距离也使铁路运输成为最受大家欢迎的运输方式。截至 2020 年初，哈国铁路运输线路共计 1.66 万千米，铁路运输中电气化线路为 4237.5 千米。

2013～2014 年，哈萨克斯坦的铁路货运周转量、货运量大幅提升，但在 2015～2016 年，出现了严重的下降，货运周转量降低到 2013 年的水平，之后一直处于缓慢增长的状态。2019 年，哈铁路货运量达到 3.97 亿吨，货运周转量达到 2867 亿吨千米（见表3）。一吨货物的平均运输距离为 722 千米，从货运目的地来看，国内货运量占比 69%，国际货运量占比 31%。在国际货运量中，独立国家联合体国家成为国际进出口商品的主要目的地，占比达到 89%，而过境货运量仅为 1.2%。在火车车头方面，截至 2020 年 1 月，哈萨克斯坦的火车车头数量为 1722 个，其中电火车头 549 个，柴油机火车头1173个。目前车头服务年限情况见表4，绝大部分火车车头已使用25年以上，设备陈旧现象严重，急需更新换代。

表3 2013~2019年哈萨克斯坦铁路运输主要参数

参数	2013年	2014年	2015年	2016年	2017年	2018年	2019年
铁路长度（千米）	15341	15341	15341	16104	16614	16635	16635
货运量（亿吨）	2.937	3.907	3.414	3.389	3.872	3.979	3.97
货运周转量（亿吨千米）	2313	2807	2674	2390	2666	2833	2867

资料来源：Transport in Kazakhstan 2013-2019, Statistical collection, Astana, http://stat.gov.kz，检索日期：2021年3月15日。

表4 截至2020年初哈萨克斯坦火车车头已使用年限情况

单位：%

参数	5年内	5~10年	10~15年	15~20年	20~25年	25年以上
电火车头	8.4	12	0.4	0.5	0	78.7
柴油机火车头	6.4	32	3.5	0.5	0.1	57.5

资料来源：Transport in Kazakhstan 2015-2019, Statistical collection, Astana, http://stat.gov.kz，检索日期：2021年3月15日。

3. 管道运输的现状

截至2020年，哈萨克斯坦共有管道干线23439千米，其中天然气管道15425千米、石油管道8014千米。哈管道干线每年运输量为2.73亿吨，其中液化天然气为9470万吨，石油为1.784亿吨。截至2020年底，中哈原油管道向中国累计输送原油超过1.4亿吨。[①] 随着"一带一路"沿线国家的开放，管道运输需求进一步增长，这将有利于哈萨克斯坦在管道运输量、运输效率等方面的提高。

---

① 《互联互通成为中哈关系的"金字招牌"》，人民网，http://world.people.com.cn/n1/2020/1231/c1002-31985425.html，检索日期：2021年3月17日。

4. 水路运输的现状

哈萨克斯坦的水运包括两个部分：海运和河运。目前，哈萨克斯坦的海上运输主要依靠阿克套港、包季诺港和库雷克港来完成。根据"光明之路"国家项目的规划，2015～2019 年，在阿克套港新建了 3 个干货码头，增加了 300 万吨的货物容量，使阿克套港货物转运体量达到 2070 万吨每年。在库雷克港新建了容量为 600 万吨的多功能综合渡口，使哈萨克斯坦的港口吞吐量增加到 2700 万吨。[1] 受疫情影响，2020 年，阿克套港和库雷克港的总吞吐量仅 480 万吨左右。[2] 河运方面，现有河运运输总长度为 4106 千米，主要由境内河流构成。总体来看，由于哈萨克斯坦为内陆国家，水路运输业比较落后，水路运输量仅占年总货运量的 0.15%。

5. 航空运输的现状

截至 2020 年初，哈萨克斯坦国内共有 25 个机场，其中 17 个满足 ICAO 标准，具备服务国际航班的资格；哈航空运输总计航线 133 条，其中，国际航线有 74 条，国内航线有 59 条。2019 年，哈萨克斯坦航空货运量为 2.67 万吨，货运转运量为 8383 万吨；人员运输量为 864.4 万人次。从运输总量来看，航空运输占比不到哈萨克斯坦货物运输总量的 1/10，占总人员运输量的 4/10000，发展水平仍处于较低状态。哈国政府计划在 2020～2025 年再建造 16 个机场，以进一步提高哈航空运输业的发展水平。[3]

---

[1] Five-year Results of NurlyZhol Program: Construction of Toll Roads, Creation of New Jobs and Freight Traffic Growth, http://government.kz/en/news/reviews/five-year-results-of-nurly-zhol-program-construction-of-toll-roads-creation-of-new-jobs-and-freight-traffic-growth，检索日期：2021 年 3 月 15 日。

[2] 《阿克套和库里克港 2020 年货物吞吐量超 480 万吨》，哈通社，https://www.inform.kz/cn/2020-480_a3734833，检索日期：2021 年 3 月 21 日。

[3] Five-year Results of NurlyZhol Program: Construction of Toll Roads, Creation of New Jobs and Freight Traffic Growth, http://government.kz/en/news/reviews/five-year-results-of-nurly-zhol-program-construction-of-toll-roads-creation-of-new-jobs-and-freight-traffic-growt，检索日期：2021 年 3 月 24 日。

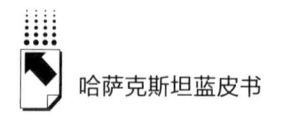

（二）哈萨克斯坦交通业发展现状小结

公路运输和铁路运输货物量占哈总货运量的93.4%，占总转运量的77%，在该国运输业中占主要地位；干线管道在石油和天然气运输领域中具有绝对核心地位，几乎包揽了哈国内和国际原油和天然气运输业务；水运和航空运输则发展较为缓慢，目前在哈交通运输领域中还处于边缘状态，但鉴于空运的快捷性以及里海中转站的重要性，哈也在不断发展水运和航空运输业。自哈政府2014年将交通运输发展列入"光明之路"计划，几年来，该领域取得了突飞猛进的发展。哈政府重建、新建国家公路约3000千米，整修了国家公路约1万千米，整修了地方公路1.5万千米，将国家公路和地方公路的优良率分别提升到88%和71%，将一类和二类国家公路增加到8200千米（占比34%）。通过政府投资和税率政策，促进汽车的更新换代，将承运巴士的破旧巴士率从65%降低到46%，满足国际运输标准的货运车辆从15%提升到53%。在铁路运输方面，以实现地区间的直接联通和提高对过境运输承运商的吸引力为目标，对铁路网结构进行优化。通过引入新技术、制定铁路运输相关法律和发放利率补贴等手段，将过境列车每天行程提升到1108千米，年过境标准集装箱量提升到66.4万个。[1] 哈萨克斯坦交通运输路线布局不均衡，使得国家运输系统无法很好地服务于国家间运输和内部区域运输。

普遍存在交通工具陈旧的现象。在铁路运输领域，有大约33%的车厢和超过60%的机车使用超过25年。在汽车运输领域，车辆老旧问题也同样突出，65%以上的汽车使用超过10年，绝大部分货运汽车达不到国际运输的标准。尽管哈萨克斯坦政府近年来一直在不断提高汽车的国产化，但主要还是集中于汽车组装。因此，在短期内，哈萨克斯坦将继续依靠从西欧国家进口货运车辆。

---

[1] Five-year Results of Nurly Zhol Program: Construction of Toll Roads, Creation of New Jobs and Freight Traffic Growth，检索日期：2021年4月21日。

基础设施较落后。虽然哈萨克斯坦的铁路基本上可以到达全国所有城市，但铁路网相对集中，线路多为南北走向，东西向线路较为稀疏。长期以来，多斯特克车站高负荷运行，已成为限制性因素，尤其是秋冬时节，复杂的气候环境使得集装箱的转运时间更长。

道路基础设施损坏和老化严重。不断增长的货运量、有限的资金投入以及缺乏现代化的道路维护和整修技术，使得公路老化快、道路质量整体不高，一类和二类公路占比低，进而导致公路运输速度慢、效率低和成本高。

针对这些问题，在"光明之路"第二个五年计划（2020~2025年），哈政府将继续投资5.5万亿坚戈用于基础设施建设。哈政府计划重建、新建国家公路1万千米，超过1.1万千米重点开展大中修工程，将国家公路的优良率提升至100%，一类和二类公路占比提升到60%，收费国家公路占比提升至45%。到2025年，哈政府计划完成2.7万千米地方公路的修复，将地方公路的优良率提升至95%。在铁路方面，计划新购置600辆客运车，将铁路网和火车机头的折旧率分别降低至49%和58%，对多斯特克至莫伊恩特段铁路进行现代化建设，莫伊恩特至阿克托盖段实现电气化。在航运和水运方面，计划建造机场16座，新购船舶48艘，其中包括6艘商船。通过这些措施，建成高效、有竞争力的交通运输体系，提高过境和国内运输服务能力，改善运输技术和制度环境。

二　哈萨克斯坦物流业的发展

中国的"一带一路"建设和哈萨克斯坦的"光明之路"计划具有高度的互补性，并且两国政府根据各国政策特点采取了相应的战略措施进行对接。自中哈两国战略对接以来，哈萨克斯坦的各项基础设施在不断改善，各种运输方式的运输能力在不断增长，物流的管理方式也在慢慢向国际标准看齐。尽管哈国物流业不断发展，但与其他发达国家相比，还是存在物流效率低、基础设施落后等问题。

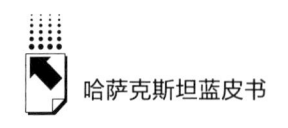

（一）哈萨克斯坦交通业的情况

哈萨克斯坦的主要运输方式有公路、铁路、管道以及水路运输。其中，公路运输居哈运输的首位，其总运营距离大约9.56万千米（截至2019年）；铁路运输仅次于公路，其运营长度为1.66万千米（截至2020年初）；管道运输主要用于油气等自然资源的运输；由于哈国水路运输条件差，发展较为缓慢。

（二）哈萨克斯坦物流业的配送发展

中哈两国的战略合作大大促进了哈萨克斯坦物流业的发展，但其物流配送业还存在诸多问题，可以归结为以下三点。第一，哈萨克斯坦较差的基础设施和自然条件，增加了其物流配送的成本，降低了运输效率。第二，哈萨克斯坦的物流基础设施在最初建设时没有进行合理的规划，进而导致其基础设施与发展需求严重不匹配；哈萨克斯坦国内配送基础设施落后、交通运输规模小和物流管理水平低等因素导致物流业的规模经济效益难以实现。第三，哈萨克斯坦物流业人才短缺。哈萨克斯坦设置物流专业的高校非常少，在物流行业没有投入足够多的教育资源，进而导致物流人才严重短缺。

（三）哈萨克斯坦电子商务的发展

新冠肺炎疫情迫使许多线下交易转为线上交易，这在很大程度上促进了哈萨克斯坦电子商务的发展。2020年，哈电子商务零售额从2019年的3270亿坚戈增长到5960亿坚戈。[①] 目前，哈萨克斯坦国内共有13家电商平台，有40多个哈萨克斯坦品牌在阿里巴巴电商平台注册。

三 中欧班列在哈萨克斯坦的运营

中欧班列发展至今实现了很大的转变：从数量发展到质量发展的转

---

① 《2020年哈萨克斯坦电商零售额增长82%》，央视网，http://m.news.cctv.com/2021/03/11/ARTIRajZDb0bdg5DT8HYveFq210311.shtml，检索时间：2021年4月1日。

变;从部分城市探索到地区间相互借鉴优化的转变;从促进沿线经济发展到促进多维度协同发展。据统计,超过90%的中欧班列途经哈萨克斯坦,分析中欧班列在其国境内的运营情况对中欧班列的未来发展有着举足轻重的意义。

(一)中欧班列总体运营情况

2020年中欧班列累计开行1.24万列(见图1),同比增长51%;货物运输量为113.5万标箱,同比增长56%,年度开行数量首次破万。2020年我国铁路重点建设西部陆海新通道,全年开行西部陆海新通道班列3600列,同比增长73%。① 在新冠肺炎疫情肆虐的2020年,多个运输渠道受阻的情况下,中欧班列为抗击疫情工作和促进经济逆势增长立下了汗马功劳。

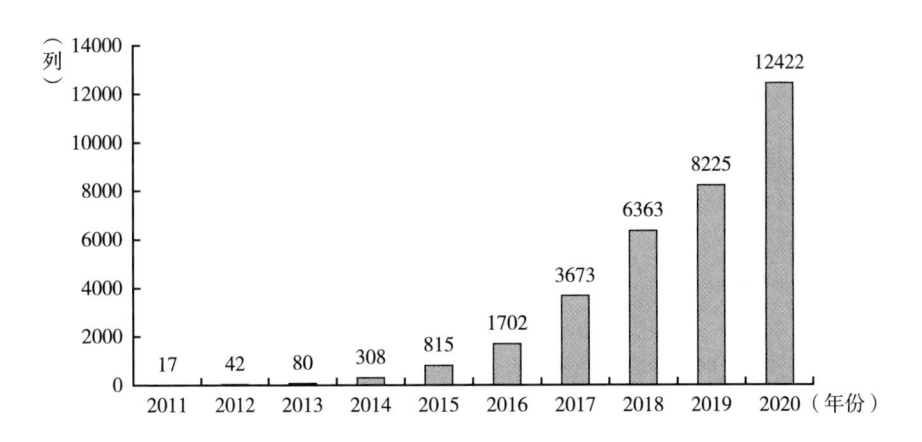

图1 2011~2020年中欧班列开行数量

资料来源:吴晓薇:《中欧班列开行对中国与"一带一路"沿线国家贸易成本影响研究》,北京林业大学,硕士学位论文,2020,第33页;2019~2020年中欧班列开行数据来源于2021年1月19日,国家发展改革委召开1月例行新闻发布会。

---

① 中国"一带一路"网,https://www.thepaper.cn/newsDetail_forward_10744682,检索日期:2021年3月15日。

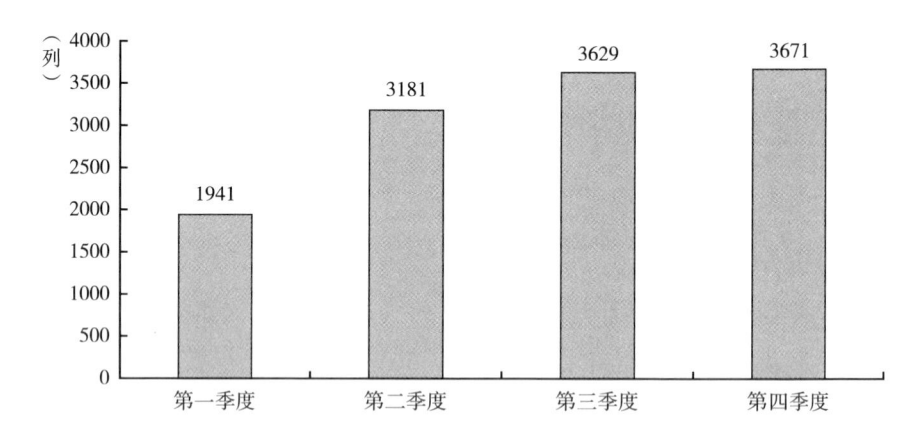

图 2　2020 年中欧班列开行数量

资料来源：《最全！中欧班列 2020 年开行数据总结分析》，https：//mp.weixin.qq.com/s/eNACyswYjWLWW2TiCpAiDA。

如图 2 所示，在新冠肺炎疫情的冲击下，2020 年中欧班列的开行数量仍然呈现逐渐递增的趋势。2020 年，我国超过 60 个城市相继开通中欧班列，其中有 29 座城市的开行数量累计过百。在中欧班列的国内重要节点城市中，西安、成都和重庆的年开行数量突破 2000 列。2020 年，"长安"号开行数量高达 3720 列，比 2019 年增长 74%，货物运输总量 281.1 万吨，比 2019 年增长 60%。

（二）中欧班列在哈萨克斯坦的运营情况

1. 过境哈萨克斯坦的中欧班列开行数量逐年增加

哈萨克斯坦是中欧班列的重要节点国家，过境该国的班列数量逐年增加，其对中欧班列的发展具有重要意义。截至 2017 年，超过 80% 的中欧班列途经哈萨克斯坦；2019 年，超过 90% 的中欧班列过境哈萨克斯坦。

2. 过境哈萨克斯坦的中欧班列线路逐渐增多

据统计，目前已经开通的中欧班列线路共计 55 条，其中途经哈萨克斯坦的中欧班列线路有 26 条（见表 5），所占比例高达到 47.3%。

表5 过境哈萨克斯坦的中欧班列线路信息

序号	国际班列	简称	口岸站	到站国别	运行时间	途经国	重要货物种类
1	郑州—汉堡/慕尼黑	中欧班列（郑州）	阿拉山口/霍尔果斯	德国	约15天	哈、俄、白、波、德	纺织品、汽车配件、工程机械、医疗器械、电子产品和食品烟酒等
2	成都—罗兹	中欧班列（成都）	阿拉山口/霍尔果斯	波兰	约12天	哈、俄、白、波	农产品、机械设备、食品烟酒、电器设备和汽车及其零配件等
3	成都—纽伦堡	中欧班列（成都）	阿拉山口/霍尔果斯	德国	约14天	哈、俄、白、波、德	农产品、机械设备、食品烟酒、电器设备和汽车及其零配件等
4	成都—蒂尔堡	中欧班列（成都）	阿拉山口/霍尔果斯	荷兰	约14天	哈、俄、白、波、德、荷	蔬菜、水果和服饰等
5	武汉—帕尔杜比采/罗兹/汉堡/杜伊斯堡	中欧班列（武汉）	阿拉山口/霍尔果斯	捷克/波兰/德国	约15天	哈、俄、白、波、捷、德	电子产品、服装和机械配件等
6	重庆—杜伊斯堡	中欧班列（重庆）	阿拉山口/霍尔果斯/二连浩特	德国	约15天	哈、俄、白、波、德；蒙、俄、白、波、德	化工品、食品、服装、家具和机电
7	义乌—马德里	中欧班列（义乌）	阿拉山口	西班牙	约18天	哈、俄、白、波、德、法、西	空调、机械配件、服装布料、汽车配件和电动工具等
8	义乌—伊斯坦布尔	中欧班列（义乌）	霍尔果斯	土耳其	约18天	哈、阿、亚、格、土	
9	义乌—伦敦	中欧班列（义乌）	阿拉山口	英国	约18天	哈、俄、白、波、德、比、法、英	母婴用品、软饮料和维生素产品等
10	义乌—布拉格	中欧班列（义乌）	阿拉山口	捷克	约16天	哈、俄、白、波、捷	布匹、服饰类和装饰用品等

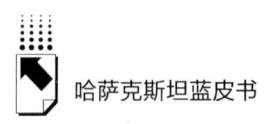

续表

序号	国际班列	简称	口岸站	到站国别	运行时间	途经国	重要货物种类
11	西安—汉堡	中欧班列("长安"号)	阿拉山口	德国	16~18天	哈、俄、白、波、德	日用小商品等
12	西安—科沃拉	中欧班列("长安"号)	霍尔果斯	芬兰	13~15天	哈、俄、芬	
13	西安—布达佩斯	中欧班列("长安"号)	阿拉山口	匈牙利	13~15天	哈、俄、乌、匈	母婴用品、软饮料和维生素产品等
14	合肥—汉堡		阿拉山口	德国	约15天	哈、俄、白、波、德	
15	连云港—伊斯坦布尔		阿拉山口	土耳其	约18天	哈、阿、亚、格、土	显示器、扬声器等电子产品
16	长沙—汉堡		阿拉山口/二连浩特	德国	约15天	哈、俄、白、波、德/蒙、俄、白、波、德	电子产品、纺织品、五金用品等
17	厦门—汉堡		阿拉山口	德国	约16天	哈、俄、白、波	显示器、打印机、LED灯条和服饰等
18	汉堡/慕尼黑—郑州	中欧班列(郑州)	阿拉山口	德国	约18天	哈、俄、白、波、德	食品、汽车配件、整车和日用品等
19	罗兹—成都	中欧班列(成都)	阿拉山口/霍尔果斯	波兰	约15天	哈、俄、白、波	电子产品、家用电器、汽车配件、模具和服饰等
20	纽伦堡—成都	中欧班列(成都)	阿拉山口/霍尔果斯	德国	约17天	哈、俄、白、波、德	电子产品、家用电器、汽车配件、模具和服饰等
21	蒂尔堡—成都	中欧班列(成都)	阿拉山口/霍尔果斯	荷兰	约17天	哈、俄、白、波、德、荷	汽车及其零配件、设备原材料、工程装备和酒类等
22	汉堡—武汉	中欧班列(武汉)	阿拉山口	德国	约18天	哈、俄、白、波、德	酒类、食品、饮品和粮油等

续表

序号	国际班列	简称	口岸站	到站国别	运行时间	途经国	重要货物种类
23	杜伊斯堡—重庆/成都	中欧班列（重庆）	阿拉山口/霍尔果斯/二连浩特	德国	约18天	哈、俄、白、波、德；蒙、俄、白、波、德	日用品、奶粉、化妆品和酒类等
24	马德里—义乌	中欧班列（义乌）	阿拉山口	西班牙	约20天	哈、俄、白、波、德、法、西	酒类、食品和食用油等
25	布拉格—义乌	中欧班列（义乌）	阿拉山口	捷克	约16天	哈、俄、白、波、捷	水晶制品、汽车配件和啤酒
26	伦敦—义乌	中欧班列（义乌）	阿拉山口	英国	约18天	哈、俄、白、波、德、比、法、英	

资料来源：新华丝路网，https://www.imsilkroad.com/news/silubanlie，检索日期：2021年3月15日。

（三）中欧班列在哈萨克斯坦运营存在的问题[①]

1. 中哈口岸拥堵问题

由于中欧班列开行数量逐年大幅增加，部分沿线国家的铁路、口岸等基础设施不完善等，现有的基础设施无法满足中欧班列的发展需求，从而造成口岸拥堵的问题，阻碍了中欧班列的顺畅运行。2020年受新冠肺炎疫情影响，中欧班列的东西向货物运输不平衡现象加剧，更是造成了口岸拥堵的常态化。

2. 中国在境外段运价协商方面较为被动

哈萨克斯坦是中欧班列过境最多的国家，也是中欧班列开行的重要节点国家。截至2019年，超过90%从西线进出的中欧班列都要经过哈萨克斯坦国境，因此，哈萨克斯坦在运费议价时拥有较强的话语权，导致我国在运费

---

① 梅冠群：《推动中欧班列高质量发展的若干建议》，《中国发展观察》2020年第24期，第31页。

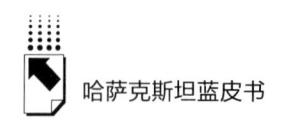

议价时处于被动地位。除此之外,我国与其他国家在进行运费谈判时,分别与铁路公司、货运公司进行谈判,导致谈判主体分散,降低了我国的议价能力。

(四)哈萨克斯坦促进中欧班列运营的措施[①]

1. 中哈双方合作共建基础设施

为解决中哈口岸拥堵问题,中哈双方应积极沟通,分析口岸拥堵的具体原因,不断深化双方的合作。同时,哈萨克斯坦应当加大与我国接壤的边境地区的公路、铁路等基础设施的建设投入,提升中国货物的通关能力和国内铁路运力。除此之外,我国应优化运输组织,不断提升整体效率,为中哈运输提供便利。

2. 中国加强与沿线铁路公司的协调议价

面对当前我国运费议价的被动地位以及议价主体的分散化情况,我国应加强统筹协调,积极组织各地共同开展议价谈判,避免出现与各地分别进行谈判的情况。另外,在谈判时要善于利用并行线路的谈判优势,与除哈萨克斯坦之外的国家积极议价,适当给予哈压力。从长远看,我国应尽快打通中欧班列南部通道路线,降低运输成本的同时,提升我国议价的主动权。

---

① 梅冠群:《推动中欧班列高质量发展的若干建议》,《中国发展观察》2020年第24期,第32页。

中哈关系篇

China – Kazakhstan Relations Topics

B.11
2020年中国与哈萨克斯坦关系述评

陈 珊*

摘　要： 中哈建交以来，从最初的战略伙伴关系，发展为现在的永久全面战略伙伴关系，两国关系日益巩固，为促进两国合作与发展奠定坚实的基础。在新的历史起点上，中哈两国在政治、经济、安全及人文领域深度合作，取得了可喜的成绩。然而当今国际形势复杂多变，尤其美国提出"新中亚战略"，促使中亚地区间的各方博弈逐渐升级，中哈合作面临新的风险和挑战。有鉴于此，中哈两国应加强政治互信；维持良好稳定的双边关系；继续深化各领域的务实合作；协调处理好与其他国家的关系；强化对中亚国家的研究；鼓励中国媒体进入中亚，这将进一步促进中哈关系全面健康可持续的发展。

---

* 陈珊，陕西师范大学"一带一路"建设与中亚研究协同创新中心博士研究生。

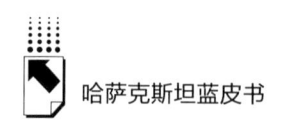

关键词： 中哈关系　外交政策　政治互信　经贸合作

哈萨克斯坦处于欧亚大陆的中心地带，是中国的友好邻邦，与中国拥有1700多公里的共同边界。首任总统纳扎尔巴耶夫高瞻远瞩，提出哈萨克斯坦要成为连接东西方的桥梁，并在伊斯兰世界和突厥语国家中担任有分量的角色。1991年12月，哈萨克斯坦共和国宣布独立。1992年1月，中哈建交，此后，中哈关系迅速发展，双方在政治、经济、安全和文化等领域的合作不断强化。

一　中哈关系发展历程

1992年1月3日中哈建交。2002年12月签署《中哈睦邻友好合作条约》。2005年7月中哈建立战略合作伙伴关系。2011年6月两国共同发表《中哈关于发展全面战略伙伴关系的联合声明》。2015年8月，中哈全面战略伙伴关系进入新阶段，签署了《中哈关于全面战略伙伴关系新阶段的联合宣言》，2019年9月中哈双方签署了《中华人民共和国和哈萨克斯坦共和国联合声明》。

中哈经贸关系始于1992年，两国于1992年建立了政府间经贸和科技合作委员会。2004年，两国成立中哈合作委员会。如图1所示，中哈两国双边贸易额在2020年达到214.3亿美元，而建交初期两国的贸易额仅为3.7亿美元。

纵观中哈交往的历史，可以发现，中国与哈萨克斯坦的关系具有以下特点。

第一，哈萨克斯坦共和国刚成立，就与中国建立外交关系，两国关系悠久。哈萨克斯坦1991年12月宣布独立，次年1月双方就建立大使级外交关系。中国与哈萨克斯坦互相尊重，互不干涉内政，平等互利地发展双边关系。中国在外交上坚持和平共处五项基本原则，支持哈萨克斯坦的独立、主

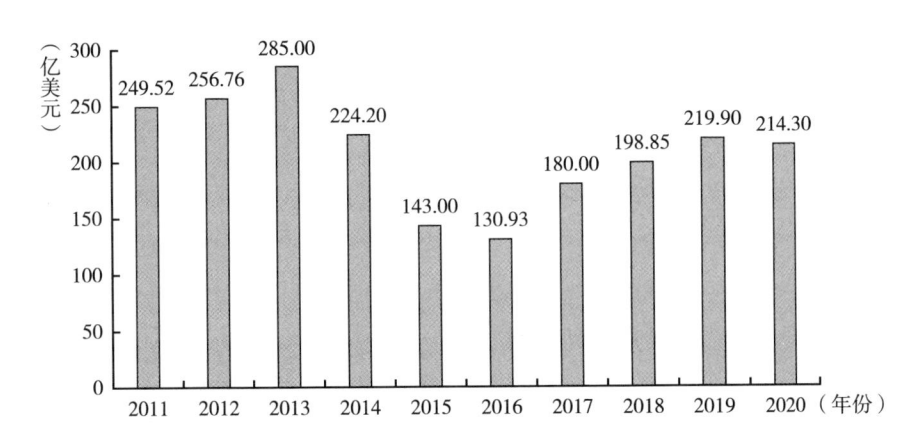

图1 2011~2020年中哈两国双边贸易额

资料来源：2011~2019年中哈双边贸易额来自《对外投资合作国别（地区）指南哈萨克斯坦》的历年年度报告；2020年中哈双边贸易额见中华人民共和国商务部网站，http：//kz.mofcom.gov.cn/article/jmxw/202101/20210103033843.shtml。

权和领土完整，不干涉哈萨克斯坦内政，这也得到哈萨克斯坦的肯定，推动中哈关系良好发展。

第二，中国与哈萨克斯坦的关系不均衡。主要体现在中哈两国在政治、经济和人文领域的合作发展相对较快，在军事和安全领域的合作发展相对缓慢。1992年中哈两国建交后，两国就通过双边和多边渠道保持广泛而紧密的联系，双方政治关系平稳，高层互访频繁。中哈两国贸易额从1992年建交初期的3.7亿美元发展到2007年首次突破百亿美元，仅用了16年时间。[①]

二 2019~2020年中哈两国合作的成就与展望

（一）政治领域合作

2019年9月，哈萨克斯坦总统托卡耶夫到中国进行国事访问，国家主

---

① 韦进深、舒景林：《哈萨克斯坦国家发展与外交战略研究》，世界图书出版公司，2016，第100页。

席习近平、国务院总理李克强、全国人大常委会委员长栗战书、中央外事工作委员会办公室主任杨洁篪分别同其举行会谈。9月，全国人大常委会委员长栗战书赴哈出席第四届欧亚国家议长会议，并分别会见哈首任总统纳扎尔巴耶夫、总统托卡耶夫、议会上院议长纳扎尔巴耶娃、议会下院议长尼格马图林。11月，国务院总理李克强在赴乌兹别克斯坦出席上合组织成员国政府首脑（总理）理事会第十八次会议期间同哈总理马明举行会谈。11月，哈第一副总理兼财政部部长斯迈洛夫来华同国务院副总理韩正共同主持召开中哈合作委员会第九次会议。12月，国务委员兼外长王毅在出席第十四届亚欧外长会议期间同哈外长特列乌别尔季举行双边会见。①

2020年3月，中共中央政治局委员杨洁篪访哈，同哈总统托卡耶夫、外长特列乌别尔季举行会见。同年3月，习近平主席同哈总统托卡耶夫通电话，习近平强调，"中方愿同包括哈萨克斯坦在内的世界各国一道，加强国际抗疫合作，共同维护全球公共卫生安全"②。托卡耶夫总统对中国在疫情防控方面取得的杰出成就给予肯定。哈方致力于深化哈中永久全面战略伙伴关系，哈方愿同中方加强在联合国、上海合作组织框架内的沟通与合作。③

2020年9月，国务委员兼外长王毅访哈，同哈首任总统纳扎尔巴耶夫、总统托卡耶夫举行会见，同外长特列乌别尔季举行会谈。纳扎尔巴耶夫表示，"哈方坚定支持中方推进的各项内外政策，赞赏中方在捍卫多边主义和维护国际公平正义方面所作的努力"④。托卡耶夫表示，"哈方愿同中方深化各领域务实合作，更多造福两国人民"⑤。

---

① 中华人民共和国外交部，https://www.fmprc.gov.cn/web/gjhdq_676201/gj_676203/yz_676205/1206_676500/sbgx_676504/。
② 新华网，http://www.xinhuanet.com/politics/leaders/2020-03/24/c_1125762683.htm。
③ 新华网，http://www.xinhuanet.com/politics/leaders/2020-03/24/c_1125762683.htm。
④ 中华人民共和国外交部，https://www.fmprc.gov.cn/web/gjhdq_676201/gj_676203/yz_676205/1206_676500/xgxw_676506/t1814546.shtml。
⑤ https://www.fmprc.gov.cn/web/gjhdq_676201/gj_676203/yz_676205/1206_676500/xgxw_676506/t1814515.shtm。

2020年在全球新冠肺炎疫情大流行的背景下，中国高层领导到访哈萨克斯坦，与哈萨克斯坦首任总统、现任总统和外长等高层领导会晤，就深化各领域务实合作积极对话。这都表明了中哈两国领导人的高度互信。2020年3月总统托卡耶夫签发了未来十年外交工作的基本政策文件《哈萨克斯坦对外政策构想（2020~2030）》，该文件规定哈萨克斯坦在开展区域和多边合作时，优先发展同俄罗斯、中国、美国、中亚国家、欧盟及其成员国的关系。① 哈萨克斯坦将发展中哈关系放到第二位。

中哈两国政治上互信，两国领导人对中哈关系的良好发展作出自己的贡献。首任总统纳扎尔巴耶夫是中哈全面战略伙伴关系的缔造者和推动者。正是在他和中国领导人的推动下，中哈两国关系从2002年的睦邻友好关系，发展到今天的永久全面战略伙伴关系。

哈萨克斯坦首任总统纳扎尔巴耶夫第一次出访中国是在1991年7月9~16日。纳扎尔巴耶夫总统在回忆第一次中国之行时写道："我第一次出访中国是在1991年，这次出访从根本上改变了我对这个国家的概念，整个中国都在进行着改革。""哈中关系发展很活跃；第一次出访后，顺利打开了所有商路；因而在一年半的时间里，我们两国间的商品流通增加了数十倍。"② 纳扎尔巴耶夫总统第一次出访中国的所见所闻，为以后中哈关系的成功起步与发展奠定了基础。

习近平主席重视与哈萨克斯坦发展健康良好的双边关系。习近平主席正是在哈萨克斯坦首次提出共建"丝绸之路经济带"倡议，与哈深化务实合作，拉紧人文纽带。中哈打造更加紧密的利益共同体和命运共同体。正如习近平主席说："不论遇到什么样的困难和挑战，中哈两国友好的理念不会改变。两国要永远做好邻居、好朋友、好伙伴。"③

---

① Указ Президента Республики Казахстан от 6 марта 2020 года № 280 «Концепция внешней политики Республики Казахстан на 2020 – 2030 годы».
② 〔哈〕努·纳扎尔巴耶夫：《站在21世纪门槛上》，陆兵等译，时事出版社，1997，第156页。
③ 《走在和平之路繁荣之路》，http：//www.xinhuanet.com/mrdx/2017 – 06/11/c_ 136356353. htm。

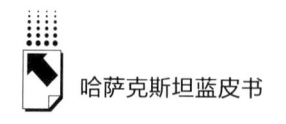

（二）经贸合作

哈萨克斯坦是中国在中亚最大的贸易伙伴。据中国海关总署统计，2020年1～12月，中哈双边贸易额为214.3亿美元，同比下降2.6%；其中，中国对哈出口117.1亿美元，同比下降8%；自哈进口97.2亿美元，同比增长4.9%。双边贸易中方顺差为19.9亿美元，同比下降42.7%。[1] 据哈萨克斯坦国家银行数据，2020年1～9月，中国对哈投资5.206亿美元，是对哈投资的第八大国，前四大投资国分别是荷兰、美国、瑞士和俄罗斯。[2]

2005～2019年，中国对哈萨克斯坦的总投资额为177.363亿美元[3]，约占这一时期中国投资总额的6%。中国投资对哈萨克斯坦经济有着重要意义，其中很大一部分投资流向了开采和制造业。

"一带一路"倡议提出后，哈萨克斯坦是第一个与中国达成产能合作协议的国家。2020年6月，中哈两国达成一致落实"价值5.76亿美元的7个投资项目"[4]。2020年，中国企业承建的阿拉木图州光伏电站、江布尔州札纳塔斯风电项目和卡拉干达州YDD硅铁矿热电炉项目竣工投产，努尔苏丹市西南环城公路建成通车，东哈萨克斯坦州图尔古松水电站顺利复工。[5] 2020年，中国企业在哈参与投资项目共3个，项目投资总额约1.42亿美元。[6] 中国企业控股或参股的6家企业进入哈外资企业30强。[7]

哈萨克斯坦是中国西部经陆路通向欧洲的必经之路。两国在过境运输合作方面卓有成效，未来合作潜力巨大。哈萨克斯坦通过中国的连云港进入太

---

[1] http：//kz.mofcom.gov.cn/article/jmxw/202101/20210103033843.shtml.
[2] «Приток прямых иностранных инвестиций 2020»，http：//ranking.kz/ru/a/infopovody/v-2020-godu-bolee-dvuh-tysyach-novyh-inostrannyh-kompanij-prishli-v-kazahstan.
[3] Статистика прямых инвистиций по направлению вложения Национального банка РК，https：//nationalbank.kz/? docid=680&switch=russian.
[4] https：//kaztag.kz/ru/news/kazakhstan-i-kitay-podtverdili-plany-po-zaversheniyu-semi-investproektov-na-summu-576-mln.
[5] http：//kz.mofcom.gov.cn/article/t/202101/20210103029744.shtml.
[6] http：//kz.mofcom.gov.cn/article/jmxw/202101/20210103028839.shtml.
[7] http：//kz.mofcom.gov.cn/article/jmxw/202011/20201103018961.shtml.

平洋，成为欧洲和亚洲的交通枢纽，其经济活动拓展到太平洋和大西洋。2017 年 2 月，通过中国连云港，哈萨克斯坦将小麦首次出口到东南亚。2020 年，中国过境哈萨克斯坦的中欧班列达 9679 列，创历史新高。其中，从阿拉山口出境经哈萨克斯坦的中欧班列达 5027 列，同比增长 41.8%；从霍尔果斯出境经哈萨克斯坦的中欧班列达 4652 列，为历史最高，同比增长 37%。①

中哈农业合作潜力巨大。哈萨克斯坦农业部国家检疫委员会主席马尔斯称，"2020 年前 8 个月，哈对华出口农产品 64.3 万吨，出口额达 2.48 亿美元，与上年同期（64.29 万吨，2.17 亿美元）相比呈增长态势"②。中哈两国已签署 19 种哈植物及畜牧产品输华检验检疫要求议定书，包括小麦、亚麻籽和大麦等。③

从上述数据看，在新冠肺炎疫情背景下，2020 年中哈在经济领域的合作成效明显，虽然双边贸易额较 2019 年相比略有下降，但中国自哈萨克斯坦的进口额上升。中哈产能合作的 55 个项目，有竣工有复工的项目，疫情没有阻挡两国的经济合作。过境哈萨克斯坦的中欧班列也创历史新高。

2020 年 9 月，哈总统托卡耶夫发表国情咨文，其中不少内容涉及与中国的经贸合作。一是发展物流运输综合体；二是应最大限度地刺激外国投资流入哈萨克斯坦并将利润再投资；三是大力发展数字化，在国内创造有高附加值的 IT 市场、工程和其他高科技服务，并出口到国外。④ 哈为实现这些规划，需要与其他国家开展合作，而中国是哈主要的伙伴国，中哈经济合作前景乐观。

---

① http：//k. sina. com. cn/article_ 6012993323_ 16666ff2b00100oq8m. html.
② http：//kz. mofcom. gov. cn/article/jmxw/202012/20201203019393. shtml.
③ http：//kz. mofcom. gov. cn/article/jmxw/202009/20200902999852. shtml.
④ Послание Главы государства Касым-Жомарта Токаева народу Казахстана. 1 сентября 2020 г, https：//www. akorda. kz/ru/addresses/addresses_ of_ president/poslanie – glavy – gosudarstva – kasym – zhomarta – tokaeva – narodu – kazahstana – 1 – sentyabrya – 2020 – g.

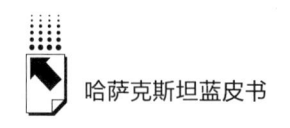

（三）安全领域合作

中哈在安全方面的合作是在双边和多边机构框架下开展的，包括联合国、上合组织、亚信及其他国际组织。2019年9月，中哈两国发布《中华人民共和国和哈萨克斯坦共和国联合声明》，双方指出，"安全合作是中哈全方位合作的重要组成部分，双方愿继续深化安全合作"[①]。

中哈双方在军事安全领域创建了军事及军事技术合作机制。根据世界武器贸易分析中心的数据，2008～2015年中国向哈萨克斯坦出售750万美元的军用品。[②] 随着中哈军事合作的发展，哈萨克斯坦军事人员更有兴趣到中国学习。这是因为中国在国防上取得的成功，以及中国有高水平的军事院校。中哈双方开展了军事培训方面的合作。近20年来有200多名哈萨克斯坦军事人员在中国的军校学习。截至2020年6月，有30多名哈萨克斯坦的军事人员在中国的军事高等院校学习。[③]

近年来，中国与哈萨克斯坦执法与安全合作发展良好。第一，两国在执法安全合作方面的法律基础完善。签署了国家间司法协助条约、政府间打击三股势力协议。中国公安部与哈萨克斯坦内务部、国家安全委员会等部门也签署了合作协议，这些合作协议的签署为中哈两国在执法安全领域的合作奠定了法律基础。

第二，高层交往密切。多年来中哈两国执法安全部门领导人交往密切，两国执法安全部门密切配合与协调，在反恐、打击跨国犯罪、禁毒、边防和联合追逃以及油气管道安保等诸多领域取得了良好的合作成果。中哈两国安全执法部门，也在上合组织框架内保持良好的沟通和配合，共同促进了上合组织的发展。

---

① 《中华人民共和国和哈萨克斯坦共和国联合声明》，http://www.gov.cn/xinwen/2019-09/12/content_5429468.htm。
② Современная Китайская армия, https://cvsi.kz/index.php/analitika-i-publikatsii/item/198-sovremennaya-kitai-skaya-armiya.
③ Современная Китайская армия, https://cvsi.kz/index.php/analitika-i-publikatsii/item/198-sovremennaya-kitai-skaya-armiya.

第三，两国的执法安全合作成果务实。在反恐合作方面，哈萨克斯坦安全部门的工作人员积极支持中方打击三股势力的立场，中国公安部与哈萨克斯坦国家安全委员会建立了年度反恐会晤机制，及时反馈结果，形成良好的互动机制。在打击跨国犯罪和追逃方面，两国多次互相遣返经济犯罪和刑事犯罪嫌疑人，多次就打击中哈边境地区的有组织犯罪团伙进行合作。在禁毒领域合作上，双方建立了禁毒合作模式，开展了团组的交流和禁毒执法培训合作。在执法培训合作方面，哈方专家来中国参加执法安全能力建设合作项目，中方专家也参加了哈萨克斯坦举办的各种培训和研修项目。

在上合组织框架内，中哈两国相关部门在执法安全合作领域保持着沟通和配合，在多个领域开展了积极务实的合作。目前安全合作领域涉及反恐情报交流、反恐联合演习、大型活动安保、人员培训、禁毒、边防和网络安全，并在这些领域建立了很好的多边合作机制。①

（四）人文领域合作

中哈两国的人文合作有着深厚基础和广阔前景。1992年，中哈两国政府签署了《中华人民共和国和哈萨克斯坦共和国政府文化合作协定》，该文件成为两国开展文化交流与合作的纲领性文件。

2020年初，在中国抗疫最艰难的时候，哈萨克斯坦是第一批向中国提供援助的国家之一。2020年4月，中国政府向哈派出医疗专家组援助哈抗疫，发挥重要作用，得到哈方的高度评价。中国社会各界向哈萨克斯坦捐助医疗用品，2020年12月，中国石油与哈方合作伙伴一道，为哈萨克斯坦Halyk慈善基金会捐赠抗疫资金40亿坚戈。②

中国与哈萨克斯坦均签署了《中国政府和哈萨克斯坦政府关于相互承

---

① 2019年10月25日，在中国社会科学院国际合作局主办的"中国与哈萨克斯坦'永久全面战略伙伴关系'研讨会"上，公安部反恐局上海合作组织执法办公室处长邢张臻的主题发言。

② http://kz.mofcom.gov.cn/article/jmxw/202012/20201203026051.shtml.

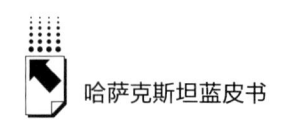

认学历和学位证书的协定》。哈萨克斯坦来华留学人数逐年增加。2018 年，来华学习的哈萨克斯坦学生共计 11784 人。目前，来华学习的哈萨克斯坦留学生约有 1.4 万人。截至 2019 年 12 月，中哈已建立 18 对友好省州和城市，其中北京市和努尔苏丹市互为友好城市。

哈萨克斯坦为表彰外国学者加强国家间友好合作作出的贡献，以及为宣传阿拜遗产作出的贡献，于 2020 年 8 月 10 日举办了首个"阿拜日"，在这天哈为 11 名外国学者颁发了二级友谊勋章，其中有我国作家艾克拜尔·米吉提以及翻译家哈焕章。他们的作品是中哈友谊的见证。

2020 年，受疫情影响，航班停飞，在人员往来减少的情况下，两国的人文合作不仅没有停滞，还向更好、更广的方向发展。哈民众借助中国的影视作品更多地了解中国。深化两国的人文交流，做到相互了解，相互理解，相互尊重，相互包容，助力民心相通。

三 新时期中哈合作的问题与分析

2019 年 9 月，中哈两国关系进入新的历史阶段——永久全面战略伙伴关系。新的历史时期，中哈关系也受到以下因素的制约。

（一）大多数哈萨克斯坦居民对中国不了解

哈萨克斯坦缺少了解中国的渠道，受西方媒体对中国歪曲报道的影响，哈部分媒体跟风对中国进行不实报道，这让哈居民对中国有了错误的认知。在哈萨克斯坦少有播放中国优秀的影视剧，少有介绍中国优秀的文学作品。哈萨克斯坦专家就建议中方要增加普通民众了解中国的平台和机制。例如，将能反映中国文化、中国发展成就的优秀影视剧、纪录片翻译成哈萨克斯语或俄语，在哈电视频道或者互联网平台播出，使哈民众全面了解中国、认识中国。

（二）"中国威胁论"对双边关系的负面影响

"中国威胁论"的危害是把中国变成了一个负面形象，一个对哈萨克斯坦国家利益的损害者，一个对哈萨克斯坦充满危险的国家。① 哈萨克斯坦惧怕中国的"经济扩张"和"移民威胁"。

虽然哈萨克斯坦欢迎"一带一路"，但哈还有一些势力将这一经济合作倡议视为中国的地缘政治战略，大肆鼓吹"中国扩张论"、"债务威胁论"和"项目不透明"等。哈萨克斯坦民众受到影响，部分媒体跟风，无视双方合作的互利性，也渲染上述"威胁论"。

自2018年起美国全面遏制中国，美国中亚政策的首要任务是遏制俄罗斯与中国，挑拨中国与中亚国家的关系，挑唆中亚国家反华，与中亚国家开展针对中国"一带一路"项目的"蓝点网络"项目。哈媒体跟风刊发了污名化中国的新闻报道和文章，这都对哈民众正确认识中国，了解"丝绸之路经济带"产生了恶劣影响。一旦民众对中国产生负面印象，想要纠正过来是很困难的。

与反华言论有关的社会学调查表明，58%的哈萨克斯坦人正面看待中国。但是，与2015年相比，这一数字下降了18%。② 尽管政府高层和知识分子表示高度信任，但哈萨克斯坦民众对中国的不信任感正在增加。自2018年来，在哈520起已登记的抗议活动中有57次是反华抗议活动。③ 哈萨克斯坦的反华抗议活动长期以来一直是哈萨克斯坦国内各种政治党派和民族主义组织以及一些境外参与者为争夺政权、进行国内政治斗争的工具。例如，2019年9月哈萨克斯坦总统托卡耶夫访华前，媒体报道中国通过合作项目"将旧工厂转移到哈萨克斯坦"和"反对中国经济扩张"等，在扎纳奥津市、努尔苏丹市发生了反华活动。哈政治评论家阿希姆巴耶夫就认为，在托卡耶夫总统访华前，在这个石油城市扎纳奥津市首先发生反华活动，很可能是哈国内政治党派及境外力量策划的有针对性的活动。

---

① 赵华胜：《中国的中亚外交》，时事出版社，2008，第164页。
② 数据来源于哈学者塔伊洛夫的文章《地缘政治条件变化下的哈萨克斯坦》，该文章即将公开发表。
③ 数据来源于西北大学丝绸之路研究院的内部讲座。

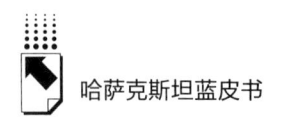

（三）两国之间的跨界河流和水资源问题

伊犁河和额尔齐斯河是中哈之间较大的跨界河流。中哈水资源问题主要涉及的就是这两条河流。伊犁河是新疆水量最大的河流，发源于天山，从中国流入哈萨克斯坦，最后流入哈萨克斯坦境内的巴尔喀什湖。额尔齐斯河是新疆的第二大河流，从中国流入哈萨克斯坦境内。随着中哈两国经济和人口的增长，对跨境水资源的需求愈加强烈，也就出现了跨界河流管理和水资源利用的问题。

跨界河流与水资源问题是中哈两国间的"老"问题。两国在跨界水资源合作方面的主要瓶颈有：气候条件变化使双方产生的忧患意识；人类开发利用活动使双方形成先占先用的博弈心理；现有框架协议使双方在流域治理机制共建方面协调难度大；双方利益诉求的差异。[1]

在解决中哈跨界河流的问题上，中国表现了建设性态度。中哈需要在水资源问题上相互理解，合理处理这一问题。在中哈的跨界河流地区，联合用水不清晰很可能会引起哈萨克斯坦的反华情绪。哈的反华情绪会把中国投资者赶走。

（四）其他大国在中亚地区的博弈升级

中亚地区的力量格局也正在变化，俄罗斯的地区领导力正在被分化，美国和中国在中亚地区的影响力有所上升，美国会加大其对中亚经济领域的影响力，中国有可能在地区安全领域发挥更多作用。印度在中亚地区的作用加大，有可能成为影响中亚地区的新力量。美国利用印度来落实自己的中亚政策，中亚地区的格局力量有可能从"俄美中"三角关系向俄、美、中、印多极格局转变。

2019年，美国发布了最新的中亚战略。在该战略中美国将中亚视为对

---

[1] 吴凤平、白雨卉：《"一带一路"跨境水资源合作——以中哈为例》，《经济与管理评论》2020年第5期。

其具有独立价值的地区。美国领导层把中亚视为中美对抗时中国的"阿喀琉斯之踵",是可以使中国在战略上失败的地方。一是因为中国依赖中亚的能源,中国从哈、乌、土这三个国家进口石油天然气。二是因为中国依赖经中亚的贸易线路,会减少对海路的依赖,海路受美国控制,还会被美国切断。三是因为中国新疆与中亚国家接壤。美国中亚战略的重点之一是与竞争对手俄罗斯、中国、伊朗进行对抗。《美国中亚战略2019~2025》及美国未来的一系列举措会对中亚力量格局产生影响,也将影响到中亚国家间的关系,使中哈关系复杂化。

俄罗斯是对中亚地区影响最广和最深的大国。不管是哈萨克斯坦2014年1月发布的《哈萨克斯坦对外政策构想(2014~2020)》,还是2020年3月发布的外交工作的基本政策文件《哈萨克斯坦对外政策构想(2020~2030)》,都将发展与俄罗斯的关系放在首位,而俄罗斯在中亚的政策也会对中哈关系、中俄关系产生重大影响。

印度参与中亚地缘政治竞争的重要思想之一是削弱中国在中亚的影响力。[①] 除了希望抵制中国在中亚影响力的增加外,印度在中亚地区活跃也符合自身的发展需求。中亚对印度的重要性和印度在中亚的利益主要是安全、能源和地缘政治。印度在中亚地区的活跃也得到了美国的支持。美国会利用印度,在中亚创建新的区域协作模式,加大印度在中亚的地缘政治及地缘经济影响力来抗衡中国。

美国、俄罗斯和印度这些大国因自身国家的发展需要以及出于地缘政治目的都越来越重视中亚地区,积极参与到中亚事务中,也正如前文所述,中亚的力量格局正在发生变化,这不可避免地会影响哈萨克斯坦与中国之间的关系。

(五)中哈经济合作面临规则瓶颈

两国的法律法规、技术标准等有较大差异。截至2020年9月中哈两国

---

① 赵华胜:《中国的中亚外交》,时事出版社,2008,第390页。

已签署了19种哈植物及畜牧产品输华检验检疫要求议定书[①]，中国同意扩大哈萨克斯坦食品清单，同时帮助哈萨克斯坦公司获取出口证明及帮助弄清楚中国电子商务的细节。其中输华的农产品及畜牧产品，包括小麦、亚麻籽、大麦、苜蓿、玉米、麦麸和饲料、菜籽粕、小麦粉、蜂蜜、羊毛、乳制品、牛肉、羊肉和猪肉。但中哈两国之间农产品标准体系不一样，哈萨克斯坦的农产品采用了欧美等国的标准，还主要参照了俄罗斯标准，部分农产品如小麦、鲜梨、饲料用的菜籽粕参照了中国标准。为此，哈萨克斯坦农产品及畜牧产品进入中国市场时，需与中国进行标准比对，调整产品的技术指标体系，来适应中国的要求并获得中国相关部门的批准。

对此，中哈两国可成立联合委员会，扩大中哈两国进出口农产品及畜牧产品清单，收集、翻译、比对和修改完善产品的标准，或者重新设计产品标准等。

四 促进中哈关系良好发展的建议

（一）继续加强政治、经济、安全和人文领域的合作

两国在现有合作的基础上继续加强政治互信，开展多样化经济合作，强化安全领域合作，深化人文领域合作。哈萨克斯坦独立以来，中哈两国历代领导人都高度重视双边政治关系的健康发展。中哈关系经历了战略伙伴关系、全面战略伙伴关系，至2019年提升到永久全面战略伙伴关系，中哈关系到了一个新高度。两国关系的健康良好发展离不开两国历代领导人对中哈关系的重视，离不开政治上的相互信任。两国领导人的频繁互访与沟通，为以后两国加强政治互信奠定基础。

石油产业还是哈萨克斯坦的关键产业，产值约占哈萨克斯坦国内生产总值的15%，占国家出口额的一半以上，占政府收入的40%以上，尽管哈萨克

---

① http://kz.mofcom.gov.cn/article/jmxw/202009/20200902999852.shtml.

斯坦在努力实现经济多元化，而中哈经济合作主要涉及的领域有石油化工业、电力工程、化工业和采矿冶金业。哈萨克斯坦有发展经济多样化的需求，我国可以拓展与哈的经济合作领域，将经济合作从上述领域拓展到其他经济领域。

继续加强中哈安全领域的合作，联合打击"三股势力"、毒品犯罪行为和非法洗钱活动，保证中哈边境安全。此外，也要加大安全领域其他方面的合作。一是为应对中哈两国及区域网络安全威胁，联合开展网络安全领域的合作。中哈双方在此问题上达成一致，正如托卡耶夫总统所说，哈愿同中方一道共同打击传播虚假信息的行为，包括防范通过社交媒体散播虚假信息破坏国内稳定的行为。[①] 二是增加到中国军事高校学习的哈萨克斯坦学员数量。三是加强军事科学领域的知识交流和经验交流。四是在新冠肺炎疫情背景下，制定保障边防安全的协作章程。

在上合组织框架下，深化中哈人文领域的合作。一是构建常态化的交流平台，如定期开展人文交流论坛，共同发行出版物。二是建立民间媒体、学者、企业（三位一体）的共同体平台，深化人文交流与合作，增进理解，互相尊重，互相包容。三是建立跨文化的培训项目，助推双方全方位深入了解。正如前文所述，通过人文领域的合作，让哈萨克斯坦民众对中国有一个正确、全面的认识。

（二）处理好与俄罗斯的关系

俄罗斯是对中亚地区影响最深的国家，俄罗斯的政策很大程度上会影响中哈关系和中俄关系。俄罗斯与哈萨克斯坦是独联体、欧亚经济联盟和集体安全条约组织的成员国，两国的合作紧密广泛。俄罗斯又是中国的全面战略协作伙伴，因此中国要加强与俄罗斯的沟通与协商。中国、俄罗斯和哈萨克斯坦都是上合组织成员国，上合组织是促进三国合作的良好平台，需要在上合组织框架下加强各领域的合作。

[①] 中华人民共和国外交部，https://www.fmprc.gov.cn/web/gjhdq_676201/gj_676203/yz_676205/1206_676500/xgxw_676506/t1814515.shtml。

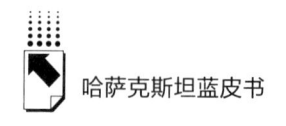

（三）继续加强对中亚的关注和研究

我国对中亚的部族文化、宗教及其影响以及地方主义等研究不够，而部落文化、宗教和地方主义等因素在中亚国家权力形成过程中发挥着关键作用，并影响中亚国家的对外政策。① 我国需要关注中亚地区的基础问题并加强研究，强化双边关系与深化各领域合作。提升中国专家对哈萨克斯坦的文化及社会认知，继而对到哈萨克斯坦工作的中国工人进行培训，让中国工人在国外期间与当地居民产生更多信任，发展友好关系，而不是引起当地人的不满与害怕。

（四）积极推动中国媒体进入中亚国家

为应对西方媒体的舆论压力，划拨资金对中哈合作项目信息进行报道。针对西方媒体虚假的"中国经济扩张论"等报道，中国媒体要在中亚国家发声，报道中国企业对当地发展所作出的贡献。"就目前而言，我国在中亚地区影响力比较大的只有'丝路新观察'新媒体平台及其报纸，与中亚各类繁多的媒体平台相比，数量相差悬殊，未能形成最佳舆论对抗力。"② 因此，我国需要广泛建立舆论平台，进行定期对话。

2019年中哈两国关系提升为永久全面战略伙伴关系，两国关系进入新的发展阶段，两国应在各领域深化合作，在深入合作的基础上发展中哈两国睦邻友好关系，共建人类命运共同体。中哈建交以来，在各领域的合作取得了显著成效，但是在发展过程中也面临着挑战。两国需要在发展关系的同时，注重外部国际环境的变化给中哈关系带来的影响，面对复杂多变的国际环境，在相互信任的基础上，提升两国的合作水平。

---

① 吴宏伟主编《中亚安全与稳定研究》，社会科学文献出版社，2017，第329页。
② 李琪：《污名化中国在中亚地区的舆情成因与化解路径》，《陕西师范大学学报》（哲学社会科学版）2020年第5期。

B.12
中国企业在哈萨克斯坦发展状况

朱玉婷 张凯悦*

摘　要： 自2014年中哈产能合作的倡议提出以来，双方经济贸易往来逐渐频繁，两国开始在初级能源、金融业、建筑业和工业等领域不断深化合作，在哈萨克斯坦发展的中国企业在数量上和结构上都取得了相应突破，目前两国已经形成了56个重点项目，涉及的重点领域有十多个门类，其中接近1/3的项目已经竣工投产。本报告主要介绍中国企业在哈萨克斯坦的发展情况及两国在重点领域的合作项目，同时引入中哈企业合作的两个经典案例来详细阐述两国的合作模式。

关键词： 中国企业　哈萨克斯坦　产能合作

一　中国企业在哈萨克斯坦的发展情况

随着中国企业在哈萨克斯坦不断投资建厂，在哈萨克斯坦发展的中国企业越来越多，为了详细介绍中国企业在哈萨克斯坦的发展情况，该部分首先从宏观角度介绍各国对哈投资规模，从横向角度来对比介绍中国企业在哈的投资规模，之后，分不同的领域对在哈发展的中国企业进行梳理和介绍。

---

* 朱玉婷，西北大学经济管理学院硕士研究生；张凯悦，西北大学经济管理学院硕士研究生。

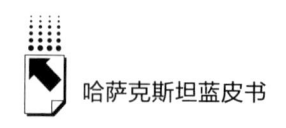

（一）中国企业对哈投资历程

总体来看，中国企业对哈萨克斯坦的投资规模是逐渐扩大的。中国与哈萨克斯坦于1992年建交，建交以来，两国在政治、经济和文化各方面的合作进一步加深。1993年，中国企业开始对哈萨克斯坦进行直接投资，从宏观上看，二十年多年来，中国对哈直接投资稳步增长，投资规模由1993年的0.05亿美元增加到2013年的21.69亿美元。2015年4月，中国与哈萨克斯坦在钢铁、水泥、化工和机械等产业领域进行深度合作，签约28个项目，投资总额超过230亿美元。目前，中哈产能合作框架下已经形成56个重点项目，总投资接近250亿美元。这56个重点项目中，涉及重点领域的十多个门类，如基础设施、能源、矿产、农业、交通、物流、金融、化工和工业园区等。

具体来看，中国企业对哈投资过程中，也经历了结构性的变革。在中国企业与哈萨克斯坦合作的领域中，石油行业一直作为连接中国企业和哈萨克斯坦经济合作的纽带，中国与哈萨克斯坦的企业在开发石油方面，也签订了双方合作协议，在石油开发领域不断突破、共同获利。此外，中国和哈萨克斯坦还在2012年建立了跨境经济合作区来带动双方的经济合作和交流。

石油行业具有较高的价格风险，一旦价格出现大幅度的下跌，就会导致本国经济不景气。2013年哈萨克斯坦就出现了这种情况，导致哈萨克斯坦的经济出现不景气的现象。同时，哈萨克斯坦政府意识到单靠石油产业拉动国外投资不是可持续的，因此，哈萨克斯坦政府开始在金融、建筑业和工业等领域找寻新的吸引外资的突破口，在原始初级能源方面，也开始逐渐限制投资流向。基于以上原因，中国对哈萨克斯坦的投资在2016年开始经历了急速下降的时期，但好在2017年开始有所回升。[①]

[①] 杨义生：《投资哈萨克斯坦：中国企业面临的机遇与挑战》，《国际经济合作》2017年第11期，第2~3页。

（二）哈萨克斯坦吸收各国海外投资规模比较

为了横向比较各国对哈国的投资情况，表1列示了一些重要国家对其的投资比重。

从表1中可以看出，投资哈萨克斯坦的主要国家大多都是来自于欧美的发达国家，其中这些国家在哈萨克斯坦的投资领域主要是资源开发。从国家横向角度来看，中国对哈萨克斯坦的直接投资较其他发达国家较少，不及美国和英国等其他发达国家，同时可以看出由于2013年哈国石油价格下跌，中国对其的投资比重从时间维度上来看是最低的，由此也侧面看出了哈石油市场对中国企业的重要性，同时以时间视角来看，许多国家对哈的投资都在2013年较低，这说明了不管是中国还是其他国家，哈石油市场是这些国家主要的投资目标。

表1 2007~2019年国外对哈萨克斯坦外商投资的主要国家的投资比重

单位：%

主要投资国	2007年	2010年	2013年	2016年	2019年
荷兰	21.37	21.96	23.91	27.16	17.06
美国	35.92	10.40	17.10	16.09	13.34
英国	11.18	9.07	8.10	4.93	9.07
法国	1.64	8.03	7.55	5.54	6.08
加拿大	3.33	6.08	4.11	1.07	4.77
独联体国家	0.15	4.93	4.80	4.30	4.50
韩国	0.88	4.46	1.26	2.34	0.82
意大利	3.78	3.50	4.78	3.54	2.80
中国	4.69	3.50	1.94	3.42	3.26
利比里亚	1.55	2.46	5.24	3.19	2.19
日本	2.16	2.30	3.22	2.20	1.55
德国	0.79	1.62	1.16	-6.79	0.98

资料来源：马力克：《"一带一路"倡议下中哈经贸合作对策研究》，西安科技大学，硕士学位论文，2020。

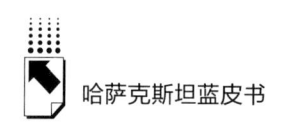

（三）在哈中国代表企业介绍

为了能够直观介绍中国企业在哈萨克斯坦发展的主要情况，下面以表格形式展示在哈萨克斯坦具有代表性的中国企业（见表2）。

表2　在哈萨克斯坦投资的中国代表性企业

代表性企业名称	所属行业
中国银行哈萨克斯坦分行	金融
中国石油天然气集团公司哈萨克斯坦分支机构	能源
中国工商银行阿拉木图分行	金融
新疆航空公司代表处	航空
新康番茄酱厂	农产品加工
尼卡合资卷烟厂分支机构	烟草
华为公司哈萨克斯坦代表处	通信
中兴公司哈萨克斯坦代表处	通信

资料来源：http：//www.docin.com/htm，检索日期：2021年5月11日。

从表2可知，中国在哈投资的代表性企业主要还是以大型国企和央企为主，很少能看到民营企业，这主要得益于央企或国企能够得到更多的政府支持。民营企业在哈萨克斯坦的发展存在许多优势，比如民营企业能够吸引高精尖的人才，拥有更成熟先进的管理方法和生产技术。同时，对外工程承包企业的"走出去"意识不断加强，中国企业不断拓展中哈产能合作的方式，逐渐主动参与在哈的投资建设和资源配置，同时不拘泥于石油领域，基建成为重要的合作领域。

表3　中国企业在哈萨克斯坦主要投资行业分布

所属产业	中国企业名称
采矿业	中石油、中石化、中海油、大庆油田公司、新疆石油局、中信集团卡拉赞巴斯石油公司等
制造业	中兴、华为、上海贝尔等
批发和零售业	上海茶叶进出口公司、新疆阿拉山口亚欧外贸储运有限公司
金融业	中国银行哈萨克斯坦分行、中国工商银行阿拉木图分行

续表

所属产业	中国企业名称
建筑业	中国水利电力对外公司、中国地质工程集团公司等
信息传输业	中兴、华为、中国电信驻中亚代表处
交通运输业	南方航空公司驻哈萨克斯坦代表处
酒店和餐饮业	华油集团和光酒店集团
地质勘查业	东方物探公司、中石化国际勘探开发公司等

资料来源：根据中华人民共和国驻哈萨克斯坦大使馆经济商务参赞处，国家发改委、外交部《对外投资国别产业指引》（2011版）整理所得。

表3详细介绍了中国企业在哈投资的主要行业分布，由表3可知，外国投资者在哈国主要投资的领域是能源行业。中国企业对其投资的行业较为集中，亟待拓展多样化的投资领域。特别是，由于疫情原因，如何借助互联网的发展，探讨中哈企业合作新的模式和领域成为需要思考的重要命题。

表4　中国企业在哈萨克斯坦投资的重要项目介绍

领域	项目
基建领域	中国远洋海运集团有限公司与连云港港口控股集团联合收购哈萨克斯坦霍尔果斯东大门无水港49%的股权；同期在北京召开"一带一路"国际高峰合作论坛期间，哈铁总公司与中国企业签署了投资协议。霍尔果斯东大门经济特区将成为中远航运物流服务架构的一部分，哈萨克斯坦的过境运输通道也将被接入国际物流网。
能源领域	UnitGroup公司与中国华电集团拟在东哈萨克斯坦州投资建设热电站。目前东哈萨克斯坦州政府正与企业代表商定热电站的相关事宜。新建3号热电站热力将达到650克卡/小时，电力为450兆瓦。工程总投资为13亿美元，工期为3年。新能源方面，风能电站和太阳能电站在中国政府和中信建投援建、承建下也已经投入使用，提高了中哈两国在可再生能源领域的合作水平，为哈萨克斯坦普及和推广清洁能源发挥了积极作用。
农业领域	在哈萨克斯坦-中国农业投资论坛期间，中哈签署总金额达1.6亿美元的农业领域合作协议，包括哈萨克斯坦粮食集团对华出口20万吨谷物和10万吨油菜籽，以及双方在边境地区启动建设谷物和油菜籽终端站等。此外，还签署了若干关于科技创新转移的协议。

续表

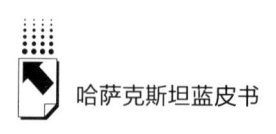

领域	项目
金融领域	中信银行完成对哈萨克斯坦 Altyn 银行的收购。哈萨克斯坦共有 33 家二级银行，其中 15 家有外资成分，此外还有 11 家子银行。据哈萨克斯坦央行 2017 年 3 月公布的数据，哈萨克斯坦人民银行在所有二级银行中资产规模最大，约 160 亿美元，其 100% 控股的 Altyn 银行排名第 17 位。据《金融时报》消息，2017 年中国上海证券交易所就阿斯塔纳国际金融中心框架内拟建的交易所股份问题进行谈判，将为阿斯塔纳国际交易所提供技术支持和数据服务。2016 年 5 月，阿斯塔纳国际金融中心与浙江聚贸电子商务有限公司在北京签署了合作备忘录。
生产制造领域	中国凯盛集团与哈萨克斯坦奥尔达玻璃公司签订全面战略合作协议及 600T/D 浮法玻璃生产线合同。该项目设计年生产 19.7 万吨玻璃，工程额达 1.17 亿美元。

资料来源：杨义生：《投资哈萨克斯坦：中国企业面临的机遇与挑战》，《国际经济合作》2017 年第 11 期，第 5 页。

（四）中国发展面临的问题

1. 投资热点领域仍然属于投资风险高发行业

中国在哈萨克斯坦的主要投资仍然是石油领域，但石油资源是不可再生的，所以具有不可持续性。石油市场会有较为强烈的价格波动的风险，所以对于投资者来说是高风险的。近几年，哈萨克斯坦的几大油田也面临着逐渐枯竭的窘境，虽然哈萨克斯坦本身的石油储量排名全球第 12 位，但是，总会有消耗完的一天，因此投资哈萨克斯坦的石油领域并不具有长久良好的前景。

投资金属、石油等领域一方面受到资源储量的限制，另一方面，石油领域的生产效率也是很低的。由于缺乏专业的人才以及金融服务的支持，中国在哈萨克斯坦能源方面的投资会受到政策限制。石油领域并非完全的市场化，会受到当地较为严苛的监管。同时，由于环保不断得到重视，石油勘探过程中环保方面的投资和费用也会越来越多，这些成本的上升会使资金短缺问题愈发凸显，许多石油化工的项目只能一拖再拖，建设效率低下。当然，不局限于石油行业，许多自然资源、能源行业都是如此。比如在矿业市场，哈一直重视投资者是否拥有国有股份。在政策支持方面，哈萨克斯坦也一直强调产品要服务当地经济发展，同时增加了国外投资流程的透明度。

2. 运营成本不断增加

哈萨克斯坦自独立以来，为了满足国内经济的发展以及解决人员就业问题，哈萨克斯坦政府对外国投资的企业设置了雇用本国劳动人民的比例限制，这就需要投资者进行多元化的人力资源管理，需要克服员工文化背景的差异，这都是需要公司投入相应的资金和时间。如果想要不受哈萨克斯坦劳动配额的限制也可以，但是门槛很高，必须满足优先投资的标准，在技术、资本方面都有较大的门槛限制，许多企业是很难达到的。

3. 中国企业投资哈萨克斯坦的门槛提高

哈萨克斯坦想要实现规模效应，所以哈设立一些经济特区的发展定位都是专业化、集约化。但是，就会使得在哈萨克斯坦投资的模式有限，经济活动的种类也不像以前那样丰富了。同时哈萨克斯坦在招商引资政策方面，对那些本来具有高商业价值的大型企业具有明显的政策倾向。基于以上原因，许多小型的企业在哈国的投资壁垒变高了，同时小企业受到的政策支持和信贷支持的可能性又较小，所以自然而然的小企业就在市场上逐渐被淘汰。[①]

二 中哈产能合作的56个项目

自李克强总理提出中哈产能合作倡议以来，中国和哈萨克斯坦已经达成多项合作，中对哈的投资已达到250亿美元，涉及能源、工业和铁路等领域，在此对重点项目及其已取得的成效进行梳理（见表5）。

---

① 杨义生：《投资哈萨克斯坦：中国企业面临的机遇与挑战》，《国际经济合作》2017年第11期，5页。

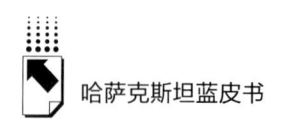

表5　中哈产能合作的重点项目

合作领域	项目名称	重要建设内容	主要成效
基础设施建设领域[①]	铁路建设	阿斯塔纳轻轨项目	此项目建成之后为哈首都努尔苏丹人民的出行提供了便利,能够拉动哈交通业的发展。
		中国塔城—哈阿亚古兹铁路	此铁路是中国与哈萨克斯坦之间的第三条跨境大铁路,增加了从中国通往欧洲的新线路,对哈萨克斯坦货运以及物流能力的提升有极大的积极作用。
	天然气管道	哈南线天然气管道项目	此项目的建成可以拉动哈的经济发展,提升民众的福利水平。
	公路	阿拉图至霍尔果斯公路段	霍尔果斯已有5个进出口贸易投资和物流项目开工建设,此公路可以减轻阿拉山口的运输压力,同时加强中哈之间的贸易往来。
农业领域	小麦	粮食过境安全通道	此安全通道的打通降低了哈小麦的运输成本,提升了哈小麦的市场竞争力。
	农产品	中哈巴克图—巴克特口岸农产品绿色通道	中哈两国之间建立的第一个在农产品领域的进出口快速通道,使农产品通关更加高效。
	骆驼奶粉	金骆驼集团图尔克斯坦州奶粉厂	此奶粉厂自建成投产以来,已成为哈最大的骆驼奶粉加工企业,推动了中国与哈萨克斯坦的经贸往来及两国关系的发展。[②]
	粮油加工	北哈萨克斯坦州粮油加工厂项目	此粮油加工厂的建设提高了哈农业技术水平,同时创造了大量的就业岗位,提高了农民的生活水平。[③]
工业领域	铜矿	阿克托盖铜矿选矿厂建设	中国有色金属建设股份有限公司与哈方签订的铜矿选矿厂建设合同总额5.3亿美元,工厂已于2017年3月正式投产,铜矿选矿厂的落成将给哈萨克斯坦带来新产业、新技术和新机会。
	石化	巴甫洛达尔石化厂改造	在这次改造所用的设备中,中国制造占比较多,高达95%,同时,中国以成功的经验为此项目提供方案。大大简化了操作了流程,为哈萨克斯坦引入了新技术和新工艺。
	炼油厂	奇姆肯特炼油厂现代化改造项目	此项目由中国石油工程建设公司承建,竣工投产后,年生产能力将恢复到600万吨,这将弥补哈国内成品油缺口,改变长期进口高标号油的局面,成为哈规模最大、流程最完善、技术最先进的现代化炼油厂。

续表

合作领域	项目名称	重要建设内容	主要成效
工业领域	光缆对接站	阿拉山口—多斯托克光缆对接站	此光缆工程建设完成后,提高了中国与哈萨克斯坦边境的信息基础设施服务能力,为两国在基础设施方面合作提供保障。
	电解铝	巴甫洛达尔电解铝厂等	在此电解铝厂建成投产之前,哈萨克斯坦并不能自主完成电解铝的生产,完全依赖国外进口,此项目的运营改变了这一现状。
	沥青	阿克套沥青厂	这是哈萨克斯坦独立后新建的第一座现代化石油加工企业,其产量可满足国内需求,改变了哈沥青基本靠进口的历史。[④]
	水泥	哈萨克斯坦日产2500吨熟料水泥项目等	此项目生产的油井水泥填补了哈萨克斯坦的产业空白。对拉动当地居民就业有很大的积极作用,促进中哈文化交流,被誉为中哈产能合作的典范。[⑤]
	汽车生产	江淮汽车库斯塔奈组装厂项目	江淮汽车2016年在哈销售量相较于2015年上涨4倍。
能源领域	新能源	5兆瓦风能电站 1兆瓦太阳能电站	中方和哈方在新能源领域的这两个合作项目对清洁能源在哈萨克斯坦的普及及推广有极大的促进作用,同时提升了两国的合作水平。[⑥]
		哈萨克斯坦札纳塔斯100MW风电项目	此项目成功运营后预计将为哈萨克斯坦每年提供3.5亿千瓦时的发电量,在对其南部地区现在所面临的缺电现状提供好的解决方案的同时,也降低了哈国二氧化碳的排放量。[⑦]

注:①张栋:《"一带一路"背景下中哈产能合作研究》,《欧亚经济》2019年第2期,67页。
②《"一带一路"中哈产能合作项目金骆驼品牌正式入驻中国市场》,中华人民共和国驻哈萨克斯坦共和国大使馆经济商务处,http://www.mofcom.gov.cn/article/i/jyjl/e/202005/20200502963308.shtml,检索日期:2021年3月15日。
③《哈萨克斯坦总统纳扎尔巴耶夫参访西安爱菊粮油工业集团在哈农产品物流加工园区》,http://lswz.shaanxi.gov.cn/gzdt/25603.jhtml,检索日期:2021年3月15日。
④张栋:《"一带一路"背景下中哈产能合作研究》,《欧亚经济》2019年第2期,68页。
⑤《哈萨克斯坦西里日产2500吨熟料水泥项目竣工投产》,http://www.zctpt.com/redian/caijing/147692.html,检索日期:2021年3月15日。
⑥《中国援建哈萨克斯坦太阳能及风能电站投入使用》,http://www.nea.gov.cn/2018-12/03/c_137648019.htm,检索日期:2021年3月15日。
⑦《中电国际、中国电力与亚投行正式签署哈萨克斯坦札纳塔斯100MW风电项目融资协议》,经济日报-中国经济网,https://baijiahao.baidu.com/s?id=1681625391319626348&wfr=spider&for=pc,检索日期:2021年3月15日。

由表5可以看出，两国企业之间的合作主要涉及钢铁、有色、化工、水泥、平板玻璃、医药、农产品、汽车和能源等领域，主要以在当地合资建厂或中方负责设计和工程承包等方式进行。其中，已经竣工投产的项目有多个，包括中国有色金属建设股份有限公司参与的阿克托盖年产2500万吨铜选矿厂和巴甫洛达尔年产25万吨电解铝厂项目、中信集团参与的阿克套年产100万吨沥青厂项目、中国建材国际工程集团有限公司承建的梅纳拉尔日产3000吨水泥厂等项目、中石化承建的阿特劳炼油厂石油深加工；正在实施的项目包括中国建材下属公司参与的阿拉木图钢化玻璃厂项目、江淮汽车库斯塔奈组装厂项目、中国技术进出口总公司参与的马萨尔铁矿厂、沃克斯电梯（中国）有限公司参与的阿拉木图电梯生产、西安爱菊粮油工业集团有限公司参与的北哈萨克斯坦州粮油加工厂、中国化学工程集团有限公司承建的巴甫洛达尔聚丙烯生产等项目。① 这些项目对哈萨克斯坦的意义重大，填补了哈国内铜矿选矿、高端油品、电解铝和特种水泥等行业的空白，加快了国家的工业化进程，同时也提供了数量众多的就业岗位，促进了哈萨克斯坦的经济发展。

三　中哈企业合作典型案例

近两年中国和哈萨克斯坦的产能合作已经进入了高速发展阶段，在两国政府的倡导下，中哈企业在能源、农业和基建等领域形成了多方面的深度合作，建设并落成了多个项目，在此部分选取了两个比较具有代表性的项目：哈萨克斯坦札纳塔斯100MW风电项目及阿斯塔纳轻轨项目来进行介绍。

（一）哈萨克斯坦札纳塔斯100MW风电项目

哈萨克斯坦札纳塔斯100MW风电项目是中国与哈萨克斯坦在新能源领

---

① 黄晓燕、秦放鸣：《"一带一路"背景下中哈制造业产能合作的经济效应与反思》，《对外经贸实务》2018年第4期，第8~11页。

域进行产能合作的重点项目，此项目选址于札纳塔斯市南部，总投资超 1.5 亿美元，经过一年的建设，第一批风力发电机于 2020 年 9 月并网发电，正式开始了绿色能源的输出。

札纳塔斯风电项目的规模在整个中亚地区都是前所未有的，其建成对哈萨克斯坦有着极其重大的意义。首先，从哈萨克斯坦的国情方面来看，其电力资源分配十分不均匀，相比于北部，南部面临着较为严重的缺电状况，而此项目运营后，每年可以发电 3.56 亿度，此发电量可满足此地区十几万户家庭的用电需求，能够为当地每年节省约 10 万吨的标准煤，减少排放 30 多万吨的二氧化碳。其次，此项目的开工建设对于当地的经济发展也有一定的拉动作用，其能够创造大量的就业岗位，增加当地居民收入。最后，从此风电项目的国际意义上来看，由中国企业对其直接投资，在建设标准和技术上都以中国为参考，能够成为中哈两国产能合作的典范。

2020 年 10 月，以亚投行为首的金融机构为此风电项目融资将近 1 亿美元，这是国家电投首次与亚投行等多边金融机构合作融资，这些银企合作在带动了周边国家的基建快速发展的同时，也为这些国家经济的绿色低碳发展作出贡献。哈萨克斯坦驻华大使霍伊什巴耶夫对于在中国政府的倡导下，中国企业帮助其发展绿色能源的行为表示感谢，同时表示哈政府也会竭力推动此风电项目的建设。潘笛安作为亚投行副行长，表示亚投行支持哈萨克斯坦大力发展绿色经济，此次对于风电项目的投资更是表明了这一态度。中国电力党委书记田钧认为札纳塔斯项目从建设到投运再到顺利融资，并非是一人之力，而是各方合作的成果，这个项目的成功进行对于中资企业意义重大，他希望能与亚投行等金融机构继续深入合作，着力推动新能源的发展。

全球疫情的持续蔓延使得诸多项目不能顺利进行，大都停工停产，所以在这种大环境下，实现该项目的按期投产具有较高难度，在此压力下，国家电投与远景能源公司深度合作，远景能源公司发挥其优势，将受新冠肺炎疫情影响而缺乏的物资和材料运往札纳塔斯市，同时及时解决在工具校验等方

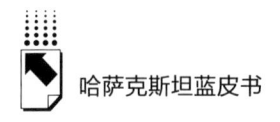

面存在的困难，以保证项目的顺利进行。同时，远景能源公司还准备了大量防疫物资以供项目现场使用，得到了多方的认可及赞扬，为中国企业在海外树立了良好形象。中国企业在建设项目的同时，也为推动当地社会发展作出贡献，如给当地群众送温暖、为贫困家庭修房屋等，收到了当地居民和政府的极力夸赞，相继被授予了一系列的荣誉奖项。

中国为札纳塔斯风电项目的建设助益颇多，此项目的建成对于两国合作也有着极大的积极意义，也为中国投资的企业在中亚地区清洁能源的开发积累了极其宝贵的经验，能极大地促进这些企业和地区的经济发展。

（二）阿斯塔纳轻轨项目[①]

阿斯塔纳轻轨项目落地于哈萨克斯坦首都努尔苏丹，此项目的成功运营将打破哈城市轻轨线数为零的历史。这个轻轨项目是中哈早期产能合作中最早落地的项目之一。该项目于2017年开工建设，共由三期构成，此轻轨自努尔苏丹·纳扎尔巴耶夫国际机场起到阿斯塔纳新火车站，途经的地标性建筑有国际金融中心、外交部、国防部和纳扎尔巴耶夫大学等，接驳世博园并横跨市内的伊希姆河。努尔苏丹的基础设施随着轻轨的开通实现了进一步升级，轻轨两端的通勤时间缩短近一半，为居民的出行提供极大便利，进而推动努尔苏丹市的经济发展。哈萨克斯坦政府高度重视这一项目，为确保项目顺利实施，哈方修改了四部法律。

阿斯塔纳轻轨项目对于哈萨克斯坦的重要性不言而喻，因此也得到了高度重视，在此项目的签约仪式上，哈萨克斯坦总统及中国总理都到场出席。此项目并非由一家公司负责管理和实施，而是由北京市国有资产经营有限责任公司、中铁二局集团有限公司等组建的联合体共同负责。其在建设标准上也创造了中亚地区的先例，即全部使用中国标准，另外此项目对于中国企业而言有着极其独特的意义，这是中国企业首次在海外从设计到独自承建负责

---

① 《中国企业打造哈首条城市轻轨 书写中哈产能合作新篇章》，http：//www.gov.cn/xinwen/2016－11/03/content_ 5128269. htm，检索日期：2021年3月15日。

的一条轻轨线路，且采用了无人驾驶的技术。

目前中国在全自动无人驾驶方面的水平在世界上处于前列，所以在技术方面没有实施难度。主要存在的问题是在环境方面仍需适应，由于整个项目都是在海外施工，中企对当地的社会、人文、相关法律及行业信息需要有一个了解及适应的过程。除此之外，阿斯塔纳的温度也增加了施工难度，冬季不但较其他城市更为漫长，而且更为寒冷，有将近半年的时间积雪都不会融化，极端最低气温达到 -51°C。因此，一年内能大规模施工建设的时间十分有限，给中方企业的施工带来了巨大挑战，同时也需要考虑到此项目建成之后的安全运营问题。

中方在团队的组建上也进行了多方考虑，最终选择了由国内顶尖水平公司组成的团队，包括北京城建集团等优秀企业，这些企业在建筑领域都有极高的水平，如中国国内的知名建筑鸟巢、首都机场 T3 航站楼等都是由北京城建集团建设而成。这些企业对于施工过程中可能面临的高难度挑战在前期已经做了相关准备，除此之外，在国内也搭建了实验平台，模拟施工过程中可能会出现的各种问题，并对其进行深入研究，以便更具针对性地高效解决。

阿斯塔纳轻轨项目的建成对于哈萨克斯坦具有较高的现实意义。首先，在技术层面，此轻轨项目在中亚地区所蕴含的技术水平都是最高的，建成之后会成为哈国的代表性项目，提升努尔苏丹的首都形象。其次，轻轨项目的建成对当地居民及游客会有更好的出行体验，增加幸福感。最后，从经济层面，此项目的建设会提供更多就业岗位，对当地的经济发展有极大的促进作用。

中国在建设努尔苏丹市轻轨的同时，也在一定程度上影响着哈萨克斯坦基建领域的发展。中国企业在建设过程中所使用的先进技术及成熟经验也会被哈萨克斯坦所吸收，进而推动其自身的产业发展。这个项目的建设也充分体现了中国与哈萨克斯坦的友好关系，在建成并投入使用后将会成为见证中哈共同发展的一张名片。

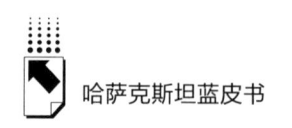

结　语

从以上分析可知，中国企业在哈萨克斯坦的对外投资和发展还是比较成功的，海外投资规模逐步扩大，投资领域出现了多元化的倾向，在哈萨克斯坦发展的企业结构也逐渐多元化，但是中国企业对哈萨克斯坦的投资主要还是集中在能源方面。中国企业在哈萨克斯坦的项目建设已经取得了不菲的成效，多个落成投产的项目已经填补了哈萨克斯坦相应领域的空白，极大地促进了其发展。

随着社会经济的发展，哈萨克斯坦政府也越来越希望大力发展其他领域。哈首任总统纳扎尔巴耶夫希望与中方加强在经济金融、文化人文领域的合作。中国在哈萨克斯坦也要逐渐转变直接投资的方向，在以能源为主的基础上，要大力发展在哈不同产业领域的投资力度，逐步加强对哈萨克斯坦非能源领域的投资，消除本地人对中国投资的负面看法。不断加强两国之间的战略伙伴关系，为中国企业对外投资创造良好的政治环境，并且不断加强法律和制度的建设，促进中国对外直接投资的顺利进行。要尽快制定指导中国企业对外投资的各种法律，国家要积极发展对外投资，对企业的境外项目的审批、税收制度、资金筹集和外汇管理等方面给予协助，在国家层面保护在哈企业的正当权益。

B.13 中哈经贸发展的现状、合作模式与发展前景分析

李 刚[*]

摘　要： 2020年，全球经济受新冠肺炎疫情影响而增速放缓，跨境投资、货物运输和人员的流动性大幅受限，世界各地经济投资、消费和外贸等经济数据普遍下滑。面对复杂严峻的国际形势，中哈两国守望相助，不仅树立了国际社会共同抗击疫情的典范，而且在发展永久全面战略伙伴关系和精神的指引下，双方在经贸、投资、运输、经济技术合作和电子商务等领域开展了务实合作，双边经贸虽受疫情影响，但总体发展趋势回稳向好，并实现了持续增长，取得好于预期的新成果。展望2021年，全球疫情还没有得到有效控制，国际产业链、供应链处在深刻调整期，中哈两国面临的外部环境仍然错综复杂，但新年开局主导两国经贸的外贸政策、政治外交联系、跨境商贸通道建设和新业态数字经济等多个方面仍然保持高度契合，展现两国在经贸领域共谋发展、紧密合作的新气象非常明显，双方经贸发展的前景和市场更加宽广，令人期待。

关键词： 哈萨克斯坦　中国　经贸合作

---

[*] 李刚，边疆学博士，西北大学丝绸之路研究院讲师。

2020年新冠肺炎疫情发生后，中国和哈萨克斯坦本着永久全面战略伙伴关系和命运共同体精神，认真落实习近平主席和托卡耶夫总统达成的抗疫策略和共识，携手共克疫情危机，高层联络、交往持续推进，中哈睦邻友好关系进一步加深。这次疫情给中哈经济发展都造成不同程度的影响，而控制疫情蔓延并实施一定的隔离防护措施、稳定国内经济和保障民生是两国共同面对的三大问题。

中国发生疫情后，哈萨克斯坦官方和民间慷慨解囊，向中国提供大量医疗物资和精神上的支持。[①] 同时，哈萨克斯坦政府为保障疫情下中哈经贸的正常进行，要求哈方与中国的口岸货运正常开展。2020年3月初，哈萨克斯坦出现疫情，中国积极施以援手，为哈萨克斯坦捐助抗疫物资，并开展中哈医疗卫生领域的合作。应哈萨克斯坦政府邀请，中国向哈方派出高水平抗疫医疗专家组，分享中国抗疫经验，这在当地引起了积极反响。中国许多省市、部门和企业也积极行动起来，通过中国驻哈大使馆向哈方援赠口罩、护目镜和病毒检测试剂盒等大量急需的医疗物资，帮助哈萨克斯坦人民尽快战胜疫情。按国别统计，2020年，中国累计向哈提供了价值约1000万美元的人道主义援助物资，占哈获得全部援助物资的一半以上，中国也是向哈萨克斯坦提供抗疫援助物资最多的国家。[②] 疫情以来，中哈两国倡导和践行人类命运共同体的理念，守望相助、共克时艰，是对中哈两国友好邻邦、永久全面战略伙伴关系的最好注解。

一 疫情对中国、哈萨克斯坦经济社会的影响

中哈两国在疫情出现后都采取了一定的隔离措施和经济互助计划。哈萨

---

① 《哈萨克斯坦外交部：已支援中方13.6吨医疗物资并分三批撤侨》，哈通社，2020年2月11日，https://www.inform.kz/cn/13-6_a3613304。
② 《中国是向哈萨克斯坦提供抗疫援助物资最多的国家》，中华人民共和国驻哈萨克斯坦共和国大使馆经济商务处，2021年2月10日，http://topic.mofcom.gov.cn/article/i/jyjl/e/202102/20210203038595.shtml。

克斯坦自 2020 年 3 月 16 日全国范围实施紧急状态命令以来，暂停国内及国际所有民航航班，组建了由政府总理领导的国家紧急状态委员会，这种紧急状态一度延长至 5 月 11 日才结束。[1] 隔离措施使哈国内疫情局势得到有效控制，但同时也改变了人们原有的工作模式、日常的出行方式等。哈政府开始着手调整国家经济发展方向、经济重心转向，保障经济平稳发展，关注劳动者权益保护。哈萨克斯坦国家紧急状态委员会在确保人民健康、提高居民收入、支持企业生存发展方面做了大量的工作，仅制定和实施的决议就达 500 项之多。[2] 为应对紧急状态下的经济困境和国际原油价格下跌对国内经济及本国货币造成的冲击，哈萨克斯坦采取了一系列疏困措施。如允许中小企业延期还贷，为企业提供税收优惠，为中小企业减免 10% 的所得税。维护物价稳定、下调增值税和进口关税；给企业提供一定的流动性资金贷款；分阶段推进复工复产，修建大量重要的基础设施，缓解因实施紧急状态造成的失业问题。[3] 为保基本民生，哈政府还为在国家紧急状态下失去收入、需要帮助的民众提供 42500 坚戈的特殊补助金，并为困难家庭提供一定的食品和生活用品。其他方面，哈政府在教育方面要求学校实行远程教育，传统节庆期间要求居家庆祝，减少聚集。

疫情重创世界经济，冲击全球市场，绝大多数国家也因此降低了经济发展目标和预期。中国和哈萨克斯坦就 2020 年经济发展目标和预期做出一定调整。2020 年第一季度，因疫情对国内经济和生产的影响，中国国内生产总值同比下降了 6.8%，进出口总额下降了 6.4%。其中出口下降了 11.4%，进口下降了 0.7%，贸易顺差减少了 80.6%。[4] 2020 年前三季度，中国的经

---

[1] 《哈萨克斯坦总统托卡耶夫当天发表关于国内疫情形势的书面讲话》，哈通社，2020 年 4 月 27 日电，http://kz.mofcom.gov.cn/article/jmxw/202004/20200402959659.shtml。
[2] 《哈国家紧急状态委员会改组为国家经济复苏委员会》，哈通社，2020 年 5 月 11 日电，http://kz.mofcom.gov.cn/article/jmxw/202005/20200502963656.shtml。
[3] 《哈专家：反危机经济举措具有综合性和针对性》，http://kz.mofcom.gov.cn/article/jmxw/202003/20200302948368.shtml。
[4] 《海关总署：一季度我国货物贸易进出口总值 6.57 万亿元 同比降 6.4%》，中国网，2020 年 4 月 14 日，http://news.china.com.cn/txt/2020-04/14/content_75929470.htm。

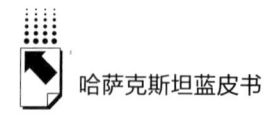

济增速由负转正,国内生产总值同比增长0.7%,其中第三季度增长达4.9%。2020年中国货物贸易进出口总额为32.16万亿元,同比增长1.9%。2020年疫情蔓延对哈萨克斯坦的经济影响巨大,石油需求和价格双双下跌、强化隔离措施和本币坚戈贬值成为哈萨克斯坦经济发展的"新常态。"国际投资公司Exante分析师安德烈·切博塔列夫指出国际原油期货价格的下调,哈萨克斯坦财政和国家基金收入将减少2/3,如果油价跌至25美元/桶以下,哈萨克斯坦石油出口关税将降至0,国家将会一无所得。据初步估算,油价下跌已令哈萨克斯坦损失约10亿美元。[1] 2020年初,哈政府总理马明指出,2020年需要完成的预定指标,其中最重要的一项任务是保障GDP增长率为4.7%~5.0%,投资总额计划达到GDP的20%。[2] 但疫情发生之后,多国采取隔离措施导致经济活力下降,国际原油市场供大于求,哈执行了欧佩克+减产的协议,使得支撑哈国内经济的原油产量下降;强制隔离使得国内失业率上升、通货膨胀和CPI(居民消费价格指数)上升等因素叠加,世界各大经济评价机构对哈萨克斯坦经济前景普遍不看好。4月,国际评价机构穆迪发布报告,将哈萨克斯坦银行体系评级展望由"稳定"下调至"负面",不利的货币环境和经济增长放缓导致贷款需求持续减少。[3] 同时,国际货币基金组织在新一期《世界经济展望》中称,哈萨克斯坦2020年经济萎缩2.5%,较之前3.9%的增速预测大幅下调6.4个百分点。[4]

据哈国民经济部统计,2020年1~4月,哈萨克斯坦GDP实际同比

---

[1] 《安德烈·切博塔列夫:哈萨克斯坦面临的三大挑战》,中华人民共和国驻哈萨克斯坦共和国大使馆经济商务处,2020年3月27日,http://kz.mofcom.gov.cn/article/jmxw/202003/20200302949079.shtm。
[2] 《政府总理阐述2020年哈萨克斯坦政府需要完成的主要任务目标》,哈通社,2020年1月24日,https://www.inform.kz/cn/2020_ a3607064。
[3] 《穆迪将哈银行体系评级展望下调为"负面"》,中华人民共和国驻哈萨克斯坦共和国大使馆经济商务处,2020年4月9日,http://kz.mofcom.gov.cn/artieile/jmxw/2020 04/20200402953595.shtml。
[4] 《IMF预测2020年哈萨克斯坦经济萎缩》,国际文传电讯社,阿拉木图,2020年4月14日电,http://kz.mofcom.gov.cn/article/jmxw/202004/20200402955734.shtml。

下降了0.2%，其中商品生产同比增加5.8%，服务业同比下降了4%，而服务业下降主要是国家为防范疫情蔓延采取隔离措施所致；哈萨克斯坦外贸企业受疫情影响经营状况普遍困难。哈萨克斯坦国家统计局数据显示，截至2021年1月1日，哈萨克斯坦约有12万家企业处于停业状态，占注册企业总数的36.3%。2020年1~5月哈萨克斯坦外贸额同比下降了6.9%，其中出口额为223.2亿美元，下降5.5%；进口额为126.2亿美元，下降9.3%，实现贸易顺差97亿美元，同比收窄2%。哈主要出口国依次是中国（占比17.3%）、意大利和俄罗斯，主要进口来源国为俄罗斯、中国（占比15%）和韩国。哈萨克斯坦央行2020年12月21宣称，2020年哈GDP将萎缩2.5%~2.7%，较之前预测的2%~2.3%有所下调。[①] 从哈萨克斯坦2019年3月至2020年12月PMI指数看（见图1），2019年6月以来，哈综合PMI（制造业、服务业）指数一直小于55%，全国经济发展低迷、处于收缩状态，制造业疲软。全球性的经济萎缩，原油价格下跌、市场需求疲软、疫情蔓延和全国性的紧急状态等多重因素叠加，使2020年3月至5月哈国的综合PMI指数的平均值一度低至33.3%。7月上旬，迫于疫情形势再度变得严峻，哈萨克斯坦于7月5日至8月17日在全国范围实施第二次严格隔离措施，7月综合PMI指数跌至35.6%。8月中旬后哈萨克斯坦主要疫情指标有所好转，防控形势趋于稳定，部分行业分阶段推动复工复产，9月综合PMI指数超过50%。

2020年哈萨克斯坦的经济面临着自独立以来的首次衰退，经济社会发展遭受重创。EIU国家数据对哈萨克斯坦的财经情况进行评估，称2020年经济衰退严重影响了哈萨克斯坦的财政状况，并阻碍了哈萨克斯坦在非商品领域吸引投资的能力。估计2020年财政预算赤字将扩大到GDP的4.4%，公共债务将增加到GDP的30.3%，1~10月平均通胀率

[①]《哈央行下调2020年哈经济增长预期》，国际文传电讯社，阿拉木图，2020年12月21日电，http：//kz.mofcom.gov.cn/article/jmxw/202012/20201203025054.shtml。

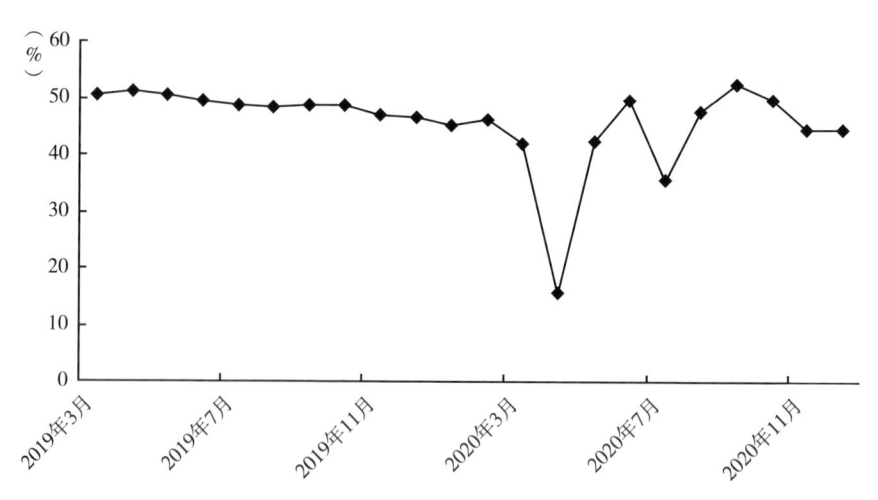

图 1　哈萨克斯坦 2019 年 3 月至 2020 年 12 月综合 PMI 指数

资料来源：Trading Economics。

为 6.7%，估计 2020 年全年的平均通胀率为 6.8%。在汇率方面，坚戈的走势部分反映了全球油价和俄罗斯卢布的走势，在疲软的油价和投资者对新兴市场厌恶情绪的推动下，2020 年 1 月至 11 月，坚戈对美元贬值了 10%。哈萨克斯坦国家财政赤字在国际油价疲软的情况下急剧扩大，占 GDP 的比重高达 4%；2021 年全球石油市场的复苏，预测哈萨克斯坦国家财政赤字将收窄，占 GDP 的 3.3%[1]，但这一赤字比重依然超出国际上 3% 的警戒线。

二　中哈经贸发展的现状、模式和成果

哈萨克斯坦作为共建"一带一路"的首倡之地，"一带一路"与哈萨克斯坦"光明之路"的顺利对接，政策沟通不断深化。2019 年，中哈经贸发展在双边、投资、技术转移和边境贸易等诸多领域合作顺畅，取得了令人振

---

[1] EIU 国家数据，《亚洲·哈萨克斯坦报告》，2020 年 12 月 1 日，http://www.eiu.com/index.asp?layout=country&geography_id=300000030。

奋的成绩。2019年,哈萨克斯坦对华贸易总额为143.9亿美元,中国是哈萨克斯坦第二大贸易伙伴,在哈对外贸易总额中占比15%。[①] 2020年以来,新冠肺炎疫情因素使得全球经贸下行压力加大,给中哈两国经贸往也来蒙上一层阴影。在此背景下,中哈积极携手共克疫情危机,在经济复苏、稳外贸等方面不断前行、相互支持,不仅保持着传统进出口贸易的密切往来,而且深挖合作潜能,在经济技术合作、跨境电商、跨境物流运输通道、中哈霍尔果斯国际边境合作中心建设、新疆维吾尔自治区与哈萨克斯坦阿拉木图州的联系机制等多个方面进行了务实合作。

此次疫情对中哈经贸影响非常明显。据哈方统计,2020年1~2月,哈中贸易额为21.9亿美元,同比增长7.9%,其中哈对华出口额为14亿美元,自华进口额为7.9亿美元。贸易增长主要体现在1月,2月因为受疫情影响,哈中贸易额下降了9%。哈政府关闭了中哈霍尔果斯国际边境合作中心、暂停与中国的客运交通是两国贸易下降的主要原因。[②] 进入2月,哈自华进口2.4亿美元,同比下降了23.5%,对华出口5.7亿美元,同比下降了0.9%。自华进口大幅度降低是双边贸易额下滑的主要原因。哈自华进口的主要商品包括计算机设备、黑金属和鞋类等,占自华进口总额的26.6%,由于自华进口减少,哈国内难以实现进口替代的商品,其价格短期内将会上涨。面对复杂严峻的国内外经济形势,中哈两国都出台了一系列稳定国内经济、摆脱企业困境和保障民生的措施。中国形成以国内国际双循环相互促进的新发展格局,商务部会同其他部门和地方推出一系列稳定外贸的措施,帮助外贸企业脱困,全力以赴稳外贸外资基本盘,深化"一带一路"沿线国家经贸领域合作。哈萨克斯坦采取严格有效的隔离限行措施,5月11日解除全国性的紧急状态后,恢复境内所有机场的运营,计划恢复与中国、韩国和阿塞拜疆的民航国际航班。6月10日,哈萨克斯坦政府决定有条件恢复

---

① 《2019年中国为哈萨克斯坦第二大贸易伙伴》,2020年2月18日,哈萨克斯坦国民经济部统计委员会,2020年2月,http://kz.mofcom.gov.cn/article/jmxw/202002/20200202937039.shtml。
② 《新冠肺炎疫情对哈中贸易产生负面影响》,哈萨克斯坦"我的城"网站(mygorod.kz),2020年4月3日,http://kz.mofcom.gov.cn/article/jmxw/202004/20200402952107.shtml。

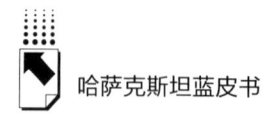

和开放早在4月4日临时关闭的中国边境科尔扎特、巴克特和迈哈布奇盖3个公路口岸。这些举措对哈国内经济生产恢复、中哈经贸的正常开展都具有重要意义。

1. 中哈双边贸易

在双边贸易方面,从哈萨克斯坦国家统计局发布的外贸进出口数据看,2020年哈萨克斯坦对中国的出口贸易额逐月递增,反映哈萨克斯坦对中国的外贸进出口积极向好,逐步回归正常的趋势(见图2)。从中哈双边贸易进出口商品机构和类型看,2020年中国自哈萨克斯坦进口的产品主要集中于能源、矿石、铜及合金、特殊钢材、农牧产品和石化产品等,而我国以往从哈萨克斯坦进口大宗的小麦、玉米等粮食,哈萨克斯坦疫情期实施特殊的出口禁令导致进口交易量大跌;中国出口哈萨克斯坦的商品主要集中于精细加工制品、医疗制品、远程办公电子设备、半导体设备、黑色金属、丝织品、棉纺织品和服装鞋类等。其中医疗制品、远程办公设备的大量进口,反映出哈萨克斯坦疫情形势的严峻性和国家实施严格的隔离政策后,线上办公和网络购物等对电脑周边产品需求的激增,这在一定程度上体现出中哈经贸具有很强的互补性。

据哈萨克斯坦贸易政策发展中心(QazTrade)发布的数据,2020年第一季度,中哈贸易额为33亿美元,同比增长了13.8%。而哈对外贸易额的扩大主要得益于哈对华出口的快速增长。中国海关总署公布2020年1~4月进出口商品国别(地区)的总值中,哈萨克斯坦已跻身中国与"一带一路"沿线国家贸易额排名前20名之列。2020年上半年中国海关总署数据显示,中哈贸易额为93.5亿美元,同比下降1.7%;其中,中国自哈进口达52.8亿美元,同比增长18.5%。2020年全年,中国同哈萨克斯坦进出口总额为214.3亿美元,中国从哈萨克斯坦进口额达97.3亿美元,同比增长了4.95%,其中中国进口哈萨克斯坦一般贸易额增加19.83%,保税仓库进出境货物增长32.33%(见表1)。这一数据反映了哈萨克斯坦货物出口,在进入中国海关之后的仓储、转口货物贸易总量的上升和中国经济复苏、主动扩大进口有关;中国向哈萨克斯坦的出口额达117亿美元,同比减少

8.03%，其中一般贸易额减少16.13%，保税区仓储转口货物额增长了75.35%（见表2），转口货物额的增长主要受益于疫情以来中欧班列过境运输通道的持续发力。另外，国家海关批复了连云港中哈物流基地、中国（江苏）自贸试验区提出"保税+出口"的中欧班列混拼新模式，实现保税仓库转口货物与普通出口货物混装在同一集装箱内运输，这样不仅满足客户对境外小额商品转口及出口"一带一路"沿线国家的需求，还进一步提升集装箱的利用率。2020年11月，第三届中国国际进口博览会顺利在上海召开。哈萨克斯坦受邀出席了这次国际进口博览会的企业展，总计有35家哈方企业来上海参展，其中有27家企业属于哈政府"出口加速"国家计划的支持企业。这类企业是由哈萨克斯坦政府全程提供扶持，直至哈产品进入新的市场。

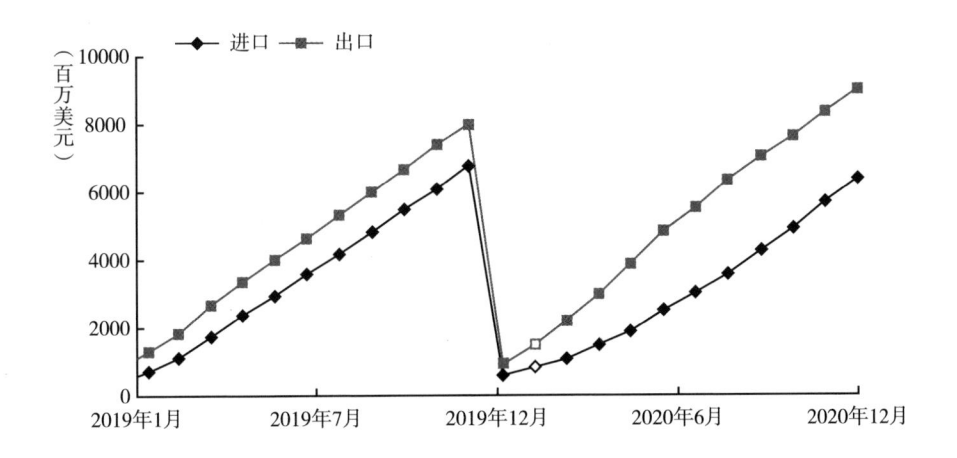

图2 2019年1月至2020年12月哈萨克斯坦对中国的外贸进出口数据

资料来源：哈萨克斯坦国家统计局（Агентство Республики Казахстан по статистике），CEIC DATA 数据库检索，https://insights.ceicdata.com。

2. 中哈相互投资

在相互投资方面，哈萨克斯坦政府为了应对疫情危机，实行大规模的经济刺激计划和扶持、减税政策，政府社会支出增加，庞大的财政赤字致使公共债务进一步增加。2020年上半年，哈萨克斯坦实现财政收入142亿美元，支出168亿美元，财政赤字26亿美元，远高于2019年同期水平（7亿美元）。①此外，石油出口增长疲软和坚戈贬值使得哈萨克斯坦进口费用增加。大量的外债、融资需求以及商业资本流入减少，使得哈萨克斯坦的融资风险增加，而我国在恢复国内经济过程中主动对外开放、扩大出口和投资，与"一带一路"沿线国家互惠贸易额同比增长了0.7%。在对外投资领域，"一带一路"的投资合作稳中有进，对沿线国家非金融类的直接投资增长了18.3%。2020年3月20日，中国建设银行阿斯塔纳分行发行人民币债券"雄鹰债"，这次总量10亿元的债权在阿斯塔纳国际交易所和香港证券交易所同时挂牌，是哈萨克斯坦乃至中亚地区第一只离岸人民币债券，也是中国建设银行助力中哈经济发展，落实"一带一路"和"光明之路"对接合作的重要举措。据哈萨克斯坦央行统计，截至2020年4月1日，哈萨克斯坦在运输仓储业累计吸引外资71亿美元，同比下降26%，其中主要投资来源依次为中国（30亿美元）、中国香港（22亿美元）和俄罗斯（7.357亿美元）。据中国商务部的统计，2020年上半年，中方对哈全行业直接投资2.6亿美元，同比增长136.4%，2020年全年，中国对哈萨克斯坦直接投资额为9.58亿美元。截至2020年6月，中方对哈各类投资累计299.3亿美元，主要集中在采矿、交通运输和建筑等领域。另据哈萨克斯坦国家银行的统计，2020年全年中国香港在哈萨克斯坦的直接投资额为7744万美元，相比2019年新增了2144万美元。2020年1~6月，哈在华投资额为66万美元，同比下降94%。截至2020年6月底，哈在中国投资总额约1.5亿美元，主要涉及物流运输、化工、食品加工和机械制造等方面。

3. 中哈经济技术合作

在经济技术合作方面，中国在疫情防控常态化情况下，积极推进海外企业复工复产，中方企业在哈承建的化工、建材、新能源和基础设施建设

---

① 《上半年欧亚经济联盟成员国均出现财政赤字》，哈通社，2020年8月25日，http://kazinform.kz/cm/article_a3687228。

等多个项目取得了实质性进展。2020年3月,中国霍尔果斯海关出台应对疫情的举措,积极助力外贸企业复工复产,其中哈萨克斯坦阿特劳州第一综合天然气化工工厂建设所需的化工设备就是从霍尔果斯口岸出境的,这对确保该项目在哈顺利投产做好了准备。另外承接在哈石油勘探、风力发电、交通运输和水利等项目的中方大型企业在落实严格防疫措施后,积极推进复工复产,其中中国土木工程集团在哈萨克斯坦南部的江布尔州塔拉兹市承接的水利灌溉工程在2月就已复工,这是在哈的第一个农业灌溉项目,在从源头上解决当地农业灌溉问题,逐步形成从农产品种植、加工到出售的产业链。中国建材国际工程集团在哈萨克斯坦西南部克孜勒奥尔达州承包的奥尔达玻璃厂项目,作为中哈产能合作的重点项目,疫情期间也加紧施工进度,该玻璃厂建成后将成为哈萨克斯坦第一条、中亚地区最大的浮法玻璃生产线。9月12日,国务委员兼外长王毅在努尔苏丹同哈萨克斯坦外长特列乌别尔季举行会谈,两国外长共同宣布启动"中哈复工复产首批千名专家计划"。这一计划便利了两国重点项目合作和商务人员往来,也标志着中哈务实合作迎来期待已久的"后疫情时代"。据中国商务部统计,2020年上半年,中方对哈工程承包合同额为3.6亿美元,完成营业额6.7亿美元。截至2020年6月底,中方对哈工程承包累计合同额377.1亿美元,累计完成营业额约为296.6亿美元。

4. 中哈边境贸易

在边境贸易方面,地处中国和哈萨克斯坦两国边境的中哈霍尔果斯国际边境合作中心承担着疫情暴发以来中哈边境贸易的重任,但疫情反复、落实严格隔离措施和减少人员直接接触等因素对中哈霍尔果斯国际边境合作中心的正常运转影响还是很大。前期因中国暴发疫情,哈方于2020年1月底至2月底临时关闭了中哈霍尔果斯国际边境合作中心,在哈境内发现确诊新冠肺炎病例后,哈政府于3月15日起暂时关闭中哈霍尔果斯国际边境合作中心的哈方区域。而中方区域在国内疫情得到控制之后于3月15日正式恢复运营。进入6月,随着中哈疫情防控的常态化和旅游高峰的到来,进入中哈霍尔果斯国际边境合作中心的人员数量大幅增长,据统计6月以来平均每天有2.8万余人次出入,最高一天达到3万人次,边境购物游呈现红火发展势头。据霍尔果斯出入境边检站统计,2020年1~6月,中哈霍尔果斯国际边境合作中心出入人数达到206.7万人次。据中国海关总署统计,2020年1~6月,中哈边境小额贸易额为27.6亿美元,同比下降15.9%。其中,中方边贸对哈出口额为19.6亿美元,同比下降21%;自哈边贸进口额为8亿美元,同比下降0.6%。① 2020年全年,中国自哈萨克斯坦进口边境小额贸易额为14亿美元,同比下降了11.84%(见表1);中国向哈萨克斯坦边境小额贸易出口额为66.6亿美元,同比下降了3.86%(见表2)。

中哈经贸领域的务实合为全球抗疫和稳定世界经济产业链、供应链作出积极表率,通过中国海关总署统计的中哈进出口数据,我们看到在全球外贸收缩、经济不景气的情况下,中哈贸易取得增长,保持着一个良性发展势头,双边经贸韧性十足,互补性较强。

表1 2020年中国进口哈萨克斯坦海关数据统计

贸易伙伴编码及名称	贸易方式编码及名称	金额(美元)	第一数量(吨)	金额同比(%)	第一数量同比(%)
145 哈萨克斯坦		9726321547	31895001317	4.95	30.14
	10 一般贸易	6684419210	24458595960	19.83	45.91
	11 国家间、国际组织无偿援助和赠送的物资	69000	3881	—	—
	12 华侨、港澳台同胞、外籍华人捐赠物资	714660	21741	—	—
	14 来料加工装配贸易	2600000	10000000	-98.06	-96.58
	15 进料加工贸易	438765379	400732475	-34.99	-35.70
	19 边境小额贸易	1398918159	5663318007	-11.84	-2.40

① 《2020年上半年中哈经贸合作简况》,中华人民共和国驻哈萨克斯坦共和国大使馆经济商务处,2020年8月20日,http://kz.mofcom.gov.cn/article/jmxw/202008/20200802994254.shtml。

续表

贸易伙伴编码及名称	贸易方式编码及名称	金额(美元)	第一数量(吨)	金额同比(%)	第一数量同比(%)
	31 免税外汇商品	0	0	-100.00	-100.00
	33 保税仓库进出境货物	235038954	714009789	32.33	163.58
	34 保税区仓储转口货物	963215576	642559549	-12.54	-11.39
	39 其他	2580609	5759915	-82.19	-80.58

资料来源：中国海关总署进出口统计数据，竹牛云创外贸数据分析系统（www.htqqt.com）检索。

表2　2020年中国出口哈萨克斯坦海关数据统计

贸易伙伴编码及名称	贸易方式编码及名称	金额(美元)	第一数量(吨)	金额同比(%)	第一数量同比(%)
145 哈萨克斯坦		11706644965	4121903474	-8.03	-12.83
	10 一般贸易	4102258403	2129850065	-16.13	-12.08
	11 国家间、国际组织无偿援助和赠送的物资	2744536	58255	—	—
	12 华侨、港澳台同胞、外籍华人捐赠物资	1885480	50970	—	—
	14 来料加工装配贸易	3960458	4324727	-3	-4.99
	15 进料加工贸易	389288002	119952498	-8.32	-5.24
	16 寄售代销贸易	227957	202131	—	—
	19 边境小额贸易	6657389207	1724047047	-3.86	-14.52
	22 对外承包工程出口货物	168013562	25970905	-23.09	-37.25
	23 租赁贸易	93672	20002	-68.78	-93.14
	30 易货贸易	0	0	-100	-100
	33 保税仓库进出境货物	18076004	10693572	-47.5	-66.44
	34 保税区仓储转口货物	185690324	3958755	75.35	41.96
	39 其他	177017360	102774547	41.12	25.8

资料来源：中国海关总署进出口统计数据，竹牛云创外贸数据分析系统（www.htqqt.com）检索。

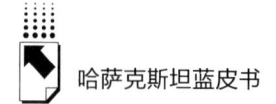

5. 中哈跨境运输通道建设

中哈经贸往来除在传统进出口贸易、投资、技术和人才等方面保持一个平稳、向好发展的态势外，另外在跨境运输通道——中欧班列建设、跨境电商等外贸新业态方面也有着非常紧密的合作，并且在疫情流行的大环境下取得非常亮眼的成绩。

中欧班列自2011年开通，在持续推进我国与中亚和欧洲国家的商业贸易联系、稳定进出口贸易和加深中欧各国经济交流合作方面发挥着重要作用，已成为"一带一路"物资运输的重要方式和亚欧各国深化务实合作的重要载体。中欧班列连通哈萨克斯坦的主要是其铁路联运系统中的西线通道，经哈方的多斯特克口岸（中方的阿拉山口口岸）或霍尔果斯口岸（与中方口岸同名），辐射中国西北、西南、华中和华南等货源地。中欧班列在运行时间上是海运的1/4，价格约为空运的1/5，有着时效快、全天候和分段运输等独特优势。2019年，中欧班列共开行了8225列，发运货物72.5万标箱，同比增长34%，其中超过90%的中欧班列从西线途经哈萨克斯坦。哈萨克斯坦政府认为增加中国商品过境运输是振兴哈萨克斯坦运输业的潜在机遇。2019年4月，托卡耶夫总统接受《俄罗斯报》采访时强调，要通过发展运输、物流基础设施，扩大与中国和整个欧亚地区之间的经贸往来，这将有助于加强联通欧亚大陆东西南北的哈萨克斯坦作为过境运输国的战略地位。[1]

2020年，疫情使得海空传统运输通道受阻，中欧班列承接起空运、海运的转移货源，在稳定国际产业链、供应链，中欧邮路畅通，保障抗疫物资运输，促进企业复工复产，支持"一带一路"项目建设等方面发挥了重要作用。中欧班列还为国际防疫合作提供有力支持。中国多地专门开设了"防疫物资专列"，把口罩、防护服等疫情下急需补充的防疫物资送往欧洲，真正开辟出了一条国际抗疫合作的"生命通道"。据国家发改委统计，2020

---

[1] 《哈萨克斯坦新总统高度赞扬"一带一路"倡议》，中华人民共和国驻哈萨克斯坦共和国大使馆经济商务处，2019年4月7日，http：//kz.mofcom.gov.cn/article/jmxw/201904/20190402850431.shtml。

年，中欧班列共运送防疫物资939万件、7.6万吨，主要通向意大利、德国、西班牙和波兰等国，并分拨到更多的欧洲国家。

随着哈萨克斯坦运输基础设施的不断完善，过境哈萨克斯坦的中欧班列集装箱运量大幅增长。哈萨克斯坦国家经济部部长鲁斯兰·达列诺夫曾称，过境哈萨克斯坦的"中国－欧洲－中国"方向集装箱运量逐年快速增长，目前已达到30万标箱。经阿拉山口口岸的中欧班列，2020年因为疫情影响，1~4月的开行经历了大幅下降－逐步回升－爆发式增长的过程。2月日均只有5列，与2019年全年日均9~10列相比有大幅下降；2月下旬开始口岸进出口中欧班列数量呈明显回升态势，3月日均达到11列，全面恢复至疫情前水平；4月呈现爆发式增长，日均达14列，单日最高达22列。① 霍尔果斯铁路口岸站是我国西部距中亚各中心城市运距最短的国家一类口岸，距离哈萨克斯坦阿拉木图市只有378千米，进出霍尔果斯口岸的中欧班列在疫情期间为中哈外贸商品的跨境运输、中哈合作产能项目的物资和设备的转运等方面助力许多。据乌鲁木齐海关统计，2020年，经霍尔果斯铁路口岸进出境的中欧班列达4722列，同比增长38.8%，贸易额达264.36亿美元，同比增长58.6%。据哈萨克斯坦工业与出口中心的统计，2020年前7个月哈萨克斯坦过境货物运输量为1200万吨，同比增长了32%，中欧班列运输量增长61%。国铁集团的数据显示，2020年中欧班列全年开行1.24万列，已经远超2019年的总和，发送113.5万标准箱，同比分别增长50%、56%，综合重箱率达98.4%。

中欧班列作为中哈经贸往来的新通道，开行量和货物运输量在疫情大流行背景下能够快速增长，从而承担起中哈跨境贸易的重任，这与中哈两国发展永久全面战略伙伴关系和在"一带一路"共建方面达成的合作共识分不开。托卡耶夫在2020年9月发表了上任以来的第二份年度国情咨文，文中进一步强调要充分利用欧亚经济联盟和"一带一路"的潜力，提高过境运

---

① 《去年阿拉山口口岸进出境中欧班列数居全国第一》，新疆维吾尔自治区政府网，2021年1月19日，http://www.xinjiang.gov.cn/xinjiang/tjsj/202101/629bc583d7d44434e9ac9b00ed4123ee3.shtml。

输路线的服务水平和运输效率，促进哈萨克斯坦的经济发展。除此之外，中欧班列的顺利开行与中哈携手抗疫、严格落实疫情防控措施、双边沟通机制顺畅、实施一系列海关通关便利化措施有关；同时与我国内陆沿海城市顺应国际国内"双循环"体系新形势，积极融入"一带一路"，将中欧班列看作是地方经济向外开放、发展的重要平台和载体有关。现已开行了重庆、成都、郑州、西安、苏州和义乌等地的中欧班列集结中心，全国各地方政府和海关都在积极出台相应便利化措施，鼓励地方搭上中欧班列"快车"。比如从西安港始发的中欧班列——"长安"号，目前已成为丝路沿线国家贸易往来的标志性"符号"。2020年3月西安海关专门制定了《海关支持中欧班列发展的措施》[①]，从优化监管模式、着力培育帮扶、拓展多方合作、推进制度创新和创新科技应用五个方面，细化提出16条具体措施，支持中欧班列的发展。

6. 中哈跨境电商的合作与发展

中哈跨境电商方面。2020年席卷全球的新冠肺炎疫情，限制社交距离、减少社会交往，改变着人们的购物、消费习惯，传统的线下交易更多地转向线上，推动电商的快速增长。新冠肺炎疫情出现以来，我国商务部会同各相关部门积极落实稳外贸的要求，加快培育外贸新业态、新模式，推动外贸创新发展，新设了46个跨境电商综合试验区和17家市场采购贸易方式试点，扩大跨境电商零售进口试点至86个城市和海南全岛，支持跨境电商平台"走出去"。据中国海关总署统计，2020年前三季度，我国通过海关跨境电商管理平台进出口额为1873.9亿元，增长了52.8%；市场采购出口额为5098.6亿元，增长35.5%。

哈萨克斯坦总理马明在2020年7月主持召开政府会议上，专门讨论电子商务的发展问题，鼓励哈国青年发展电商。他指出2020年上半年，哈电子商务市场快速发展，电商销售额增速超过50%，强调电子商务发展前景

[①]《西安海关出台支持中欧班列发展16项措施》，中国商务部，http://www.mofcom.gov.cn/article/i/jyjl/e/202003/20200302943160.shtml。

广阔,将对物流、集装箱运输、快递业务、数字服务、非现金支付和劳动力市场等相关经济领域产生倍增效应,而政府的任务是制定有效措施、简化电商流程、提升网上交易可信度和打击网络犯罪行为。哈政府预计到2025年,电子商务及相关领域将创造30万个就业岗位。马明还责成贸易和一体化部、数字发展部会同相关部门和机构,加快实施《2023年前电子商务发展路线图》。① 哈萨克斯坦贸易和一体化部部长苏尔丹诺夫在政府会议上也指出,B2C销售额显著增加,网上零售活跃度提升,销售额增长集中体现在药品、家居用品和食品。据哈邮政公司数据,2020年上半年,哈电子商务市场达到4350亿坚戈,同比增长超过50%,相当于同期社会消费品零售总额的9.4%。预计全年电商市场规模将达到9000亿坚戈。据哈萨克斯坦中央银行的统计,截至2020年5月1日,哈非现金支付交易额近7.5万亿坚戈,增幅超过150%。为支持电子商务发展,哈贸易和一体化部早在2019年就启动了"互联网出口商培训"计划,鼓励更多哈本土生产商入驻阿里巴巴、eBay、亚马逊和野莓等国际电商平台。

为推动中哈跨境电商的合作和发展,中哈霍尔果斯国际边境合作中心共同筹措,于2020年5月15日首次开通了跨境电商的"空中陆桥"。第一批过境电商集装箱于5月10日从广州发运,载运了在亚马逊欧洲仓备货的31758件跨境电商商品,目的地是英国伦敦,整个过境过程只用了不到10分钟。中哈霍尔果斯国际边境合作中心的人员称,预计每天发运20余个集装箱,到2020年底发货量达到7000多万票。哈萨克斯坦驻华大使在2020年9月出席在中国郑州举办的第四届全球跨境电子商务大会,专门介绍哈萨克斯坦政府为发展电子商务领域和有效利用国家过境潜力采取的相关措施。② 哈萨克斯坦贸易和一体化部副部长让娜索娃在12月接受媒体时称,

---

① 《哈政府会议研究电子商务发展问题》,中华人民共和国驻哈萨克斯坦共和国大使馆经济商务处,2020年7月29日,http://kz.mofcom.gov.cn/article/jmxw/202007/20200702987402.shtml。

② 《哈萨克斯坦驻华大使出席第四届全球跨境电子商务大会》,哈通社,2020年9月23日,https://www.inform.kz/cn/article_a3698132https://www.inform.kz/cn/article_a3698132。

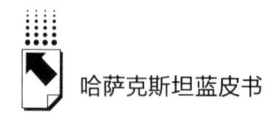

在国家贸易和一体化部的支持下，2019年已遴选50家哈企业作为"金牌供应商"入驻阿里巴巴平台，其中，48家企业已开始在线销售，另外2家企业正在进行注册。2020年计划再推选50家，使入驻企业达到100家。2021年，阿里巴巴平台还将新增50家哈企业。未来将考虑建立哈萨克斯坦商品国家馆，以大幅提高产品知名度和销售额。[①]

三 2021年中哈经贸发展前景和环境分析

2020年以来，新冠肺炎疫情给中国和哈萨克斯坦的社会、经济发展都带来诸多困境与压力，双边经贸往来也在严格落实疫情防控的前提下，经历了早期不确定性、低迷衰退期和逆势回稳向好的过程。展望2021年，全球经济形势好于预期，世界新冠疫苗研发不断取得新进展，但疫情形势仍存在很大的不确定性，新冠肺炎疫情得到有效控制仍是影响其本国经济复苏和顺利开展对外贸易的先决条件。此外，世界上单边主义、贸易投资保护主义和地缘政治局势等因素也给世界经济复苏增加了许多不确定性。

当前，哈萨克斯坦的新冠肺炎疫情依然严峻，全国大部分地区疫情防控压力仍然很大。哈政府一方面筹措疫苗，于2021年开始全民接种新冠疫苗；另一方面在积极推行经济复苏计划，在疫情有所缓解的地区，放松部分限制并着手复工复产。然而，疫情对哈经济的扰动仍然存在，哈政府在疫情发生以来为企业、民众采取的许多经济救助措施，使得政府财政赤字吃紧，前期积累的大量公共债务将拖累着经济复苏的步伐和进程。为了尽快复苏国内经济，哈萨克斯坦贸易和一体化部部长苏尔丹诺夫在制定的2021年工作计划中，强调2021年经贸工作的第一条是优先发展对外贸易，继续加强与优先出口国及合作伙伴国的经贸合作。通过改善技术管理体系

[①] 《入驻阿里巴巴的哈萨克斯坦企业将达150家》，中华人民共和国驻哈萨克斯坦共和国大使馆经济商务处，http://kz.mofcom.gov.cn/article/jmxw/202012/20201203025602.shtml。

等方法提升本国企业竞争力，帮助企业开拓海外市场。① 相对而言，我国疫情得到有效防控，工厂企业全面复工复产，供需关系逐步改善，市场活力倍增，复苏的程度领先世界主要经济体，但是中国防范境外疫情输入的风险仍然很大，海关、港口、国际航空、海外贸易和铁路等运输通道防疫压力依然很大。疫情之下人们的工作方式、生活方式等习惯都在变化；人们对消费的选择会更加谨慎，更加注重消费的安全和品质等。这些因素对 2021 年中哈经贸发展的走向来说既是机遇又是挑战。

据 EIU 国家数据，哈萨克斯坦经济复苏速度将在 2021 年加快，这得益于当前疫情缓和，国际市场需求恢复，商品的价格逐步回升。相对于哈萨克斯坦而言，世界原油价格的上升和哈萨克斯坦石油出口已经在恢复。展望 2021 年的中哈经贸发展的前景、环境主要反映在以下几个方面。

（1）新冠肺炎疫情方面对中哈经贸发展影响有限、可控。随着中哈疫情防控的常态化，哈萨克斯坦政府严格落实早期疫苗接种、全面佩戴口罩和保持社交距离等措施，新冠感染率稳步下降；欧洲等主要经济体国家疫情也开始缓解，疫苗研发方面取得新突破，全球疫苗开打、疫苗接种人群的增多，中哈经贸往来的外部疫情环境基本处于一个可控的范围之内，新冠肺炎疫情对中哈经贸的再次冲击和影响有限。

（2）2021 中哈经贸政策高度契合。中国在 2021 开年的全国商务工作会议进一步明确促进畅通国内国际双循环方面，坚持实施更大范围、更宽领域和更深层次的对外开放，深化"一带一路"经贸合作，促进内外贸一体化，建设高水平开放平台，加强多双边经贸合作。这与哈萨克斯坦政府"优先发展对外贸易"的新年计划，托卡耶夫在 2020 年度国情咨文中强调，在全新国际形势下，哈政府需要吸引投资和扩大哈国产品对外出口作为主要的工作方向有着很高的契合度。

（3）中哈友好关系持续推进，助力中哈经贸务实合作。中哈两国关系

---

① 《哈贸易部长谈 2021 年工作计划》，中华人民共和国驻哈萨克斯坦共和国大使馆经济商务处，2021 年 2 月 9 日，http://www.mofcom.gov.cn/article/i/jyjl/e/202102/20210203037895.shtml。

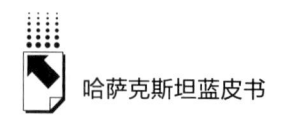

在涉及对方核心利益问题上一直秉持相互支持，相互尊重，支持对方走自主选择的发展道路，双方在联合国、上合组织和亚信会议等多边框架内保持着协调与合作，中国"一带一路"建设与哈萨克斯坦"光明之路"新经济政策对接的重点合作项目都在顺利推进，这些有利条件和前期基础对2021年中哈经贸发展的走向形成了积极影响。

（4）中哈在跨境运输、贸易通道方面已达成共识。2020年全球疫情的蔓延导致许多国家停工、停产和外贸停滞不前，发达国家的高新技术产品因为没有原材料而无法组织生产，发展中国家因运输停滞而无法出口初级产品和原料，但是2020年以来中欧班列在中哈合作抗疫和经贸往来中取得的成绩大家有目共睹。进入2021年我国疫情逐渐稳定，哈萨克斯坦疫情形势趋稳，并有计划接种疫苗。欧洲经济开始恢复，中欧未来将有更多经贸上的合作机会，这对处于欧亚交通枢纽位置的哈萨克斯坦而言，不仅有利于提高本国铁路货运运输份额在中欧班列运输中的比例，还有利于哈萨克斯坦改善本国产品在国际市场中的竞争力。欧洲和中国市场一直占据着哈萨克斯坦出口贸易的较大份额，中欧班列仍将是中哈经贸友好往来的重要平台。

（5）疫情背景下中哈经贸合作增长的新动力——拥抱数字经济新业态、新模式。疫情使人们的工作方式、消费方式以及获取资讯的习惯发生了变化，互联网数字经济和消费日益引起人们的重视，传统的采矿业、制造业、运输业和农业等都在加快数字化转型。全面走向数字化是中国经济发展的大趋势，中国作为先行者，在搭建数字化系统、人工智能和大数据等关键领域积累了大量的技术和经验，中国不断成为其他国家发展数字经济的学习对象。

哈萨克斯坦的互联网普及率处于世界领先水平，发展数字办公、数字经济这方面在2020年哈萨克斯坦政府重大会议中被反复提及。新冠肺炎疫情带来许多未知的挑战，疫情之下，哈萨克斯坦经济对石油和其他自然资源的依赖性更加凸显，但疫情也将促进中亚国家加快经济转型和发展多元化。后疫情时代，哈萨克斯坦确立了将把交通与物流、经济数字化和农业现代化等作为重点发展领域。① 哈萨克斯坦已为进一步发展数字经济做好准备，包括成熟的市场、稳定增长的需求、投资和技术等，最重要的是出现了数字转型的普遍意愿。发展数字经济、贸易这将是今后中哈技术合作、投资和贸易往来的重要方向和内容。哈萨克斯坦数字发展、创新和航空航天工业部在2021年初宣布，2021年哈计划吸引超过2220亿坚戈（约合5.3亿美元）的数字项目投资，用于实施IT行业项目，发展数字采矿产业，以及建设数据中心、电信、航天和电子等行业的基础设施。哈政府采用中国华为5G技术，计划2021年底前，在首都努尔苏丹试验性开通5G网络，覆盖首都机场、火车站和大型休闲购物场所。

---

① 西北大学哈萨克斯坦研究中心外方主任、哈萨克斯坦中国研究中心主任古丽娜尔·沙伊梅尔格诺娃在"后疫情时代的中亚、西亚经济形势与'一带一路'建设"线上国际研讨会上的发言。《中哈两国专家：新冠肺炎疫情蕴藏发展机遇》，中国新闻网，2020年7月16日，https：//www.chinanews.com/gj/2020/07-16/9240377.shtml。

附　　录
Appendices

B.14
哈萨克斯坦2020年人口数据统计

王蒙蒙[*]

截至2020年底，哈萨克斯坦的人口数量为1895.4万人，居世界64位，占世界总人口的0.24%。2020年，哈萨克斯坦的人口增加了289116人，年增长率为1.55%。

一　哈萨克斯坦2020年的主要人口指标

出生：419582

死亡：165556

人口自然增长：254026人

移民人口增长：35090人

男性：9082029（截至2020年12月31日）

---

[*] 王蒙蒙，莫斯科罗蒙诺索夫国立大学高等翻译学院博士。

女性：9871770（截至 2020 年 12 月 31 日）

人口密度：6.8 人/km^2。

按城市分布：哈萨克斯坦共有 87 个城市，城市 10893800 人（58.5%），农村 7738400 人（41.5%），人口数量前 20 的城市如下（2020 年 1 月数据）。[①]

	城市	人口		城市	人口
1	阿拉木图	1916822	11	科斯塔奈	248267
2	努尔苏丹	1136156	12	克孜勒奥尔达	242462
3	希姆肯特	1038152	13	乌拉尔斯克	234155
4	阿克托比	500757	14	彼得罗巴甫洛夫斯克	219231
5	卡拉甘达	497777	15	阿克套	188791
6	塔拉兹	357795	16	铁米尔套	179216
7	帕夫洛达尔	333479	17	突厥斯坦	171934
8	奥斯卡曼	333113	18	科克舍陶	146104
9	塞米	324043	19	塔尔迪库尔干	145365
10	阿特劳	290700	20	埃基巴斯图兹	133676

二　各民族人口占比[②]

哈萨克族：67%；

俄罗斯族：20%；

乌兹别克族：3%；

乌克兰人：1.5%；

维吾尔族：1.5%；

鞑靼族：1%；

其他：6%。

[①] https://wiki2.org/ru/Список_городов_Казахстана_по_численности_населения.

[②] 资料来源：https://kazakhstanlife.ru/naselenie-kazaxstana/。

三 宗教信仰人数[①]

宗教	教徒人数	占总人口比例(%)
伊斯兰教	13343474	70.4
基督教	4700542	24.8
不信教和无神论者	796060	4.2
民间信仰	56861	0.3
佛教	37908	0.2
其他	18954	0.1

四 按年龄段划分[②]

15岁以下：4087007（男性2087950/女性1999057）；

15~64岁：13466106人（男性：6561616/女性：6904490）；

65岁及以上：1400686人（男性479531名/女性921155名）。

截至2021年初，哈萨克斯坦人口的年龄分布如下。

单位：%

<15岁	21.6
15~64岁	71
65岁及以上	7.4

五 人口负担系数

也称抚养比，是指人口总体中非劳动年龄人口数与劳动年龄人口数之比，

[①] Pew Research Center, "The Global Religious Landscape," Number of Followers Estimated by Countrymeters (Saturday, January 2, 2021).

[②] The Estimation Data for Section "Kazakhstan Age Structure" is Based on the Latest Demographic and Social Statistics by United Nations Statistics Division.

通常以百分比表示。非劳动年龄为15岁以下和65岁及以上，劳动年龄为15～64岁。抚养比直接反映了国家在社会政策上的财政支出。例如，随着该系数的增加，应增加建设教育机构、社会保障机构、医疗机构和支付养老金等。哈萨克斯坦的抚养比为40.8%，相对较低。它表明，哈萨克斯坦劳动力人口供给充分，劳动力人口年龄结构比较轻，这种人口关系给社会带来了相对较低的社会负担。

儿童抚养比是指年龄以下（15岁以下）的人口与一个国家的劳动力之比。哈萨克斯坦的儿童抚养比为30.4%。

老年抚养比是指年龄在65岁及以上的人口与一个国家的劳动力之比。哈萨克斯坦的老年抚养比为10.4%。[1]

六　预期寿命

出生时的预期寿命是最重要的人口统计指标之一，它显示了假设出生和死亡率在整个一生中都保持在同一水平上的新生婴儿的生存年数。哈萨克斯坦出生时的预期平均寿命（包括性别）为68.5岁，这低于全球人口平均寿命（约71岁）。男性出生时的预期寿命为63.2岁，女性为74.1岁。

七　人口素养

哈萨克斯坦有14835673人能够读写，大约有31119名成年人是文盲。成年男性识字率为99.81%，成年女性的识字率为99.78%。

男性和女性的青年识字率分别为99.81%和99.87%。总体青年识字率为99.84%。青年识字率定义涵盖了15～24岁的人口。[2]

---

[1] The Estimation Data for Section "Kazakhstan Age Dependency Ratio" is Based on the Latest Demographic and Social Statistics by United Nations Statistics Division．

[2] The Estimation Data for Section "Kazakhstan Age Dependency Ratio" is Based on the Latest Demographic and Social Statistics by United Nations Statistics Division (retrieved March 13, 2016)．世界人口数据实时展示网，https：//countrymeters.info/en/Kazakhstan。

B.15
2020年哈萨克斯坦共和国社会经济发展情况及中央预算的执行情况

王蒙蒙*

在新冠肺炎疫情的影响下,全球经济和贸易的不确定性仍然存在。根据联合国2020年经济成果报告,2020年全球经济下滑4.3%。2020年发达国家GDP下降5.6%,2021年,发达国家的复苏增长率将高达4.0%。据联合国估计,2020年世界商品和服务贸易下降7.6%,出境旅游下降70%,旅游业损失约1.1万亿美元。新冠肺炎疫情还导致全球新增1.31亿贫困人口。哈萨克斯坦经济发展也深受影响。哈国经济部、财政部、工业和基础设施发展部以及农业部发布2020年1~10月哈萨克斯坦共和国社会经济发展情况及中央预算的执行情况。

一 经济部

2020年1~10月,哈萨克斯坦的经济总体表现为非开采性行业投资有所增加,实体部门保持持续增长,服务业趋向稳定,经济贷款逐步增加。

2020年1~10月商品生产增长了1.9%。同时,服务生产下降了6.1%。GDP下降了2.9%,通胀率为7.1%。实体经济的各行业和个别服务业都显示出正增长,尤其是建筑业、信息和通信业、农业和制造业。同时,交通运输业、房地产交易和行政服务呈现负增长。

2020年1~10月在投资方面,不包括采矿业在内的投资增长了14.7%。

---

* 王蒙蒙,莫斯科罗蒙诺索夫国立大学高等翻译学院博士。

其中住房建设吸引了14720亿坚戈的投资,增长了30%;交通运输为9950亿坚戈,增长了8%;制造业为6610亿坚戈,增长了11%,其中包括食品为75亿坚戈,增长了20%,农业为4130亿坚戈,增长了8%。

与2020年初相比,经济贷款增加了3.5%。主要集中在通信、农业、工业和建筑业。小型企业贷款增长了5.9%,增速高于消费贷款和整体经济贷款。制造业增长加快。制药行业增长了40%,轻工业增长了16%,机械工程增长了17%,汽车工业增长了54%。

分行业来看,对外贸易方面,2020年前9个月对外贸易额达628亿美元,其中出口额为353亿美元,进口额为275亿美元,贸易顺差保持在78亿美元。工业呈现以下动态,制造业增长保持在3.2%的水平,但是采矿业下降了3.1%。因此,总体来说工业实物量指数为99.4%。大多数地区工业呈增长态势,增长幅度最大的是库斯塔奈州、阿克莫拉州、北哈萨克斯坦州和西哈萨克斯坦州。6个地区的工业呈下降态势:克孜勒奥尔达州、曼格斯套州、阿特劳州、东哈萨克斯坦州、突厥斯坦州以及奇姆肯特市。在制造业方面,最大的增长出现在科斯塔奈州、突厥斯坦州、阿克莫拉州(增长8.7%)和北哈萨克斯坦州。以下4个地区的制造业呈负增长:西哈萨克斯坦州、东哈萨克斯坦州、阿克托别州以及奇姆肯特市。在固定资产投资方面,吸引固定资产投资9.4亿美元。13个地区的这一指标呈正增长。其中,增长最多的是突厥斯坦州和奇姆肯特市。

二 财政部

(一)财政收入

国家财政收入达6.8万亿坚戈,完成计划的94.7%。中央财政收入总计4.264万亿坚戈,完成计划的86.5%。中央财政收入未完成6670亿坚戈,其中税收占8200亿坚戈。同时,非税收收入超额完成了1540亿坚戈。未完成任务部分主要来源于增值税和企业所得税,主要受以下因素影响。

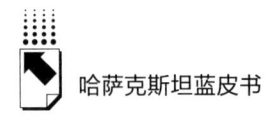

（1）主要出口商品价格平均下降12.5%；

（2）与年初相比，纳税非正常户增加了8100，其中非正常户法人增加了4800。

（3）企业未到达预期收入。因此，2020年前10个月，和2019年同期相比有一半企业减少支付企业所得税的预付款；

（4）来自二线银行的收入减少了118亿坚戈。

增值税未完成任务原因如下。

（1）增值税退返还比2019年同期增长54.4%，即增加1921亿坚戈；

（2）"电子发票"营业额减少，主要表现在采矿业，与2019年同期相比营业额下降了32.6%，即4.3万亿坚戈；

（3）与2019年同期相比，2020年前9个月哈萨克斯坦与第三国的贸易额下降了13.2%；

（4）与2019年同期相比，2020年前8个月哈萨克斯坦与欧亚经济联盟国家的贸易额下降了12.2%。

（二）财政支出

地方财政完成了计划的113%，达到24900亿坚戈。总体而言，地方财政超额完成2860亿坚戈。其中，税收超额完成了2640亿坚戈。

在所有地区，地方财政收入都超过了预算。应当指出，哈政府修订了2020年的预算，其中调整了税收和非税收收入计划。财政部面临的主要任务是确保全面执行修订后的收入计划。

国家财政支出完成了98.8%，其中中央财政完成99.7%，地方财政完成98%。中央财政共支出11.284万亿坚戈，剩余320亿坚戈。未支出的主要原因是招标和签订合同程序烦琐、没有提交完成报告等。地方财政支出达6.4万亿坚戈，未支出1280亿坚戈。

国家审计方面，在2020年前10个月中，约130万个公共采购程序在视频监控下完成，总金额为9.3万亿坚戈。根据复查监控，预防了6980亿坚戈的公共采购违规行为。开展了1600项审核活动。审计涉及8720亿坚戈的财政资金，审查出财务违规金额达1980亿坚戈。为了完善审计制度和提高审计效率，提出了1411条建议，其中1101条被采用。

三 工业和基础设施发展部

尽管经济增长放缓，制造业仍是增长的主要动力。制造业在2020年1~10月增长了3.2%，几乎所有制造业部门都呈现正增长。机械制造业在2020年前10个月保持稳定增长。制造业前10个月的数量指数为116.5%。增长的主要原因是汽车、拖车和半拖车的产量增加了53.6%[1]，其他车辆的产量增加了87.1%，电气设备增加了3.0%，机械设备增加了4.3%。

在有色冶金方面，产量增长了1.9%，其中精金产量增加了6.4%，精铜产量增加了8%，金条产量增加了35%等。在黑色冶金中，增长率为0.3%，其中钢筋的生产量增长了11%，硅铁锰矿的生产量增长了13%，钢筋、钢球和圆木的产量增长了3%。制药业增长了39.7%。轻工业增长了16.4%，主要是纺织品产量增长了4.4%，服装产量增长了1.4%，皮革产品产量增长了160.3%。纸和纸制品的产量增加了15%。木材和软木制品产量增长了52.6%。

在交通运输方面，2020年1~10月的运输量指数[2]为82.7%。尽管疫情对运输业造成了负面影响，但该行业的某些领域却出现了正增长。集装箱过境运输总量同比增长35.4%，达到71.86万个20英尺标准箱。各种运输方式货运量为32亿吨，相当于2019年的92.9%。与2020年9月相比，10月的旅客运输总量增长了15.5%。航空旅客运输量增长了1.6%，达到62万人。中国—欧洲—中国航线上的集装箱运输量增加了10%，达到5.59万个集装箱。在货运方面也出现正增长，其中2020年10月货运总量比9月增加了3.4%。

---

① 这里所有的指数指的是量指数，英文volume index。
② 这里所有的指数指的是量指数，英文volume index。

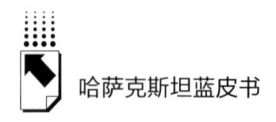

在建筑业方面,2020年1~10月建筑业指数①为110.7%。15个地区的建筑业呈正增长。10个月内完成了超过1070万平方米的房屋建设,比2019年同期增长9.7%。截至2020年10月,全国交付使用94737套住房。

四 农业部

2020年1~10月农业总产值增长了5.2%,达到5.4万亿坚戈。增长主要源于农作物产量增加了7.1%。2020年前10个月畜牧业总产值增长了2.7%,达到2.1万亿坚戈。同时,肉类产量增加了3.7%,牛奶产量增加了3.1%。2020年前10个月粮食产量增长了3.4%,达到1.6万亿坚戈,其中大米产量增加了36.8%,黄油产量减少17.1%,香肠产量减少14.6%,意大利面产量减少9.7%,谷物产量减少5.6%,面粉产量减少5.1%,发酵乳制品产量增加了4.5%,奶酪和白软干酪产量增加了2.1%。农业固定资产投资增长了7.5%,达到412亿坚戈,粮食生产增长了20.1%,达到753亿坚戈。②

---

① 这里所有的指数指的是量指数,英文volume index。
② 哈萨克斯坦的多媒体新闻平台:Toppress. kz https://toppress.kz/article/itogi – socialno – ekonomicheskogo – razvitiya – rk – i – ispolnenii – respublikanskogo – byudzheta 哈萨克斯坦总理新闻中心。

B.16
哈萨克斯坦2020年对外贸易主要指标

赵 静[*]

单位：千美元

名称	贸易额	出口额	进口额
独联体国家	**24516445.3**	**9015322.0**	**15501123.3**
欧亚经济联盟国家	**19727223.3**	**5539004.2**	**14188219.1**
亚美尼亚	15038.6	7336.7	7701.9
白俄罗斯	716275.6	69579.2	646696.4
吉尔吉斯斯坦	796193.8	562588.4	233605.4
俄罗斯	18199715.3	4899449.9	13300215.4
非欧亚经济联盟国家	**4789271.9**	**3476367.9**	**1312904**
阿塞拜疆	109691.8	84399.3	25292.5
摩尔多瓦	75767.9	62967.4	12800.5
塔吉克斯坦	791443.0	692965.5	98477.5
土库曼斯坦	127975.0	76643.6	51331.4
乌克兰	767937.3	426054.6	341882.7
乌兹别克斯坦	2916456.9	2133337.5	783119.4
世界其他国家（地区）	**60514661.7**	**37934374.8**	**22580286.9**
欧洲	**26503863.2**	**19880896.8**	**6622966.4**
奥地利	158815.4	3228.6	155586.8
比利时	321768.1	217549.9	104218.2
保加利亚	244486.5	207497.5	36989.0
塞浦路斯	10947.6	6596.2	4351.4
捷克	352721.0	70231.6	282489.4

---

[*] 赵静，历史学博士，西北大学丝绸之路研究院讲师。

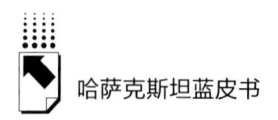

续表

名称	贸易额	出口额	进口额
德国	2049593.1	247616.7	1801976.4
丹麦	80265.5	18694.2	61571.3
爱沙尼亚	12591.5	1357.6	11233.9
西班牙	1403006.2	1215228.6	187777.6
芬兰	310559.1	185057.4	125501.7
法国	2810228.5	1858532.0	951696.5
英国	1046795.4	687971.9	358823.5
希腊	1422228.0	1401744.9	20483.1
克罗地亚	332810.6	311558.8	21251.8
匈牙利	111834.3	9362.4	102471.9
爱尔兰	119847.0	6314.7	113532.3
意大利	7557951.5	6644707.2	913244.3
立陶宛	481563.0	360637.4	120925.6
卢森堡	2464.5	46.0	2418.5
拉脱维亚	64492.5	36164.2	28328.3
马耳他	31085.2	30709.7	375.5
荷兰	3366883.5	3148592.1	218291.4
波兰	678605.3	363134.5	315470.8
葡萄牙	18928.3	5.5	18922.8
罗马尼亚	1337515.6	1263683.0	73832.6
瑞典	191332.9	32966.3	158366.6
斯洛文尼亚	76720.5	7345.5	69375.0
斯洛伐克	69404.1	1798.6	67605.5
阿尔巴尼亚	1728.6	1461.6	267.0
波黑	713.1	112.0	601.1
瑞士	1723478.4	1535044.0	188434.4
法罗群岛	10.4		10.4
直布罗陀（英）	53.0		53.0
冰岛	2970.8		2970.8
列支敦士登	1304.8	14.5	1290.3
摩纳哥	36.1		36.1
黑山	482.0		482.0
马其顿	1955.3		1955.3
挪威	88653.8	4146.7	84507.1

哈萨克斯坦2020年对外贸易主要指标

续表

名称	贸易额	出口额	进口额
塞尔维亚	15715.4	1785.0	13930.4
圣马力诺	1314.6		1314.6
梵蒂冈	2.2		2.2
亚洲	**31250646.2**	**17011931.0**	**14238715.2**
阿联酋	474423.9	378723.5	95700.4
阿富汗	623592.1	621926.4	1665.7
孟加拉国	30988.0	955.0	30033.0
巴林	283.8	280.9	2.9
文莱	346332.6	346332.6	
中国	15391006.9	9004006.9	6387000.0
格鲁吉亚	121622.2	84401.9	37220.3
中国香港	27162.4	7084.7	20077.7
印度尼西亚	86740.1	50202.7	36537.4
以色列	376160.9	327026.1	49134.8
印度	2374997.8	1992036.0	382961.8
伊拉克	1611.0	1566.2	44.8
伊朗	237015.3	128951.4	108063.9
约旦	3352.1	2434.0	918.1
日本	1200706.2	664153.7	536552.5
柬埔寨	5883.7	291.8	5591.9
朝鲜	3.5	0.1	3.4
韩国	5893290.4	1003922.3	4889368.1
科威特	410.0	340.1	69.9
老挝	816.9		816.9
黎巴嫩	1079.1	922.2	156.9
斯里兰卡	8531.7	3721.2	4810.5
缅甸	3611.0		3611.0
蒙古	29337.3	27463.4	1873.9
中国澳门	1.9		1.9
马尔代夫	1.3		1.3
马来西亚	183076.8	56577.4	126499.4
尼泊尔	25.5		25.5
阿曼	273.5	267.4	6.1
菲律宾	18440.5	4324.5	14116.0

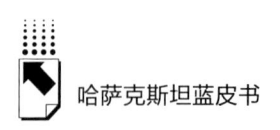

续表

名称	贸易额	出口额	进口额
巴基斯坦	45556.8	16146.7	29410.1
巴勒斯坦	23.4		23.4
卡塔尔	8556.6	5757.5	2799.1
沙特阿拉伯	4184.9	1435.9	2749.0
新加坡	112304.2	76874.1	35430.1
叙利亚	71.4	13.2	58.2
泰国	92105.2	724.0	91381.2
土耳其	3071124.7	2131539.9	939584.8
中国台湾	95102.3	14174.7	80927.6
越南	380838.3	57352.6	323485.7
美洲	**2331648.4**	**865811.3**	**1465837.1**
阿根廷	26419.3	9875.2	16544.1
巴巴多斯	28.0		28.0
圣巴泰勒米岛（法）	7.8		7.8
百慕大（英）	0.1		0.1
玻利维亚	143.1	3.4	139.7
巴西	86409.2	47424.9	38984.3
巴哈马	5317.9	5317.9	0.0
加拿大	368060.7	256446.7	111614.0
智利	13821.3	310.1	13511.2
哥伦比亚	5576.3	1705.7	3870.6
哥斯达黎加	2066.1		2066.1
古巴	234.2	0.3	233.9
多米尼克	0.1		0.1
多米尼加	6235.5	5482.2	753.3
厄瓜多尔	28432.6	3.7	28428.9
法属圭亚那	2.1		2.1
危地马拉	317.2	70.0	247.2
圭亚那	0.3	0.2	0.1
洪都拉斯	8.7		8.7
海地	0.7		0.7
牙买加	15.4		15.4
开曼群岛（英）	40.1	39.9	0.2
圣卢西亚	0.1		0.1

续表

名称	贸易额	出口额	进口额
马提尼克岛	0.3		0.3
蒙特塞拉特（英）	1.6		1.6
墨西哥	84785.0	2919.9	81865.1
尼加拉瓜	144.7	85.6	59.1
巴拿马	11.5		11.5
秘鲁	2678.0		2678.0
波多黎各	11983.3		11983.3
巴拉圭	207.8		207.8
苏里南	0.2		0.2
萨尔瓦多	144.5	108.9	35.6
特克斯和凯科斯群岛（英）	58.9		58.9
特立尼达和多巴哥	80.0	56.9	23.1
美国本土外小岛屿	0.3		0.3
美国	1687198.0	535959.8	1151238.2
乌拉圭	1215.6		1215.6
委内瑞拉	1.9		1.9
非洲	**377211.6**	**163079.3**	**214132.3**
安哥拉	202.2	202.2	
布隆迪	1062.0		1062.0
贝宁	3992.5	3992.5	
刚果（金）	4035.9		4035.9
刚果（布）	30.9	11.7	19.2
科特迪瓦	1527.3	23.6	1503.7
喀麦隆	205.4	169.3	36.1
阿尔及利亚	63373.3	63163.8	209.5
埃及	84331.6	5452.1	78879.5
埃塞俄比亚	48.7	0.1	48.6
加纳	24186.8	90.0	24096.8
肯尼亚	58112.5	2840.9	55271.6
科摩罗	16.6		16.6
莱索托	9.3		9.3
利比亚	1.3	1.3	
摩洛哥	63263.7	55623.3	7640.4

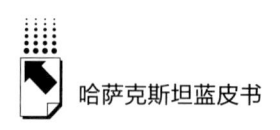

续表

名称	贸易额	出口额	进口额
马达加斯加	342.4		342.4
马里	17.3	3.7	13.6
毛里塔尼亚	0.1		0.1
毛里求斯	269.0		269.0
马拉维	264.1		264.1
莫桑比克	150.8	3.0	147.8
纳米比亚	0.8		0.8
南苏丹	1.4		1.4
尼日利亚	1029.1	936.6	92.5
留尼汪岛(法)	1.1		1.1
卢旺达	1.0		1.0
塞舌尔	2.1		2.1
苏丹	155.3	155.3	
塞拉利昂	3652.0		3652.0
塞内加尔	11095.6	11095.4	0.2
圣多美和普林西比	4.6		4.6
斯威士兰	0.4		0.4
乍得	6.2	6.2	
突尼斯	18894.0	16531.9	2362.1
坦桑尼亚	745.9		745.9
乌干达	2.5		2.5
南非	35603.7	2776.4	32827.3
赞比亚	198.0		198.0
津巴布韦	374.2		374.2
澳大利亚和大洋洲	**51292.3**	**12656.4**	**38635.9**
澳大利亚	46654.0	12652.3	34001.7
圣诞岛(澳)	0.1		0.1
斐济	1.9		1.9
密克罗尼西亚联邦	0.2		0.2
新西兰	4635.2	3.6	4631.6
巴布亚新几内亚	0.5	0.5	
萨摩亚	0.4		0.4

资料来源：哈萨克斯坦国家统计局官网（https://stat.gov.kz/）。

B.17 《哈萨克斯坦对外政策构想（2020～2030）》纲要*

赵 静 李奕璠**

2020年3月，托卡耶夫总统签署第280号总统令，批准《哈萨克斯坦对外政策构想（2020～2030）》，全文如下。

第一章 现状分析

现代国际关系体系正在经历复杂的变革，其主要特点如下。

信任危机和冲突加剧，安全和对话多边机构的职能下降，预防性外交和解决冲突机制的效率低下；

国际法基本原则的侵蚀，全球主义和民族主义两个主要趋势的全球性冲突，对中小国家造成了严重的威胁；

传统挑战和安全威胁加剧，如恐怖主义、极端主义、军备竞赛，包括导弹、核武器、太空军备竞赛和气候变化等；

出现了影响地缘政治和地缘经济的新因素，包括与信息和通信技术的发展、网络战及混合性相关的因素；

---

* 2020年3月,托卡耶夫总统签署第280号总统令,批准《哈萨克斯坦对外政策构想(2020～2030)》；О Концепции внешней политики Республики Казахстан на 2020 – 2030 годы. https://www.akorda.kz/ru/legal_acts/decrees/o – koncepcii – vneshnei – politiki – respubliki – kazahstan – na – 2020 – 2030 – gody.

** 赵静，历史学博士，西北大学丝绸之路研究院讲师；李奕璠，西北大学哈萨克斯坦研究中心俄语翻译。

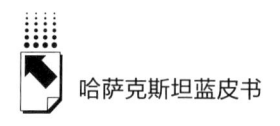

在全球化和国际贸易体系现代模式的侵蚀下，国家和地区间经济和技术发展差距扩大，全球金融体系变得脆弱，贸易和货币战争加剧，制裁升级。

在此背景下，国际社会意识到有必要形成一个更稳定的国际关系体系，以下事实证明了这一点：国家和地区日益相互依赖；解决全球和地区问题积累的经验，寻求共同应对当代挑战的方案；主要大国与军事政治集团之间没有明显的意识形态对抗；认识到市场经济的必然性。

上述因素影响到哈萨克斯坦对外政策的构想和实践方法的制定。

独立以来，哈萨克斯坦加强了在国际舞台上的地位，已成为爱好和平和开放的国家，是全球和区域事务中的可靠伙伴。哈萨克斯坦实行多边、务实和积极的外交政策，为安全、合作与发展领域的全球和地区议程的制定和实施作出了重大贡献。同时，全面和坚定地维护国家利益，建设性地促进对外政策和对外经济优先事项。

同时，哈萨克斯坦进入国家发展的新阶段，制定新的经济方针，哈萨克斯坦的外交政策面临新的情况和挑战。

（一）在政治和经济影响力、国际市场和投资流动的国家间竞争加剧的背景下，哈萨克斯坦需巩固自身国际社会负责任参与者、欧亚大陆地缘政治和地缘经济坐标体系的关键因素以及中亚地区领先国家的地位。

（二）在全球和地区局势迅速变化的条件下，重要的是确保在实用主义和系统分析的基础上更加有效和系统地推进哈萨克斯坦的国际倡议，以便为国家和世界带来具体成果。

（三）按照"倾听型国家"的理念，并考虑到进入前30个最发达国家行列的战略任务，重点应放在促进和保护国家、企业和每个公民的涉外利益上。这是建立强大、和谐和对社会负责的国家以及有机地融入现代国际关系体系的关键条件。

对外政策观点和外交工具体系需符合长期现实，这决定了采用现文件的可行性。

制定《哈萨克斯坦对外政策构想（2020～2030）》时考虑到了《2050

年长期和可持续发展战略》、《实施五项体制改革的 100 个具体步骤》国家计划以及总统的年度国情咨文反映的目标与任务。

第二章 国际经验

制定的对外政策构想在国际实践中得到广泛应用。其他国家的对外政策构想体现在以下方面。

（1）世界各国意识到平衡和现实对外政策构想的重要性，以成功维护国家利益并实施有效的国际战略。

（2）对外政策构想反映了国家的长期和当前利益，源于国家在国际关系体系中的客观能力、地位和作用。

（3）在对外政策构想的制定中，借鉴和使用国家在国际事务中积累的经验，并保持一定的连续性。

（4）其他国家的对外政策构想总体上是基于外交、国内和经济政策的相互联系。

考虑到哈萨克斯坦的中等区域国家/中等国家的地位，对具有同等国际地位的其他国家的对外政策构想的分析才具参考性。总结为以下规律：对中等国家对外政策路线制定的主要影响是系统性因素（全球、地区的事件和趋势直接影响到制定对外政策的议程）。

总体来说，本纲要借鉴了世界各国在制定对外政策文件方面的现有经验，使其适应哈萨克斯坦的现代发展。

第三章 对外政策的基本原则

哈萨克斯坦共和国在以下基本原则的基础上实施其对外政策。

（1）首任总统、民族领袖纳扎尔巴耶夫的外交政策方针在国家新发展阶段的延续性。

（2）协助建立稳定、公正、民主的世界秩序；平等融入全球政治、经

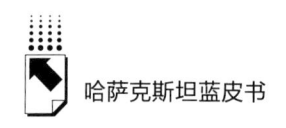

济和人道主义空间；有效保护哈萨克斯坦人和居住在国外的同胞的权利、自由和合法利益。

（3）促进国家对外开放，为提高哈萨克斯坦人民的福祉创造有利的外部条件，挖掘国家的政治、经济和精神潜力。

（4）多边、务实和积极，这意味着与哈萨克斯坦有实际利益的所有国家、国家间协会和国际组织发展友好、平等和互利的关系。

（5）多边主义旨在以多边磋商和协议为基础，为国际社会解决广泛的全球和地区问题制定集体愿景和有效方法。

（6）在国家、地区和世界层面上的安全与发展之间有着密不可分的联系，涉及国际社会制定一体化方案以应对冲突后国家的跨境安全挑战和威胁，解决冲突和建立和平秩序。

第四章　对外政策的目标和任务

哈萨克斯坦对外政策旨在实现以下战略目标。

（1）加强国家的独立性、国家主权和领土完整，保持外交政策的独立性。

（2）巩固领导地位并促进哈萨克斯坦在中亚地区的长期利益。

（3）将哈萨克斯坦定位为积极、负责任的国际社会参与者，为确保国际和地区的稳定与安全作出重大贡献。

（4）以双边和多边形式与其他国家保持友好、可预测和互利的关系，与国家间协会和国际组织协同合作。

（5）充分利用对外政策的潜力，以提高国民经济的竞争力，哈萨克斯坦人民的生活水平和生活质量。

（6）通过对外政策手段协助维护和加强哈萨克斯坦多民族的团结。

（7）将哈萨克斯坦公民和国家企业的实际利益作为国家对外政策的核心。

既定目标决定了实施以下任务。

（1）努力形成政治稳定、经济可持续和安全的哈萨克斯坦周边环境。

（2）继续加强国际和平与合作，提高全球和地区安全体系的有效性。

（3）考虑到促进和维护国家的长期战略利益，在双边和多边层面上制定和实施针对关键对外政策问题的新方法。

（4）确保对外政策的"经济化"达到新水平，进一步加强哈萨克斯坦在世界经济关系体系中的地位。

（5）加强"人道主义外交"，在国际社会普及国家的正面形象。

（6）就对外政策问题与哈萨克斯坦广大民众建立有效的沟通机制。

（7）完善工作，以保障维护哈萨克斯坦公民与家庭的权利，以及哈萨克斯坦自然人和法人在境外的合法利益。

第五章 对外政策的趋势和发展前景

上述目标和任务决定了国家在国际舞台上的主要优先事项如下。

（一）维护国际和平与安全的优先方向

（1）根据《联合国宪章》的宗旨和原则，促进恢复和加强对国际关系体系的信任，在平等协商的基础上推进多边合作。

（2）采用综合方法解决国家间的冲突和争端、邻近区域的国内冲突，并强调预防性外交和调解的可能性。

（3）加强维护战略稳定，反对以任何目的进行核武器使用与威胁；努力实现一个没有核武器和其他大规模毁灭性武器的世界，支持建立无核武器区。

（4）协同国际力量防止常规武器和新型武器竞赛，维持并进一步深化常规武器和新型武器的国际管制制度的建立。

（5）积极寻找解决亚洲安全关键问题的综合办法，包括通过将亚信会议转变成一个地区安全与发展组织。

（6）通过建立广泛的国际反恐主义联盟，促进全球和地区联合打击国

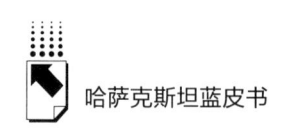

际恐怖主义和极端主义；同他国协作打击有组织犯罪、贩毒及其他类型的犯罪活动。

（7）协助保障国际信息安全，打击网络恐怖主义以及非法使用信息和通信技术，包括对国际和平、安全与稳定构成威胁。

（二）经济外交领域的优先方向

（1）将国际资源和发展潜力引入国民经济的结构转型过程中，包括实现工业化计划和发展"大路货经济"。

（2）扩大国际合作，吸引高质量的外资进入机器和仪表制造业、农工产业、轻工业、建筑材料制造业、采矿工业、运输和物流、医疗保健、教育、旅游、石化和炼油、油田服务、农业化工和有色冶金等经济领域。

（3）促进引入海外先进技术是创新和工业进程中的重要环节。打造哈萨克斯坦新高新技术领域国际伙伴关系开放领地的国家名片，包括"数字哈萨克斯坦"国家规划、"人工智能"、"大数据"及其他相关领域。

（4）为实现"哈萨克斯坦共和国向'绿色经济'转型的构想"提供有利的外部条件，旨在提高水、土地、生物和其他资源的利用率。

（5）推动哈萨克斯坦在国际和地区生产链中最具竞争力经济部门的一体化进程。

（6）协助哈萨克斯坦投资者和生产商在国外市场上的项目实施，消除其他国家政府机构对其的歧视。

（7）考虑"2025年前国家贸易政策规划"及其后续修订，协助扩大国家在非原料领域出口的产品类别、数量和地区。参与制定和执行国际质量标准，取消限制哈萨克斯坦商品和服务出口的关税、非关税和保护措施。

（8）依托"光明之路"国家规划，致力于将哈萨克斯坦转型为东西及南北向干线的跨洲运输和物流枢纽，采取"开放天空"模式及国外伙伴的基础设施倡议。

（9）基于哈萨克斯坦和俄罗斯的地区间合作论坛、中哈霍尔果斯国际边境合作中心、经贸合作中心"中亚"，发展地区和地方各级经贸和投资合作。

（10）促进强化地区和全球能源安全，实现能源生产国、过境国和消费国的利益平衡，打造稳定、安全、多样化的出口路线。

（11）推进阿斯塔纳国际金融中心平台建设，进一步融入全球金融生态系统。吸引外国大型公司加入管理哈萨克斯坦的商品交易所。

（12）根据世界贸易组织的原则，促进国际贸易体系的有效运作。

（13）协同国际力量保证地区粮食安全，包括发挥伊斯兰粮食安全组织（IOFS）的潜力。

（14）加强国际社会力量进行官方援助。

（三）在人权、人道主义外交及环境保护领域的优先方向

（1）考虑世界各国历史发展和文化价值的特点，在人权与自由的保护、公民社会的发展领域加强平等的、建设性的合作。

（2）促进文化间和宗教间对话，包括世界和传统宗教领袖会议、"国际文化和睦十年"框架下的倡议以及参与联合国文明联盟和其他国际倡议。

（3）参与国际社会打击以仇恨、种族歧视、宗教矛盾、极端主义和民族主义为动机的犯罪行为。

（4）参与加强打击非法移民和人口贩运的国际合作。

（5）加入多边公约并签署签证程序和制度自由化的双边条约。

（6）签署关于在刑事、民事案件中司法协助、引渡和移交被判罪犯的双边条约。

（7）扩大在教育、科学、文化、体育和青年政策领域的双边及多边国际合作。

（8）在如"精神文明复兴"规划框架下，广泛宣传哈萨克人丰富的历史和文化遗产。

（9）扩大使用"数字外交"来实现对外政策目标，推进国际倡议，发展与其他国家的合作。

（10）向国际社会通报哈萨克斯坦在处理全球及地区政治与经济问题的方法和倡议，包括通过阿斯塔纳经济论坛、欧亚媒体论坛和阿斯塔纳俱乐部

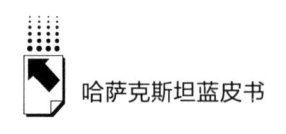

发声。

（11）向民众系统说明国家对外政策的任务和优先事项，以及为哈萨克斯坦人带来的具体成果和利益，以提高社会的对外政策能力，增强应对外来消极影响的能力。

（12）通过如世界哈萨克代表大会和同胞基金会，在海外哈萨克人聚居区发展哈萨克语言、文化，支持其与历史家园的联系。

（13）保护海外哈萨克斯坦公民以及被外国人收养的哈萨克斯坦儿童的权利和合法利益。

（14）发挥"议会外交"在政治、经济和人道主义关系中的优势。

（15）发挥"人民外交"在对外政策领域与哈萨克斯坦非政府部门协作的优势。

（16）扩大在环境保护、自然和人为紧急状态预防领域的国际合作。

（17）持续开展改善公平合理使用、可持续管理和保护跨界水资源领域的法律框架、方法和机制的工作。

（18）在恢复前塞米巴拉金斯克核试验场、咸海土地使用以及防治荒漠化方面同国外伙伴和捐助者开展合作。

（19）与沿里海国家共同切实执行《保护里海海洋环境框架公约》及其议定书的条款。

（20）参与卫生领域的国际合作，包括应对流行病和大瘟疫。

（四）在区域和多边外交领域的优先方向

（1）赋予联合国在哈萨克斯坦的区域中心地位，以持续促进其在中亚国家和阿富汗的活动。

（2）进一步发展与俄罗斯的联盟关系、与中国的永久全面战略伙伴关系、扩大与美国的战略伙伴关系、与中亚国家的战略协作以及与欧盟及欧盟成员国的合作伙伴关系。

（3）在《欧亚经济联盟条约》框架下与联盟成员国保持密切合作，完善联盟谈判机制，维护国家长期利益。

（4）与独联体国家开展多边、双边合作，在政治、经贸、人文、安全及应对新挑战等领域加强多边对话。

（5）扩大中亚区域的多边对话与合作，其重要性在欧亚和全球发展进程中逐渐增强。强化中亚国家与国外伙伴合作的现有形式。

（6）以《里海法律地位公约》为基础，考虑本国在能源、交通、环保和安全领域的长期利益，维护里海地区稳定和扩大合作。

（7）与欧盟之外的欧洲主要国家建立互利关系。在政治、安全领域继续扩大与集安组织、欧安组织、欧洲委员会、北约等欧洲、欧亚地区的多边组织的合作。

（8）加强与东亚、东南亚、南亚、西亚和北非国家的关系。积极参加国际组织在亚洲地区的活动，包括上海合作组织、亚信会议、伊斯兰合作组织、突厥语国家合作委员会、经济合作组织以及"亚欧论坛"地区间对话进程。扩大与东南亚国家联盟、阿拉伯国家联盟、海湾阿拉伯国家合作委员会和其他区域组织的关系。

（9）与南北美洲、加勒比和非洲国家及其参与的区域组织发展合作，以充分利用其政治和经贸的合作潜力。

（10）加强与经合组织、国际货币金融组织、世界银行、亚投行、欧洲复兴开发银行、亚洲开发银行、欧亚开发银行、欧洲投资银行和伊斯兰开发银行等国际和地区经济、金融机构的合作。

对外政策实施方法

根据《哈萨克斯坦共和国宪法》，总统确定哈萨克斯坦对外政策的主要方向，并代表哈萨克斯坦参与国际关系构建。

根据哈萨克斯坦共和国宪法性法律《哈萨克斯坦共和国首任总统法》，哈萨克斯坦共和国首任总统因其历史使命终身有权向哈萨克斯坦人民、国家机构和官员就对外政策中最重要的问题提出建议。

议会是最高代表机构，在其宪法权力范围内开展批准和废除国际条约的立法工作。

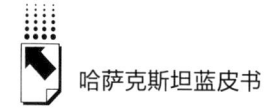

外交部是外交政策的授权机构，负责制定外交政策的主要方向和执行国家元首的国际倡议，向总统和政府提交相关建议，协调中央执行机构与外国、国际协会和国际组织的活动。

政府领导执行机构体系，确保与外国、国际和区域组织的关系发展，制定实施对外经济政策的措施并为外交政策活动提供资金。

在外交部的协调下，国家机构在其职权范围内开展执行国际条约和国家义务的工作，制定外交领域的战术策略和具体建议。若政府机构内部做出的决定可能对外交政策产生影响，必须与外交部协调。

哈萨克斯坦共和国驻外机构是外交部领导的统一外交服务体系的重要组成部分，其活动旨在保护和促进哈萨克斯坦的国家利益、保障在委派国、国际协会或国际组织中公民与法人的利益。

与外国进行经贸合作的政府间委员会（委员会、理事会、论坛）是促进哈萨克斯坦经济发展，协同企业与国家并同外国伙伴共同解决涉及双方共同利益问题的主要机构。

制定方案和计划，以执行因国际条约与政府间委员会（委员会、理事会、论坛）决定所产生的协议并履行义务。

为实施外交政策和经济领域的特定优先事项，成立了部门间委员会和工作小组。

负责外交部活动的公共理事会确保与社会民众进行联系，向公众通报情况并进行公开审查。

第六章　实施阶段和预期成果

为提高哈萨克斯坦对外政策学说基础的可预测性，本构想有效期已延长至10年。哈萨克斯坦共和国政府批准了该构想的实施计划并每两年更新一次。

本构想的实施将有助于以下几个方面。

（1）巩固哈萨克斯坦共和国的国家独立、国际权威，从而与对外政策的承继性战略相一致。

（2）加强国家、区域和全球安全。

（3）形成有利的外部环境，加强哈萨克斯坦与所有感兴趣的国家以及国际组织的友好、平等互利的政治经济关系。

（4）基于国民经济的多样化和数字化，实现哈萨克斯坦融入国际社会和世界经济关系的更高水平。

（5）加强文化、人文、科教及相关领域的国际合作。

（6）加强维护境外哈萨克斯坦公民的个人与家庭利益，自然人与法人的商业利益。

（7）提高哈萨克斯坦与国外广大社会人士对国家对外政策的长期优先方向、实施情况和具体成果的认知水平。

（8）推动哈萨克斯坦整个国家、企业与人民从对外政策活动中获得实际收益。

第七章 实施构想法律法规清单

（1）2000年7月20日颁布的宪法性法律《哈萨克斯坦共和国首任总统法》。

（2）2002年3月7日颁布的《哈萨克斯坦共和国外交事务法》。

（3）2005年5月30日颁布的《哈萨克斯坦共和国国际条约法》。

（4）2012年1月6日颁布的《哈萨克斯坦共和国国家安全法》。

B.18
2020年哈萨克斯坦大事记

崔美杰　王　静*

1月

1月9日　世界银行发布《全球经济展望》报告，预测2020年哈萨克斯坦经济增长率为3.7%，2021年为3.9%，2022年为3.7%。

1月28日　哈萨克斯坦国家经济部部长鲁斯兰·达列诺夫在政府例行会议上表示，哈萨克斯坦将设立"政府为商业服务"统一窗口。

1月28日　哈萨克斯坦劳动和社会保障部消息称，哈萨克斯坦政府将在2020年为移民哈萨克斯坦的外国哈萨克同胞分配指定区域定向补助名额共计1378个。

1月31日　"数字阿拉木图：全球经济的数字化未来"国际论坛在阿拉木图开幕。哈萨克斯坦、俄罗斯、白俄罗斯、吉尔吉斯斯坦、亚美尼亚和摩尔多瓦政府总理出席论坛全体会议。本次论坛的主题是"基于大数据和人工智能构建地区稳定发展路径"。

2月

2月1日　哈萨克斯坦总统托卡耶夫在总统府会见到访的俄罗斯联邦政府总理米哈伊尔·米舒斯京。托卡耶夫总统对米舒斯京就任俄罗斯政府总理表示祝贺，并强调不断强化与俄罗斯之间的双边战略和联盟关系对哈萨克斯

---

* 崔美杰，西北大学丝绸之路研究院硕士研究生；王静，民族学博士，西北大学丝绸之路研究院副教授。

坦的重要性。

2月11日 耶拉勒·托赫詹诺夫被任命为哈萨克斯坦政府副总理。

2月13日 集体安全条约组织新闻秘书弗拉基米尔·扎伊涅特金诺夫表示，集安组织将根据该组织成员国认定的恐怖组织名单制定一份统一的列表。

2月14日 哈萨克斯坦总统托卡耶夫出席第56届慕尼黑安全会议。会议汇聚了40多个国家的领导人，100多个外交及国防部长以及商界和国际组织的代表。就"欧盟和北约的未来"、"网络安全"、"贸易战和制裁"、"欧盟与俄罗斯和美国的关系以及中国的作用"和"中东局势"等问题进行了讨论。

2月15日 托卡耶夫总统在慕尼黑会见阿富汗总统加尼，就哈萨克斯坦与阿富汗之间的贸易进行了回顾与协商，并表示希望两国之间达成教育领域的合作。

2月17日至21日 乌兹别克斯坦和哈萨克斯坦两国联合划界委员会例行会议在阿拉木图举行，开始起草关于两国划定边界的最终文件。

2月22日 政府总理马明出席哈萨克斯坦政府和世界银行就吸引直接外国投资问题召开的讨论会。总理表示，同世界银行在金融、基础设施、能源和中小企业领域的合作对提高哈萨克斯坦人民生活水平产生了积极影响。

2月25日 哈萨克斯坦首任总统纳扎尔巴耶夫会见到访的欧亚经济委员会执委会主席米亚斯尼科维奇时提议，推进欧亚经济联盟与欧盟一体化。

2月26日 第二届哈乌（兹别克斯坦）地方合作论坛举行期间，双方共签署52份经贸合作协议，总金额约5亿美元，涉及机械制造、农业、金融、工业、基础设施和制药等领域。双方并签署经济合作备忘录。根据备忘录，哈乌双方将互相交换公开的经济、法律信息和相关法律文本。

2月27日 欧盟发布公报称，欧盟及其成员国与哈萨克斯坦2015年12月在阿斯塔纳签署的《扩大伙伴关系与合作协定》于2020年3月1日起正式生效。

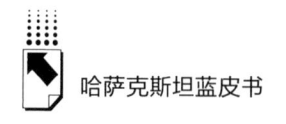

3月

3月2日 哈总理马明当天主持政府会议，研究审议《2021~2025年国家贸易发展规划纲要》草案。根据草案，哈政府将建立商品分销体系，发展商品交易所、边境贸易和电子商务，完善技术监督和消费者权益保护。建立和发展现代化贸易体系，保障优质商品市场供应，提高出口商品和服务的竞争力。

3月4日 中共中央政治局委员、中央外事工作委员会办公室主任杨洁篪在结束访问塔吉克斯坦、乌兹别克斯坦和哈萨克斯坦三国之际接受媒体采访。杨洁篪表示，塔吉克斯坦、乌兹别克斯坦和哈萨克斯坦是中国的友好邻邦和重要战略伙伴，也同为上海合作组织创始成员国，维护中亚的安全、稳定、繁荣是中国同中亚各国的高度共识，中国政府始终秉持亲诚惠容的周边外交理念发展同中亚国家的关系。

3月9日 哈总统托卡耶夫签署命令，批准《哈萨克斯坦对外政策构想（2020~2030）》。该文件纲要指出哈将进一步发展与俄罗斯的联盟关系；与中国的永久全面战略伙伴关系；与美国的扩大战略伙伴关系；与中亚国家的战略协作；与欧盟及其成员国的扩大伙伴关系和合作等。

3月9日 哈萨克斯坦政府和国家银行（央行）当天就国际石油市场局势，以及确保国家宏观经济稳定等问题发表联合声明。声明表示：哈萨克斯坦国家政策的优先方向仍然是确保宏观经济的稳定性和财税政策的有效性，抑制通货膨胀，维护社会稳定。

3月10日 总统托卡耶夫在总统府接见哈萨克斯坦总统阿富汗事务特别代表塔勒哈特·哈利耶夫。托卡耶夫向特别代表指示，应就阿富汗问题在双边和多边形式框架下，与外国同仁紧密合作并积极落实哈萨克斯坦和阿富汗之间的经贸目标。

截至3月11日 中欧班列（西安）一季度开行数量突破400列，其中去程230列，发送车数突破1万车大关，同比增幅104.1%。中欧班列（西安）共开通哈萨克斯坦、比利时、德国和波兰等国际班列运行线路13条，基本实现了中亚及欧洲地区主要货源地全覆盖,成为陕西联通欧亚大陆桥的"黄金通道"。

3月11日 哈首任总统纳扎尔巴耶夫在莫斯科与俄罗斯总统普京会见,讨论了欧亚经济联盟框架下的伙伴关系问题。双方表示哈俄将秉承睦邻友好和同盟精神,不断发展两国关系。

3月12日 参议院(议会上院)全体会议通过《关于哈萨克斯坦共和国政府与乌兹别克斯坦共和国政府间合作打击非法移民协议》法案。

3月14日 哈萨克斯坦阿拉木图州首席医师拜姆哈姆别托付夫签署《关于加强措施防止新型冠状病毒在阿拉木图州传播的命令》,决定中哈霍尔果斯国际边境合作中心自2020年3月15日起停止运营,直至发布新的指令。

3月16日 哈总统托卡耶夫签署《关于进一步稳定经济的措施》总统令,责成政府针对特定纳税人制定专门的税率、税基、征税对象、纳税期和纳税义务;制定预算编制、审核和执行的特殊程序以及政府采购的特殊办法。

3月17日 首任总统纳扎尔巴耶夫委托首任总统基金会拨款2亿坚戈,用于抗击新冠肺炎疫情。此笔拨款将平均分配到努尔苏丹和阿拉木图两地,用于奖励参与抗疫的医护人员、购买医用口罩和消毒用品。部分资金用于保障首都幼儿园和专科医院食品供应。

3月17日 哈金融市场监管和发展署署长阿贝尔卡瑟莫娃出席政府会议时表示,计划为因实施国家紧急状态受损的企业提供90天的还贷宽限期。

3月18日 哈数字发展、创新和航空航天工业部长茹玛加利耶夫在议会做工作报告时表示,哈萨克斯坦将立法建立推广实时支付系统,并计划对哈现行的数字技术监管法规进行修订。

3月19日 哈萨克斯坦国家银行和哈萨克斯坦证券交易所(KASE)发表联合声明。为限制外部因素对哈萨克斯坦外汇市场的不利影响,维护国家金融稳定,2020年3月19~20日,启用法兰克福竞价机制进行坚戈对美元交易。

3月20日 由中国建设银行阿斯塔纳分行发行的离岸人民币债券"雄

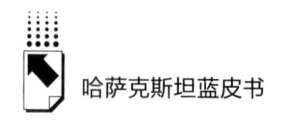

鹰债"正式在阿斯塔纳国际交易所和香港交易所同时挂牌。

3月20日 哈萨克斯坦总统托卡耶夫同俄罗斯总统普京通电话。托卡耶夫就俄方为哈萨克斯坦提供抗疫物资向普京表示感谢，普京指出进一步扩大双边贸易和加强欧亚经济联盟框架下相互合作的重要性。

3月22日 哈萨克斯坦农业部颁布命令，考虑到邻国需求增长以及确保维持紧急状态时期的必要库存，要求在国家紧急状态期间暂停部分农产品出口，以确保国家食品储备充足。

3月23日 总统托卡耶夫主持召开国家紧急状态委员会会议，宣布推出总额为4.4万亿坚戈的一揽子反危机计划。责成央行、政府和准国有企业采取措施，强制要求准国有企业在外汇市场上出售部分出口收汇；要求准国有企业制定进度计划表，分阶段将外汇存款回流到国家金融体系；政府为大企业制定反危机计划时，要拿出维持就业和薪资水平的专门举措；将为中小企业提供3个月的纳税宽限期，并免除罚款和滞纳金；并就暂时下调农产品和食品增值税税率、将重要商品进口关税降至零等问题进行研究。

3月24日 中国国家主席习近平同哈萨克斯坦总统托卡耶夫通电话。双方就疫情期间两国之间的互助与扶持向对方表示感谢，并强调深化中哈永久全面战略伙伴关系，推进共建"一带一路"，完全符合两国人民的共同利益。

3月25日 哈央行发布公告，根据托卡耶夫总统关于稳定坚戈汇率的指示精神，哈政府已出台规定，要求准国有企业必须将部分出口收汇在国内市场出售，规定涉及所有国有股比例超过50%的出口企业；自2020年3月24日起，对居民法人非现金外汇买卖规定进行修订，新规确定了法人所从事对外贸易交易的登记门槛，以及购买不低于等值50000美元外汇时需出具的证明文件。

3月26日 哈萨克斯坦劳动和社会保障部制定向紧急状态期间失去收入来源者提供社会救助的实施办法。政府将向150万紧急状态期间无薪休假人员和失业人员两类公民发放社会救助金。

3月27日 哈萨克斯坦国家紧急状态委员会决定，鉴于新冠肺炎患者不断增多，努尔苏丹市、阿拉木图市自3月27日起实施"宵禁"，每日19：00至次日8：00，限制市内人员和车辆流动。

3月28日 哈总统托卡耶夫签署命令，任命古丽莎拉·阿布德卡里科娃为克孜勒奥尔达州州长，她成为哈萨克斯坦独立以来首位女性州长。

3月31日 总统托卡耶夫在国家电视台发表全国电视讲话，号召全国人民团结起来抗击疫情，并宣布一系列旨在为国民和企业提供支持的政策措施。

3月31日 哈萨克斯坦能源部发布消息，自4月1日起禁止通过铁路运输方式从俄罗斯进口汽油、柴油和航空燃油，禁令为期三个月，旨在缓解国内成品油积压问题，防止炼油厂产能下降和工人失业。

4月

4月1日 哈萨克斯坦劳动和社会保障部部长努雷姆别托夫表示，政府正在制定《就业路线图》并为此拨款1万亿坚戈。在《就业路线图》框架下，哈将实施超过7000个项目，累计创造24万多个就业岗位。

4月1日 哈贸易和一体化部发布消息称，自4月1日起，哈政府将免除石油制品出口税，"零关税"政策将持续至2020年底。

4月2日 哈财政部第一副部长肖尔潘库洛夫出席新闻发布会时表示，不含税收优惠和地方财政支持，哈政府推出的一揽子反危机措施总规模达到5.9万亿坚戈。

4月2日 哈萨克斯坦国民经济部部长达列诺夫在政府会议上就2020年度国家预算修正案作工作说明，表示已对2020年度国家财政预算编制基准参数进行修订。综合考虑多种因素，预计全年GDP增速将在原定目标（4.1%）基础上下调0.9个百分点；预计全年名义GDP为69.7万亿坚戈，较此前预算目标减少4.8万亿坚戈。

4月4日 哈萨克斯坦贸易和一体化部发布消息，欧亚经济联盟成员国一致支持哈萨克斯坦建议，决定至6月30日前对部分蔬菜、谷物及儿童食品进口实行零关税，至9月30日前对部分用于预防新冠肺炎疫情的药品及

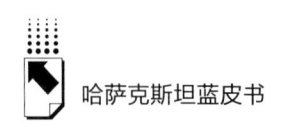

其生产原料、医疗器械及设备进口实施零关税。

4月4日 根据2020年3月30日颁布的第155号政府令，哈萨克斯坦决定自4月4日零时起暂时关闭与中国边境的科尔扎特（对应中方都拉塔）、巴克特（对应中方巴克图）和迈哈布奇盖（对应中方吉木乃）3个公路口岸，同时关闭哈俄（俄罗斯）边境10个公路口岸、哈吉（吉尔吉斯斯坦）边境5个公路口岸和哈乌（乌兹别克斯坦）边境2个公路口岸。

4月7日 国际评级机构穆迪发布报告，将哈萨克斯坦银行体系评级展望由"稳定"下调至"负面"，报告认为，近年来，哈银行业不良贷款率显著下降，但贷款利率上调及本币贬值导致借款人偿付能力下降，不良贷款率恐再度回升。

4月7日 哈萨克斯坦能源部确认将参加4月9日举行的欧佩克＋部长级视频会议，并称哈萨克斯坦一贯支持开展建设性对话，履行在欧佩克＋协议框架下所承担的义务。

4月8日 哈萨克斯坦总统托卡耶夫与美国国务卿蓬佩奥通电话，就加强国际合作、共同应对新冠肺炎疫情等问题交换了意见。双方商定将继续深化政治对话和经贸合作，扩大战略伙伴关系，共同努力维护中亚地区的稳定和安全。

4月9日 应哈萨克斯坦政府邀请，由中国政府派出的抗疫医疗专家组抵达哈首都努尔苏丹国际机场。同机运抵的还有中国援助的抗疫物资。中国驻哈萨克斯坦大使张霄、哈外交部副部长阿希克巴耶夫和哈卫生部副部长纳德罗夫等人赴机场迎接。

4月10日 哈萨克斯坦总统托卡耶夫出席突厥语国家合作委员会特别视频会议，呼吁各成员国共同努力，应对全球性危机，加强公共卫生体系建设，在《突厥愿景——2040》规划中增加卫生保健领域内容，并建议制定促进相互贸易及投资的联合行动计划。

4月10日 在哈萨克斯坦共和国驻华大使馆的协助下，马云公益基金会和阿里巴巴公益基金会人道主义援助物资从河北省石家庄市经过比什凯克抵达阿拉木图。人道主义物资共超过4.5吨，包括50万只医用口罩、5000

套医用防护服、5万只医用手套以及非接触式温度计。

4月14日　哈萨克斯坦能源部部长诺加耶夫出席政府会议时表示，根据哈在欧佩克+减产协议项下承担的减产义务，预计2020年哈原油产量为8450万吨，较原计划减少150万吨。

4月16日　哈萨克斯坦证券交易所发布消息，一季度，哈外汇市场交易量达3.2万亿坚戈，同比增长23.4%。3月，哈外汇交易量环比增长83.3%。

4月16日　哈萨克斯坦首席卫生医师叶西玛加姆别托娃签署在全国各州实施强化隔离限行措施的命令。根据命令，各州州长需监督落实本州下辖首府、市、县、乡人员进出限制措施，设置隔离限行区域安全检查站，限制人员流动。

4月21日　哈萨克斯坦副总理斯克利亚尔出席政府工作会议时表示，"光明之路"2020~2025年国家规划将于2020年启动实施，6年累计投资规模将达到5.5万亿坚戈。

4月22日　哈萨克斯坦国民经济部发布消息称，国民经济部制定了一揽子税收优惠措施，2020年4月1日至10月1日，对受影响严重的中小企业免征相关应缴税费和社保费用；对全国所有机场及对从事个人法律服务工作的人员免征财产税；对参与抗疫的所有工作人员的额外工资补贴免征一切应缴税费和社保费用。

4月23日　哈萨克斯坦总理马明出席欧亚政府间理事会特别视频会议。欧亚经济联盟5个成员国政府总理及欧亚经济委员会执委会主席米亚斯尼科维奇出席了会议。会议讨论了《2025年前欧亚经济一体化发展战略方向》草案的制定工作进展情况。

4月24日　哈萨克斯坦首任总统纳扎尔巴耶夫主持召开国家安全会议视频会议，研究疫情防控、经济重启和"后危机"时期国家发展等战略问题。

4月25日　哈总理马明主持召开冶金矿山行业发展工作会议。会议研究审议了针对冶金矿山行业的国家支持措施。

4月27日 哈萨克斯坦总统托卡耶夫发表关于国内疫情形势的书面讲话，发布了一系列对抗疫情的政策：将国家紧急状态延长至5月11日；继续为因国家紧急状态失去收入的人群提供42500坚戈的特殊补贴；大专院校和中小学继续实行远程教育等。

4月30日 哈萨克斯坦参议院批准《哈萨克斯坦政府与亚洲开发银行伙伴关系框架协定》。该协定内容涵盖反腐败、商品和服务采购、环境和社会保护、劳动标准、支付、信息披露和性别发展等多个领域。

5月

5月2日 据哈萨克斯坦总统府新闻局发布消息，哈总统托卡耶夫签署命令，决定解除达丽加哈萨克斯坦参议院议员职务。

5月2日 哈萨克斯坦总统托卡耶夫接受独联体国家"和平"电视台专访时表示，哈萨克斯坦致力于与中国建立新型关系。哈萨克斯坦"光明之路"国家规划与中国"丝绸之路经济带"相互吻合。

5月4日 哈总统托卡耶夫提名阿什姆巴耶夫为哈萨克斯坦参议院议长候选人。经过参议院47名参议员无记名投票，哈萨克斯坦参议院（议会上院）当天选举玛吾林·阿什姆巴耶夫为参议院议长。托卡耶夫当天出席参议院全体会议时表示，参议院的主要任务是通过高质量的法律文件，为改革开辟道路，保障国家稳定有序。

5月4日 哈萨克斯坦总统托卡耶夫在接受《主权哈萨克斯坦报》的采访时表示，要坚持"强有力的总统–有影响力的议会–负责任的政府"模式。同时总统指出，哈萨克斯坦将继续推进国民经济多元化进程，进一步发展人力资本，从根本上实现教育、科学和医疗卫生领域的现代化工作；将继续实施全面政治改革，推进社会自由化和民主化进程。

5月4日 哈萨克斯坦总统托卡耶夫同吉尔吉斯斯坦总统索隆拜·热恩别科夫举行电话会谈，双方对两国在防控新冠肺炎疫情方面的紧密合作和迅速采取的有效措施给了高度评价，吉尔吉斯斯坦总统对哈萨克斯坦提供的人道主义救援物资表示了感谢。

5月7日 哈萨克斯坦总统托卡耶夫同俄罗斯总统普京通电话，双方就卫国战争胜利75周年纪念互致祝贺。

5月11日 哈萨克斯坦总统托卡耶夫出席国家紧急状态委员会会议时表示，过去的两个月对于国家来说是困难时期，对危机造成的后果尚未进行充分评估；哈已度过新冠肺炎疫情传播的高峰期，国家紧急状态委员会将改组为国家经济复苏委员会。

5月12日 哈萨克斯坦总理马明主持召开政府会议，要求制定到2020年底前的一揽子经济复苏计划。指出今后一段时期的优先任务是建立新型经济结构，增强经济自给自足能力，发展有竞争力的非原材料行业，吸引高质量投资，融入区域和全球价值链。

5月19日 哈萨克斯坦总统托卡耶夫签署命令，任命阿里汉·斯迈洛夫为政府第一副总理，免除其此前兼任的财政部部长职务；任命叶鲁兰·贾马乌巴耶夫为财政部部长。

5月19日 最高欧亚经济委员会举行视频会议。哈萨克斯坦总统托卡耶夫、亚美尼亚总理帕希尼扬、白俄罗斯总统卢卡申科、吉尔吉斯斯坦总统热恩别科夫、俄罗斯总统普京和欧亚经济委员会执委会主席米亚斯尼科维奇等人出席会议。会议的主要议程是审议《2025年前欧亚经济一体化战略发展方向》草案。

5月20日 哈萨克斯坦农业部部长奥玛洛夫出席中亚国家农业部长会议时，呼吁中亚国家农业部门更加紧密合作，加强地区食品安全。会议指出，举行对话是为了在疫情条件下加强协作，确保食品安全和农业发展。

5月25日 哈萨克斯坦总统托卡耶夫当天签署《关于对〈选举法〉、〈政党法〉宪法法律进行修订的法案》。根据《选举法》修正案，各政党登记选举人名单中，必须为妇女和青年保留不少于30%的选举名额；根据《政党法》修正案，政党登记的最低党员人数从4万人降低到2万人。

5月27日 哈萨克斯坦总统托卡耶夫出席国家社会信任委员会第三次会议时表示，2025年前应持续增加对科研领域的资金投入，使其达到GDP

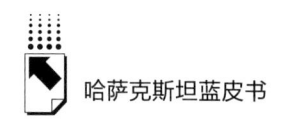

的 1%。集中资源和力量用于发展生物医学、农业产业科技、绿色科技、人工智能和节能技术等领域的研究。

6月

6月2日 哈总理马明当天出席政府工作会议时表示，在当前经济和企业重启的条件下，就业问题是政府工作的优先方向。政府将对此保持长期系统性监督，要求采取具体措施，通过各类国家规划促进就业。

6月3日 哈萨克斯坦总统托卡耶夫接受俄罗斯《共青团真理报》采访时表示，在当前复杂局势下，必须要保持政策的延续性，纳扎尔巴耶夫坚定支持采取措施，尽快摆脱危机，建立新型经济，为居民提供物质保障，不存在双重政权；航天合作和拜科努尔建设发展是哈俄多领域合作的成功范例。

6月4日 哈萨克斯坦参议院全体会议当天审议通过《欧亚经济联盟与中国国际运输货物和交通工具信息交换协定》。对欧亚经济联盟与中国开展信息交换的主要阶段、合作机制、信息数量和信息构成作出规定。

6月10日 哈萨克斯坦政府发布第369号政府令，决定有条件恢复开放与中国边境3个公路口岸，包括阿拉木图州科尔扎特（对应中方都拉塔）、东哈州巴克特（对应中方巴克图）和东哈州迈哈布奇盖（对应中方吉木乃）。

6月24日 卫国战争胜利75周年阅兵仪式在莫斯科红场举行，哈萨克斯坦总统托卡耶夫受邀出席。

6月25日 哈萨克斯坦总理马明主持召开总统直属数字化问题委员会会议，听取数字发展、创新和航空航天部、工业和基础设施发展部、能源部和文体部等部门关于相关领域数字化发展情况的汇报。

6月29日 哈萨克斯坦总统托卡耶夫当天出席疫情防控工作会议时指出，不少政府部门和地方政府负责人未能很好地完成防疫任务，工作中存在失职行为，哈多名政府官员因防疫工作失职受到处分。

6月30日 哈萨克斯坦总理马明主持召开政府会议。马明表示，在当前经济形势下，降低"影子经济"占比是稳定经济和充实财政储备的手段之一，这方面采取的措施已取得积极成果。

6月30日 中亚五国与美国之间的"C5+1"部长级会议6月30日首次以在线形式举行。哈萨克斯坦外长特列乌别尔季在会上发言时强调指出，尽管面临着全球性疫情的冲击，"C5+1"对话机制仍然是中亚国家扩大与美国之间经济合作，吸引技术和专家协助以开发过境和运输潜力，保护环境和加强区域安全的有效平台。

7月

7月1日 哈总统托卡耶夫通过在线会议模式，接见了央行行长及央行董事会成员，总统强调，政府和央行要在确保汇率稳定方面共同协力。

7月1日 哈政府总理马明签署了第417号政府决议，哈萨克斯坦将重新开放与中国之间的公路边境过货口岸，该决议自签署日起正式生效。

7月13日 根据哈总统托卡耶夫签署的命令，2020年7月13日为哈萨克斯坦全国哀悼日。当天，哈国家机关、地方政府和外交部门办公场所降半旗，中午12时整，哈全国为因新冠肺炎病逝的公民默哀一分钟。当天，中国驻哈大使馆降半旗，向在新冠肺炎疫情中逝世的哈萨克斯坦人民表示哀悼。

7月14日 哈国民经济部部长达列诺夫在政府会议上表示，为应对可能的经济形势恶化，哈政府和央行将制定支持各行业发展的一揽子措施，并将为此制定联合行动计划。

7月15日 哈萨克斯坦能源部发布消息称，哈承诺将履行欧佩克+原油减产义务。

7月16日 哈萨克斯坦外交部部长特列乌别尔季出席"中亚+中国"对话首次会议。中国、吉尔吉斯斯坦、塔吉克斯坦、土库曼斯坦和乌兹别克斯坦外长出席了视频会议，并就区域和国际热点问题交换了意见。

7月27日 哈萨克斯坦驻蒙古国大使哈勒别克·霍布兰丁会见了该国新任外交部部长恩赫泰旺。会谈期间，双方表示愿意努力加强两国之间的友

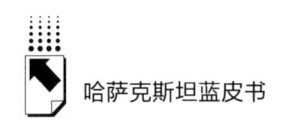

好关系、经济领域的合作和高层政治对话。

7月28日 哈总理马明主持召开政府会议，研究电子商务发展问题。马明指出，预计到2025年，电子商务及相关领域将创造30万个新的就业岗位。

7月30日 哈萨克斯坦驻沙特阿拉伯特命全权大使别热克·阿仁会见了王国控股公司董事长阿尔瓦利德·本·塔拉勒王子。会谈期间，双方讨论了哈萨克斯坦和沙特阿拉伯在经济领域的合作问题。

8月

8月7日 哈总统托卡耶夫在总统府接见国防部部长叶尔梅克巴耶夫并听取了武装力量备战和发展问题工作汇报。总统指出，军事发展规划应充分考虑国家财政经济情况，并强调应关注军纪和反腐败问题。

8月7日 哈政府副总理耶拉勒·托赫詹诺夫主持召开哈萨克斯坦政府生物安全问题理事会会议。会议就哈萨克斯坦生物安全领域面临的问题、相关法律的制定、国民接种新冠疫苗以及有关科研工作发展等主题进行了讨论。

8月10日 哈总统托卡耶夫向白俄罗斯总统亚历山大·卢卡申科致贺信，祝贺后者在此次白俄罗斯总统大选中胜选连任。

8月11日 外交部部长特列乌别尔季出席了"中亚五国+日本"外长会议。与会者就抗击新冠疫情相互有效合作以及应对疫情给区域经济带来的负面影响、促进对外经济活动、人道主义援助合作和外籍公民回国等问题交换了意见。

8月11日 哈萨克斯坦新闻和社会发展部推出了两个新的门户网站：国家计划统一门户网站和国家媒体门户网站。国家媒体门户网站将每日发布哈萨克斯坦各州的官方信息以及来自中央政府机构的新闻。

8月19日 哈总理马明在卡拉干达州进行工作访问期间，主持召开了关于哈萨克斯坦制药业发展工作会议。总理指示工业和基础设施发展部考虑工商界的意见，制定并提交一份医药行业发展计划草案。

9月

9月1日 努尔苏丹时间11时,哈萨克斯坦总统托卡耶夫在当天召开的哈萨克斯坦参议院(议会上院)和马吉利斯(议会下院)联席会议上,向全体国民发表了2020年国情咨文。在这份国情咨文中,托卡耶夫总统就新冠全球大流行背景下,进一步完善国家治理、大力推动改革、加快经济多元化发展、提升本国经济的国际竞争力等方面做出规划。

9月7日 哈萨克斯坦外交部部长特列乌别尔季会见了巴基斯坦驻哈萨克斯坦大使伊姆提阿兹·艾哈迈德·卡兹。双方讨论了当前双边合作的问题和发展前景。

9月8日 2020年国际军事比赛在莫斯科郊外的阿拉比诺靶场落下帷幕。参赛国家的国防部领导人及代表团队成员出席了在靶场举行了大赛闭幕仪式。哈萨克斯坦国防部部长叶尔梅克巴耶夫同印度国防部长举行了会晤,双方就两国在联合国维和行动方面的合作进行了讨论。

9月9日 哈萨克斯坦外交部部长特列乌别尔季与俄罗斯外交部部长谢尔盖·拉夫罗夫在莫斯科举行会晤,希望继续加强双方政治对话和互动合作。

9月9日 哈总统托卡耶夫签署《关于哈萨克斯坦共和国进一步改善国家管理体系措施》的法令,正式成立直属于总统的战略规划和改革署、竞争保护和发展署。

9月9日 哈萨克斯坦议会马吉利斯(议会下院)全体会议通过了《关于对2007年6月27日签署的〈上海合作组织成员国关于举行联合军事演习的协定〉进行补充修改》法案。

9月10日 哈总理马明召开视频会议,讨论数字发展问题。马明在会上表示,为推动国产电子产品的发展,政府将为国内电子产品生产企业提供一系列支持措施。

9月12日 哈总统托卡耶夫在总统府会见中国国务委员兼外交部部长王毅。会谈中,双方就两国合作关系现状和前景、国际和区域组织框架下的

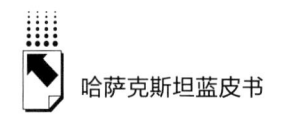

相互协作以及防止新冠疫情传播联合行动协调等问题进行了讨论。托卡耶夫总统就中方提供的人道主义和医疗援助表示感谢。

9月14日 托卡耶夫总统签署命令，成立总统直属的最高改革委员会。托卡耶夫总统和总统自由顾问苏马·查克拉巴蒂分别担任该委员会的主席和副主席。

9月15日 哈萨克斯坦总统助理兼安全会议秘书阿斯耶特·伊谢克舍夫出席了上海合作组织成员国安全会议秘书第十五次会议。会议以视频连线的方式举行，与会者就上合组织框架下的安全领域问题进行了讨论。

9月22日 在召开的国际原子能机构（IAEA）第64届大会期间，哈萨克斯坦能源部与美国能源部国家核安全局签署了关于减少高浓缩铀的联合声明。双方强调指出，将进一步通力合作，致力于减少高浓缩铀，支持确保核安全和加强核不扩散制度的共同目标。

9月23日 哈萨克斯坦驻华特命全权大使哈毕特·霍伊什巴耶夫出席了在中国郑州举行的第四届全球跨境电子商务大会，并在大会上发表题为《电子商务：哈萨克斯坦的前景》的讲话。

9月29日 哈萨克斯坦国家统计局发布的数据，截至2020年二季度末，哈萨克斯坦登记失业人数45.4万人，同比增长2.8%，失业率由上年同期的4.8%升至5%。

9月30日 哈萨克斯坦央行副行长莫尔达别科娃表示，在全球新冠肺炎疫情持续蔓延的背景下，石油需求和世界经济增长的风险均有所上升，全球金融市场动荡加剧，发展中国家本币普遍贬值，油价仍是影响坚戈汇率的最主要因素。

10月

10月1日 哈萨克斯坦生态、地质和自然资源部部长马赫祖穆·穆尔扎哈利耶夫在联合国举办的以"为促进可持续发展而采取生物多样性紧急行动"为主题的生物多样性峰会上发表讲话。

10月1日 哈萨克斯坦社会学家在阿拉木图市举行的新闻发布会上表

示，逾七成受访者认为现任总统推行的举措将有助于改善哈萨克斯坦人民的生活，受访者比较关注的问题包括改善医疗服务质量、打击腐败、降低高等教育学费和增加养老金等。

10月1日 欧亚经济委员会发布统计数据，2020年1~6月，哈萨克斯坦合并财政赤字达到1.8万亿坚戈，赤字率领先欧亚经济联盟国家。与上年同期相比，联盟所有国家财政收入均出现下滑。

10月2日 哈萨克斯坦称其商贸领域固定资产投资于2020年1~8月为876亿坚戈，较上年同期大幅下跌39.5%，行业指数仅为59.4%。这是哈商贸行业投资连续5年保持增长后首次出现下滑。

10月6日 哈萨克斯坦政府召开会议，批准《2025年前制药行业综合发展规划》，计划至2025年将药品国产化率提高至50%，培养超过2000名专家，并为其提供固定的工作岗位；农业部部长奥玛洛夫出席政府会议时表示，哈萨克斯坦将制定《未来5年农工综合体发展国家项目》；贸易和一体化部部长苏尔丹诺夫表示，政府正着手建立国家商品配送系统，新的商品配送系统将成为欧亚食品枢纽基础设施的重要组成部分。

10月7日 乌兹别克斯坦总统米尔济约耶夫与哈萨克斯坦总统托卡耶夫举行电话会谈，讨论双边关系发展现状和前景，并对扩大双边贸易额、加强两国协作、推进人文合作新措施给予了特别关注。

10月8日 哈萨克斯坦总统兼武装力量最高统帅托卡耶夫抵达阿拉木图州，将观摩维和部队的军事演习，并对哈萨克斯坦武装力量总指挥部军事训练中心进行视察。托卡耶夫指出，应该为武装力量建立现代化的军事基础设施以及物资和技术支持的后勤系统。

10月8日 哈萨克斯坦外交部部长特列乌别尔季应斯洛伐克外长兼欧洲事务部长伊万·科尔乔克的邀请，出席第15届全球安全国际论坛，此次论坛主题为"让我们共同治疗世界"。

10月9日 哈总理马明出席了在埃里温召开的欧亚经济联盟政府间理事会会议，并提出了提高组织竞争力等一系列倡议。

10月12日 哈总统托卡耶夫签署《关于批准对〈上海合作组织成员国

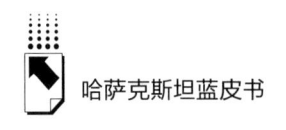

关于举行联合军事演习的协定〉进行补充修改》法案。

10月16日 哈萨克斯坦国防部部长叶尔梅克巴耶夫在努尔苏丹会见俄罗斯国防部部长谢尔盖·绍伊古,双方签署了新的军事合作协议。1994年3月28日签署的旧协议正式废除。

10月20日 哈萨克斯坦工业和基础设施发展部部长阿塔姆库洛夫当天出席政府会议时表示,2020年前9个月,哈制药行业产值同比增长39.8%。制药业增长主要是由于政府在免费医疗服务保障范围内,增加了药品和医疗器材供应。

10月21日 哈总统托卡耶夫于总统府主持召开最高改革委员会首次会议时表示,政府已制定2025年战略发展规划草案,新的战略发展规划是中期发展前景的行动基础。

10月23日 哈总理马明主持召开哈总统直属发展数字化问题委员会会议。会议就优化"数字化哈萨克斯坦"国家规划、内务部数字化进程、建立土地和通信工程数字化地图等问题进行了讨论。

10月26日 由亚投行、欧洲复兴开发银行、中国工商银行(阿拉木图)股份公司及全球绿色基金共同支持的中亚最大在建风电项目——哈萨克斯坦札纳塔斯风电项目贷款签约仪式在亚投行总部举行。

10月28日 哈萨克斯坦医疗和社会服务领域固定资产投资于2020年1~9月达到创纪录的1493亿坚戈,同比大幅增长87.7%,增速同创历史新高。

10月29日 哈萨克斯坦外交部部长特列乌别尔季出席了以在线模式举行的"中亚-印度对话"第二次会议。与会各方就加强中亚地区的安全、中亚和印度之间的经贸合作前景等问题进行了交流。

10月30日 哈萨克斯坦国家油气公司发布数据,2020年1~9月,公司累计生产原油和凝析油1642.3万吨;生产天然气和伴生气61.73亿m^3;累计运输原油5522.5万吨;运输天然气634.48亿m^3;累计加工原油1308.1万吨,同比均有所下降。

10月30日 哈萨克斯坦农村人民民主爱国党第一副主席拉希姆别科夫

出席农工综合体发展研讨会时表示，哈农业科技最大的短板是农业科技知识的传播以及农业科技成果的转化和商品化。

11月

11月2日 哈萨克斯坦财政部国家收入委员会发布数据，2020年1~9月，哈中央预算、开采行业收入以及进出口贸易均有所下降，内外部经济因素叠加是导致收入减少的主要原因。

11月2日 哈总统托卡耶夫谴责了在奥地利首都维也纳发生的恐怖袭击。他强调，恐怖袭击没有任何道理，国际社会应团结起来，有效地打击恐怖主义。

11月3日 哈萨克斯坦能源工业网发布数据，2020年1~9月，哈萨克斯坦采掘业实现产值8.5万亿坚戈，同比下降28.9%；哈采掘业固定资产投资3.2万亿坚戈，同比下降21.8%。

11月3日 哈萨克斯坦副总理斯克利亚尔率团对乌兹别克斯坦进行工作访问。访问期间，斯克利亚尔与乌总理阿利波夫、第一副总理拉马托夫、副总理兼投资外贸部长乌穆尔扎科夫举行会晤，就加强双边协作达成广泛共识。

11月4日 哈总统托卡耶夫签署了2020年共和党预算修正案。预算涉及对医务人员的物质支持，旨在采取积极措施以防止可能出现的第二波疫情传播浪潮。

11月5日 哈萨克斯坦央行统计，2020年1~6月，受疫情影响，哈实现服务贸易总额约69亿美元，同比下降22%。据哈国民经济部统计，2020年上半年，哈本国企业实现服务业产值4.3万亿坚戈，同比增长13%。

11月6日 哈总理马明出席独联体国家政府首脑理事会视频会议。会议重点讨论独联体框架下经济合作问题以及《2030年前独联体经济发展战略》第一阶段的落实情况。

11月10日 哈总统托卡耶夫通过视频方式出席上海合作组织成员国元首理事会会议并发表讲话。他表示，上合组织成员国迎来数字化转型的新机遇，哈将继续实施基础设施和物流项目，为促进本国和其他国家经济发展作出贡献。

11月10日 哈萨克斯坦国民经济部部长达列诺夫表示，2020年1~10月，哈非采掘部门投资增加，实体行业保持增长，服务业趋于稳定，信贷规模有所扩大。2020年1~9月，哈实现外贸进出口总额628亿美元。

11月17日 哈萨克斯坦工业和基础设施发展部消息，2020年1~10月，哈制药业生产同比增长39.7%。全哈共有96家医药企业，其中33家为药品生产企业，41家为医疗用品生产企业，22家为医疗设备生产企业。行业从业人员超过5000人。

11月19日 哈萨克斯坦国民经济部部长达列诺夫出席参议院全体会议时表示，未来5年，哈GDP年均增速将达到4%。

11月26日 哈萨克斯坦贸易和一体化部举行了哈萨克斯坦—蒙古政府间贸易、经济、科学、技术和文化合作委员会第8次会议。哈萨克斯坦和蒙古计划建立联合商业委员会以发展双边关系，加强哈萨克斯坦和蒙古2021~2024年的贸易和经济合作。

11月26日 哈萨克斯坦外交部部长特列乌别尔季在出席第十三届中亚—韩国合作论坛期间，与韩国外交部部长康京和举行了会谈，表示希望进一步加强与韩国的贸易和经济合作。

11月26日 哈萨克斯坦驻俄罗斯大使馆与哈萨克斯坦总统战略研究所共同举行了主题为"两国专家重点讨论哈俄关系议程"的国际圆桌会议。会议指出哈萨克斯坦和俄罗斯作为亲密盟友，拥有牢固和可信赖的双边关系，与会者就双边和多边形式的关系问题公开交换了意见。

11月30日 哈总理马明出席上海合作组织成员国政府首脑（总理）理事会第十九次会议。会议以视频连线方式举行，主要就加强经贸合作，以及进一步提高上合组织框架下的贸易量和贸易深度问题进行了讨论。会议通过了《联合公报》和《2021~2025年多边经贸合作纲要落实行动计划》。

11月30日 哈萨克斯坦农业部国家检疫委员会主席马尔斯表示，哈萨克斯坦对华农产品出口持续增长，预计2020年将达到2.7亿~2.8亿美元的历史高点，预计年内还将有 20~30 家植物产品企业和 10~15 家动物产品企业进入上述名单。

12月

12月1日　哈萨克斯坦外交部部长特列乌别尔季出席集体安全条约组织外交部长理事会视频会议。会议就集安组织当前工作情况和未来发展前景进行了讨论，并就国际热点问题深入交换了意见。

12月2日　哈总统托卡耶夫出席集体安全条约组织集体安全理事会视频会议，并发表讲话。会议就国际和区域安全问题交换了意见，并总结集安组织 2020 年工作成果，以及确定了组织未来工作规划。

12月2日　哈总统托卡耶夫签署《关于 2021~2023 年国家财政预算法案》。

12月3日　欧亚开发银行发布研究报告指出，随着各国制度发展水平提升，债务安全线标准也在不断上调，面对债务负担增长，发达国家比发展中国家表现更为稳健。

12月4日　哈萨克斯坦国民经济部部长达列诺夫出席议会听证会时表示，哈政府计划到 2025 年将中小企业在 GDP 中的占比提高至 35%，到 2050 年提高至 50%，与发达国家水平相当。

12月4日　哈总理马明以视频方式出席欧亚政府间理事会会议。与会各国领导人共同审议了《2025 年前欧亚经济一体化发展战略方向》、《政府采购商品原产地认证程序》、《2021~2022 年消除内部市场壁垒和限制措施清单》和《建筑业统一服务市场运行规划》等文件。

12月6日　哈萨克斯坦数字发展部与国家安全委员会在努尔苏丹联合举行"网络安全——2020"演习。国家信息安全协调中心和"哈萨克斯坦网络盾牌"系统、网络攻击分析调查中心，以及国家机构和私营公司的信息安全部门参与本次网络安全演习。

12月9日　哈总统托卡耶夫在总统府主持召开了最高改革委员会会议，与会者通过了最高改革委员会 2021 年工作规划。

12月10日 哈萨克斯坦国民经济部部长达列诺夫出席政府会议时表示，1~11月，国家经济运行情况较上月进一步趋好，呈现正向上升势头。GDP同比下滑2.8%，降幅较上月（-2.9%）略有收窄。实体经济部门增长2%，制造业增长势头强劲。

12月10日 参议院（议会上院）全体会议通过了《关于批准哈萨克斯坦与亚洲开发银行之间的贷款协议》和《关于批准哈萨克斯坦与亚洲基础设施投资银行之间的贷款协议》法案。根据协议，贷款服务和还款由共和国预算资金执行。

12月11日 哈萨克斯坦首任总统纳扎尔巴耶夫出席最高欧亚经济理事会会议，呼吁联盟各成员国扩大相互贸易，加快产业一体化进程，欧亚经济联盟应当成为积极推进数字化的平台。会议审议通过《2025年前欧亚经济一体化发展战略方向》，其宗旨是将欧亚经济联盟打造成现代世界的发展中心。

12月18日 哈卫生健康领域固定资产投资在2020年1~10月达到2013亿坚戈，10月，卫生健康领域投资达到520亿坚戈，环比增长14%，同比增长330%，创近年来单月投资额新高。

12月21日 哈萨克斯坦央行发布消息，预测2020年哈GDP将萎缩2.5%~2.7%，较此前预测的2%~2.3%有所下调。GDP增长预期下调主要与实际GDP低位运行以及哈部分地区疫情恶化有关。

12月21日 根据哈萨克斯坦共和国的邀请，独联体观察团正式开始对哈萨克斯坦马吉利斯（议会下院）议员选举工作进行观察。副外长斯兹德科夫指出，外交部将在国家法律框架下协助国际观察团的工作。

12月22日 哈总理马明和马吉利斯（议会下院）议长尼格马图林主持召开工作会议，总结哈首任总统纳扎尔巴耶夫提出的"百步计划"国家规划2020年工作成果，并对2021年工作计划进行了讨论。

12月22日 哈萨克斯坦萨姆鲁克-卡泽纳国家基金法律风险部负责人克拉夫琴科出席线上吹风会时表示，预计2020年该基金净收入将超过4000亿坚戈。2021年，外部因素仍是该基金面临的主要风险。

12月23日 哈萨克斯坦贸易和一体化部副部长让娜索娃表示，预计到2021年底，将有150家哈企业入驻阿里巴巴平台，未来将考虑建立哈萨克斯坦商品国家馆，以大幅提高产品知名度和销售额。

12月29日 哈萨克斯坦驻乌克兰大使馆主办突厥语国家合作委员会国家大使会议。会议期间，突厥文化国际组织秘书长通报了该组织在庆祝多个突厥语国家独立30周年框架内的活动计划。

12月30日 哈总统托卡耶夫同俄罗斯总统普京、乌兹别克斯坦总统米尔济约耶夫和塔吉克斯坦总统拉赫蒙举行电话会谈。托卡耶夫指出，哈萨克斯坦与俄罗斯间所有领域双边关系的发展，均在战略伙伴和联盟关系框架下呈现积极发展态势。

Abstract

The Development Report of Kazakhstan (*2021*) was authored by the experts and scholars in the Institute of Central Asia Studies of Northwest University, the Institute of Silk Road Studies of Northwest University and the Institute of Kazakhstan Studies of Northwest University. This report is composed of the general report, the topical reports, the special topics, China-kazakhstan relations part and the appendix. It systematically clarifies the situation of Kazakhstan's politics, economy, society and diplomacy in 2020, and also aggregates Kazakhstan's important news in 2020.

On the social level, impacted by the COVID – 19, 2020 was a really difficult year for Kazakhstan. A plenty of intended work was forced to suspended and the development process of the country is thus hindered. In order to fight against the pandemic, Kazakhstan adopted some strict quarantine management methods, which controlled the spread of the pandemic on one hand, nevertheless caused damage to the economy and society on the other hand. Kazakhstan was aware that it is nearly impossible to defeat the pandemic on its own, so it not only coordinated with its neighboring countries, but also on cooperated with the countries that developed great medical and health services, especially Russia, China and the USA, seeking for assistance and support from the major powers.

From the political perspective, in addition to leading the way fighting the pandemic, the president Tokayev made great efforts to build a "listening state", strengthen national quality, implement gradual political reforms, establish a new national managing (governing) system and carry out administration reforms. The most influential policies include: amending the law regarding parties and elections, adjusting the administrative institute structuring, creating the Agency for Strategic

Abstract

Planing and Reform, the Competition Protection and Development Agency and the Supreme Council for Reforms, which report directly to the president, implementing *the Language Policy for 2020 – 2025* to raise the national status of the Kazakh language, developing e-government and setting up a unified "government serves business" window on the website, laying off redundant employees, projecting a 25% reduction of national public servants for saving financial funds and meanwhile increasing the proportion of young people and female.

In the terms of economy, Kazakhstan fell into a harsh circumstance in 2020 resulting from a couple of factors such as the COVID – 19, the sharp drop of external demand and the dramatic plunge of global crude oil prices. In order to stabilize the economy, Kazakhstan issued an anti-crisis measures package, raising 4.4 trillion tenge (about $10 billion dollars) for stimulating the business operation and maintaining the price stability. Its major methods include: ensuring people's livelihood, endeavoring to bail out enterprises, controlling the currency exchange and thus stabilizing the exchange rate as far as possible, retaining the oil and gas exploitation to keep the prices from declining, paying attention to bond market on guard against corporation capital chain's breaking and banking crisis, implementing programs of industrial and infrastructural construction to stimulate production and increase employment.

As for diplomacy, according to the situation change at home and aboard, Kazakhstan issued *the Concept of Foreign Policy for 2020 – 2030* in March 2020, a fundamental policy document guiding the diplomatic work in the next ten years. In 2020, the relationship between Kazakhstan and Russia kept strengthening, the relationship between Kazakhstan and China continued consolidating, and the relationship between Kazakhstan and the European Union also develops well. At the beginning of February 2020, during his visit to Central Asia, the US Secretary of State Pompeo announced America's new edition of "Central Asia strategy". It was in Kazakhstan that America chose to release this strategy, suggesting that America attached great importance to Kazakhstan. Nevertheless, during their cooperation, America hoped Kazakhstan to be at the forefront of "anti-China", making Kazakhstan in a dilemma.

In the aspect of national security, during the pandemic in 2020, the domestic security situation in Kazakhstan was really severe. The threats from terrorism and extremism were surging instead of subsiding. Cyberspace security problems occurred frequently. New changes arose in multinational organized crimes. Additionally, bio-safety threats were on the rise. Kazakhstan adopted a series of solutions for the relatively serious security problems to ensure the national security.

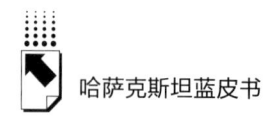

Keywords: Kazakhstan; COVID – 19; Political Reform; Anti-crisis Measures; The Concept of Foreign Policy

Contents

Ⅰ General Report

B.1 Situation in Kazakhstan in 2020   *Zhang Ning* / 001

Abstract: 2020 is a very difficult year for Kazakhstan. Affected by the COVID -19 epidemic, a lot of work originally scheduled has been stopped, the process of national development has been blocked, coupled with a sharp drop in external demand and a sharpdrop in international crude oil prices, the Kazakh economy is in a dilemma, and the internal political struggle is surging. President Tokayev delivered his second State of the Union address "Kazakhstan under the New reality: act now" on September 1, 2020, emphasizing the need to analyze the COVID -19 epidemic and the new development environment brought about by changes in the situation at home and abroad. we will sum up the problems exposed during the epidemic, continue to improve national governance, deepen reforms in all economic and social fields, and improve the quality of the people.

Keywords: Kazakhstan; the Eurasian Situation; COVID - 19; China-Kazakhstan Relations; "Dual" Politics

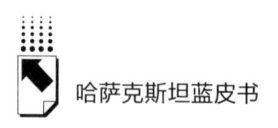

II Topical Reports

B.2 The Economic Situation of Kazakhstan in 2020

Wang Tianrui, [K] Anar Rakhimzhanova / 019

Abstract: According to the evaluation of some experts and the main indicators of social and economic development, 2020 has become the most difficult time for Kazakhstan's economy in recent 20 years. The pandemic's impact on the economy exceeds those of the economic crises in 2008 and 2015. In general, in the case of the pandemic and the global economic slump, the ensuing market fluctuation of raw materials is striking, and it weakens domestic economic vitality, suggesting that it is necessary to further improve the management system and structure of the government, project and implement govenment plans and perform the major government functions. Despite the tremendous negative impacts brought by the pandemic and the global economic sluggish, in the medium term, the strategic goals of Kazakhstan's national policy are still developing a well-being society, promoting the nation's stable development and building competitive economy on the foundation of enhancing everyone's welfare based on personal labor.

Keywords: Kazakhstan; Economic Policy; Competitive Economy

B.3 The Basic Condition of the Development of Education in
Kazakhstan in 2020 *Lin Lingmei / 032*

Abstract: In 2020, in order to adapt to the country's economic and social development, and to promote the development of education and science and technology to the country's development, Kazakhstan continued to reform the education system. Basic education focused on training talents with critical and innovative thinking. The evaluation system tended to be standardized and informatized, such as the use of electronic logs. In terms of higher education, efforts were made to expand the scale of enrollment and increase the scale of grants. They improved the reform of teaching methods, abolished the form of correspondence, increased the share of distance learning, and transformed teaching to more effective methods. In terms of the development trend of education and teaching, the Bologna process was actively promoted and aligned with the European education system, but there are also problems of formalization and indexation. Carrying out regular COVID - 19 Control has also brought a new trend to education in Kazakhstan in 2020, namely the popularization of distance online education. Promoting text reform and expanding the international influence of universities are also important development trends in education and teaching. The development trend of scientific research includes: the government increases its support for scientific research development; and promotes the internationalization of scientific research results.

Keywords: Kazakhstan; Basic Education; Higher Education; Bologna Process; Distance Education

B.4 The Diplomatic Situation of Kazakhstan from 2019 to 2020

Zhao Jing / 052

Abstract: Since independence, Kazakhstan has established an autonomous and balanced foreign policy, and has made the development of relations with China, Russia, the United States, and its neighbors in Central Asia a priority in its diplomacy. After President Tokayev came to power, he continued the diplomatic philosophy of Nazarbayev, maintained close diplomatic exchanges with China, Russia, the United States, and neighboring countries in Central Asia, and continued to promote bilateral and multilateral exchanges. Deepen and expand the relationship. Kazakhstan-China relations have been elevated to the height of a permanent comprehensive strategic partnership. Russia is an important strategic partner of Kazakhstan. The United States has always been valued by the leaders of Kazakhstan, and the two sides have a strong willingness to expand their strategic partnership. Neighboring countries in Central Asia have always been at the forefront of Kazakhstan's diplomatic priorities. Kazakhstan has also maintained high-quality constructive dialogues and interactions with all parties within the framework of various regional and international organizations. Kazakhstan's diplomatic relations with China, Russia, the United States, and its neighbors in Central Asia are generally good. In the future, Kazakhstan's bilateral and multilateral relations with all parties will become closer, and regional exchanges and cooperation will become more prosperous.

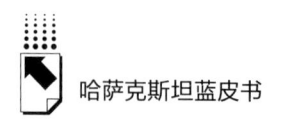

Keywords: Kazakhstan; China; Russia; United States; Diplomatic Idea

B.5 Main Impact of COVID −19 Situation on Kazakhstan and Countermeasures *Li Ruisi* / 083

Abstract: In 2020, the pandemic (COVID −19) swept the world rapidly, bringing impact on the world political and economic order. Kazakhstan, as the largest country in Central Asia, has not been immune from the impact of the pandemic (COVID −19), and there are varying degrees of development crisis in many areas of social and economic development. In order to deal with the pandemic (COVID −19) situation, the government actively responded and took corresponding measures. However, the pandemic (COVID −19) situation still magnified the development problems in Kazakhstan, such as insufficient governance capacity, unreasonable economic structure, insufficient investment in medical and health fields, and prominent non-traditional security threats. "Belt and Road" is also experiencing many changes in the Kazakhstan under the influence of the pandemic (COVID −19).

Keywords: Kazakhstan; National Governance; "Belt and Road"; COVID −19

Ⅲ Special Topics

B.6 America's New Strategy in Central Asia: Geopolitical Antagonism
Cai Yanbin, [K] *Rafik Tairov* / 094

Abstract: Central Asia is one of the main region for America to fight against geopolitical rivals or competitors. Strategically, America considers Central Asia as a region with unique value, making its tactic more offensive. The main focus of America's strategy in Central Asia is building a region increasingly relying on Afghanistan situation, drawing Central Asian nations to the issues of Afghanistan and South Asia maximally, and confronting with neighbouring coutries and its competitors——Russia, China and Iran.

Keywords: United States; Strategy in Central Asia; Geopolitics

B.7 The Prediction and Conclusion about Kazakhstan Under Geopolitical Changes *Fu Ziyang*, [K] *Rafik Tairov* / 102

Abstract: Under the circumstance of the outbreak of COVID - 19, the international situation in 2020 caused by various problems of global economy and politics become severer. The relationships between nations are strained due to the economic crisis resulting from border closures and other restrictive measures. The current chain of global and regional events are affecting, or will affect, Kazakhstan's national security and even the security of the entire Central Asia. The interaction between internal and external factors leads Kazakhstan's way of future development. Therefore, the comparison and analysis of internal and external factors will help predicting the interim situation of Kazakhstan in the case of geopolitical instability.

Keywords: Kazakhstan; Geopolitics; National Security

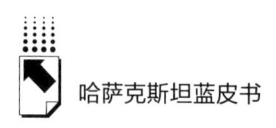

B.8 The Central Asia's Political and Economic Situation in 2020 and the Impact on Kazakhstan

Wang Jing, [K] *Anar Rakhimzhanova* / 118

Abstract: COVID – 19 has been triggering on severe problems of global public health and economy, making far-reaching effects on the economic development of certain regions. The implement of largely restrictive measures exerts negative influences in all Central Asian countries on the investment, foreign trade and serviece industry, especially catering business and tourism. In the aspect of ensuring the essential resources and income for the citizens, Central Aisan countries have been making great efforts to avoid failure, but they are also facing a situation——they are bound to make some relevant strategies and plans, such as changing the modes of economic development and management, developing the relationships with trade partners, deepening regional integration and cooperation, and guaranteeing the high-quality development of human resources.

Keywords: Five Central Asian Countries; Economic and Trade Relation; Empolyment; Regional Cooperation

B.9 Analysis of Kazakhstan's Participation in the Integration of Economic, Trade and Investment Cooperation of Eurasian Economic Union

Zhang Wanting, [R] *T. B. Kolesnikova* / 130

Abstract: Kazakhstan is the strongest country in the Eurasian Economic Union except Russia, and it is also a core member of the EEU. Kazakhstan's participation in the integrated construction and development of the EEU is crucial. In 2019, the trade volume between Kazakhstan and the member states of the EEU continued to increase. From the perspective of trade structure, Kazakhstan's exports are still dominated by primary processed products such as mineral raw materials and metals, while imports are still dominated by mechanical and electrical products, but the trade structure has improved to a certain extent. This is due to the fact that Kazakhstan's regulatory role in foreign trade has been further strengthened. Effective foreign trade development policy has promoted the development of the foreign trade industry and created favorable conditions for the sustainable growth of the diversified economy. In 2019, the year-on-year growth rate of inward direct investment from the EEU remained basically unchanged, and Kazakhstan's outward direct investment in the Union increased slightly year-on-year. Foreign capital investment in the raw materials sector in Kazakhstan has a growing tendency. Kazakhstan has made adjustments to its investment attraction policy, committed to stimulating investment in industrial, processing, manufacturing projects and agro-industrial complex projects too. Moreover, the investment attraction policy is closely linked to the strengthening of the relevant legislation. The results show that the policy has an obvious long-term effect, and investor interest is growing steadily.

Keywords: Kazakhstan; Eurasian Economic Union; Economic and Trade Investment Cooperation; Trade Structure

B.10 The Development of Transportation and Logistics Industry and the Operation of China-European Railway in Kazakhstan

Liu Beibei, Su Linqi / 145

Abstract: The strategic alignment of "Belt and Road" and "Bright Road" brings many development opportunities for Kazakhstan's infrastructure construction and guarantees the sustainable development of Kazakhstan's economy. This report compares and analyzes the development of Kazakhstan's transportation industry, logistics industry and the operation of China-EU trains in Kazakhstan, summarizes the current problems and proposes corresponding solutions, and promote Kazakhstan's economic development will move towards higher quality development.

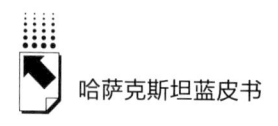

Keywords: Kazakhstan; Transportation Industry; Logistics Industry; China-European Railway

Ⅳ China-Kazakhstan Relations Topics

B.11 A Review of China-Kazakhstan Relations in 2020

Chen Shan / 159

Abstract: Since the establishment of diplomatic relations between China and Kazakhstan, the relationship between the two countries has experienced strategic partnership, comprehensive strategic partnership, and developed to the present permanent comprehensive strategic partnership. The relationship between the two countries has become increasingly consolidated, laying a solid foundation for promoting cooperation and development. At a new historical starting point, China and Kazakhstan have made in-depth cooperation in the political, economic, security and humanities fields, and have achieved gratifying results. However, the current international situation is complex and changeable. In particular, the "New Central Asia Strategy" proposed by the United States has promoted the gradual escalation of the game between all parties in Central Asia, China-Kazakhstan cooperation faced new risks and challenges. In view of this, China and Kazakhstan should strengthen political mutual trust; maintain good and stable bilateral relations; continue to deepen practical cooperation in various fields; and properly handle relations with neighboring countries. At the same time, China-Kazakhstan should strengthen the study of Central Asian countries and encourage Chinese media to enter Central Asia, which will further promote the comprehensive, healthy and sustainable development of China-Kazakhstan relations.

Keywords: China-Kazakhstan Relations; Foreign Policy; Political Mutual Trust; Economic and Trade Cooperation

Contents

B.12 The Development of Chinese Enterprises in Kazakhstan

Zhu Yuting, Zhang Kaiyue / 175

Abstract: Since the initiative of China-Kazakhstan capacity cooperation was put forward in 2014, trade and economic exchanges between the two sides have gradually frequent, and the two countries began to deepen cooperation in primary energy, finance, construction and industry, etc. Chinese enterprises developing in Kazakhstan have made corresponding breakthroughs in terms of quantity and structure, and 56 key projects have been formed in the two countries, involving key areas in more than ten categories, of which nearly Nearly one-third of the projects have been completed and put into operation. This report introduces the development of Chinese enterprises in Kazakhstan and the cooperation projects between the two countries in key areas, and introduces two classic cases of cooperation between Chinese and Kazakh enterprises to elaborate the mode of cooperation between the two countries.

Keywords: Chinese Enterprises; Kazakhstan; Capacity Cooperation

B.13 Analysis of the Current Situation, Cooperation Mode and Development Prospects of China-Kazakhstan Economic and Trade Development *Li Gang / 189*

Abstract: In 2020, the global economy will be affected by the epidemic and the growth rate will slow down. Cross-border investment, cargo transportation and personnel mobility will be greatly restricted, and economic data such as economic investment, consumption, foreign trade and other parts of the world will generally decline. Facing the complex and severe international situation, China and Kazakhstan have watched and helped each other. Not only did they set an example of the international community's joint fight against the epidemic, but also under the guidance of the development of a permanent and comprehensive strategic partnership, economic and technological cooperation, e-commerce and other fields have carried out pragmatic cooperation. Although the bilateral economy and trade have been affected by the epidemic, the overall development trend has stabilized and improved, and sustained growth has been achieved, with new results that are better than expected. Looking forward to 2021, the global epidemic has not been effectively controlled, and the international industrial chain and supply chain are in a period of profound adjustment. The external environment facing China and Kazakhstan is still complicated. However, the beginning of the new year will dominate the foreign trade policies, political and diplomatic relations of the two countries' economy and trade. The construction of cross-border trade channels and the digital economy of new formats still maintain a high degree of compatibility. It shows that the two countries are seeking common development and close cooperation in the economic and trade field. The new outlook of the two countries' economic and trade development and close cooperation is very obvious.

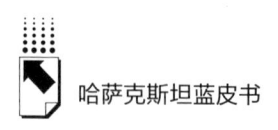

Keywords: Kazakhstan; China; Economy and Trade Cooperation

V Appendices

B.14 Population Statistics of Kazakhstan in 2020
Wang Mengmeng / 210

B.15 Report on Social and Economic Development of the Republic of Kazakhstan and the Impletation of Central Budgets in 2020 *Wang Mengmeng* / 214

B.16 The Main Index of Foreign Trade of Kazakhstan in 2020
Zhao Jing / 219

B.17 The Foreign Policy Outline of Kazakhstan for 2020 −2030
Zhao Jing, Li Yifan / 225

B.18 Significant Events in Kazakhstan in 2020
Cui Meijie, Wang Jing / 236

社会科学文献出版社

皮 书

智库成果出版与传播平台

❖ 皮书定义 ❖

皮书是对中国与世界发展状况和热点问题进行年度监测,以专业的角度、专家的视野和实证研究方法,针对某一领域或区域现状与发展态势展开分析和预测,具备前沿性、原创性、实证性、连续性、时效性等特点的公开出版物,由一系列权威研究报告组成。

❖ 皮书作者 ❖

皮书系列报告作者以国内外一流研究机构、知名高校等重点智库的研究人员为主,多为相关领域一流专家学者,他们的观点代表了当下学界对中国与世界的现实和未来最高水平的解读与分析。截至2021年底,皮书研创机构逾千家,报告作者累计超过10万人。

❖ 皮书荣誉 ❖

皮书作为中国社会科学院基础理论研究与应用对策研究融合发展的代表性成果,不仅是哲学社会科学工作者服务中国特色社会主义现代化建设的重要成果,更是助力中国特色新型智库建设、构建中国特色哲学社会科学"三大体系"的重要平台。皮书系列先后被列入"十二五""十三五""十四五"时期国家重点出版物出版专项规划项目;2013~2022年,重点皮书列入中国社会科学院国家哲学社会科学创新工程项目。

皮书网

（网址：www.pishu.cn）

发布皮书研创资讯，传播皮书精彩内容
引领皮书出版潮流，打造皮书服务平台

栏目设置

◆ **关于皮书**
何谓皮书、皮书分类、皮书大事记、
皮书荣誉、皮书出版第一人、皮书编辑部

◆ **最新资讯**
通知公告、新闻动态、媒体聚焦、
网站专题、视频直播、下载专区

◆ **皮书研创**
皮书规范、皮书选题、皮书出版、
皮书研究、研创团队

◆ **皮书评奖评价**
指标体系、皮书评价、皮书评奖

◆ **皮书研究院理事会**
理事会章程、理事单位、个人理事、高级
研究员、理事会秘书处、入会指南

所获荣誉

◆ 2008年、2011年、2014年，皮书网均在全国新闻出版业网站荣誉评选中获得"最具商业价值网站"称号；

◆ 2012年，获得"出版业网站百强"称号。

网库合一

2014年，皮书网与皮书数据库端口合一，实现资源共享，搭建智库成果融合创新平台。

皮书网　"皮书说"微信公众号　皮书微博

权威报告・连续出版・独家资源

皮书数据库
ANNUAL REPORT(YEARBOOK) DATABASE

分析解读当下中国发展变迁的高端智库平台

所获荣誉

- 2020年，入选全国新闻出版深度融合发展创新案例
- 2019年，入选国家新闻出版署数字出版精品遴选推荐计划
- 2016年，入选"十三五"国家重点电子出版物出版规划骨干工程
- 2013年，荣获"中国出版政府奖・网络出版物奖"提名奖
- 连续多年荣获中国数字出版博览会"数字出版・优秀品牌"奖

皮书数据库　　"社科数托邦"微信公众号

成为会员

登录网址www.pishu.com.cn访问皮书数据库网站或下载皮书数据库APP，通过手机号码验证或邮箱验证即可成为皮书数据库会员。

会员福利

- 已注册用户购书后可免费获赠100元皮书数据库充值卡。刮开充值卡涂层获取充值密码，登录并进入"会员中心"—"在线充值"—"充值卡充值"，充值成功即可购买和查看数据库内容。
- 会员福利最终解释权归社会科学文献出版社所有。

数据库服务热线：400-008-6695
数据库服务QQ：2475522410
数据库服务邮箱：database@ssap.cn
图书销售热线：010-59367070/7028
图书服务QQ：1265056568
图书服务邮箱：duzhe@ssap.cn

社会科学文献出版社　皮书系列
SOCIAL SCIENCES ACADEMIC PRESS (CHINA)
卡号：242596471133
密码：

基本子库
SUB DATABASE

中国社会发展数据库（下设 12 个专题子库）

紧扣人口、政治、外交、法律、教育、医疗卫生、资源环境等 12 个社会发展领域的前沿和热点，全面整合专业著作、智库报告、学术资讯、调研数据等类型资源，帮助用户追踪中国社会发展动态、研究社会发展战略与政策、了解社会热点问题、分析社会发展趋势。

中国经济发展数据库（下设 12 专题子库）

内容涵盖宏观经济、产业经济、工业经济、农业经济、财政金融、房地产经济、城市经济、商业贸易等 12 个重点经济领域，为把握经济运行态势、洞察经济发展规律、研判经济发展趋势、进行经济调控决策提供参考和依据。

中国行业发展数据库（下设 17 个专题子库）

以中国国民经济行业分类为依据，覆盖金融业、旅游业、交通运输业、能源矿产业、制造业等 100 多个行业，跟踪分析国民经济相关行业市场运行状况和政策导向，汇集行业发展前沿资讯，为投资、从业及各种经济决策提供理论支撑和实践指导。

中国区域发展数据库（下设 4 个专题子库）

对中国特定区域内的经济、社会、文化等领域现状与发展情况进行深度分析和预测，涉及省级行政区、城市群、城市、农村等不同维度，研究层级至县及县以下行政区，为学者研究地方经济社会宏观态势、经验模式、发展案例提供支撑，为地方政府决策提供参考。

中国文化传媒数据库（下设 18 个专题子库）

内容覆盖文化产业、新闻传播、电影娱乐、文学艺术、群众文化、图书情报等 18 个重点研究领域，聚焦文化传媒领域发展前沿、热点话题、行业实践，服务用户的教学科研、文化投资、企业规划等需要。

世界经济与国际关系数据库（下设 6 个专题子库）

整合世界经济、国际政治、世界文化与科技、全球性问题、国际组织与国际法、区域研究 6 大领域研究成果，对世界经济形势、国际形势进行连续性深度分析，对年度热点问题进行专题解读，为研判全球发展趋势提供事实和数据支持。

法律声明

"皮书系列"（含蓝皮书、绿皮书、黄皮书）之品牌由社会科学文献出版社最早使用并持续至今，现已被中国图书行业所熟知。"皮书系列"的相关商标已在国家商标管理部门商标局注册，包括但不限于LOGO（ ）、皮书、Pishu、经济蓝皮书、社会蓝皮书等。"皮书系列"图书的注册商标专用权及封面设计、版式设计的著作权均为社会科学文献出版社所有。未经社会科学文献出版社书面授权许可，任何使用与"皮书系列"图书注册商标、封面设计、版式设计相同或者近似的文字、图形或其组合的行为均系侵权行为。

经作者授权，本书的专有出版权及信息网络传播权等为社会科学文献出版社享有。未经社会科学文献出版社书面授权许可，任何就本书内容的复制、发行或以数字形式进行网络传播的行为均系侵权行为。

社会科学文献出版社将通过法律途径追究上述侵权行为的法律责任，维护自身合法权益。

欢迎社会各界人士对侵犯社会科学文献出版社上述权利的侵权行为进行举报。电话：010-59367121，电子邮箱：fawubu@ssap.cn。

社会科学文献出版社